中级宏观经济学

霍 钊 段 颀 编著

INTERMEDIATE
MACROECONOMICS

中国经济出版社
CHINA ECONOMIC PUBLISHING HOUSE
北 京

图书在版编目（CIP）数据

中级宏观经济学／霍钊，段颀编著．—北京：中国经济出版社，2019.8（2021.6重印）

ISBN 978－7－5136－5795－2

Ⅰ.①中…　Ⅱ.①霍…　②段…　Ⅲ.①宏观经济学-高等学校-教材　Ⅳ.①F015

中国版本图书馆 CIP 数据核字（2019）第 166097 号

责任编辑　姜　静
责任印制　马小宾
封面设计　华子图文

出版发行　中国经济出版社
印 刷 者　北京建宏印刷有限公司
经 销 者　各地新华书店
开　　本　710mm×1000mm　1/16
印　　张　14.5
字　　数　342 千字
版　　次　2019 年 8 月第 1 版
印　　次　2021 年 6 月第 2 次
定　　价　68.00 元
广告经营许可证　京西工商广字第 8179 号

中国经济出版社　**网址** www.economyph.com　**社址** 北京市东城区安定门外大街 58 号　**邮编** 100011

本版图书如存在印装质量问题，请与本社销售中心联系调换（联系电话：010－57512564）

前　言

今天的宏观经济学理论可以分成若干具有相对独立性的板块。本书旨在帮助读者了解其基本框架和基本知识，包括国民收入的构成与分配、凯恩斯主义总需求分析方法及其政策、现代经济周期理论、经济增长理论、开放宏观经济理论、消费和投资理论、财政政策理论、货币政策理论、价格调整与通货膨胀、劳动力市场理论；帮助读者初步掌握现代宏观经济学的基本原理和基本方法，学会使用宏观经济学的基本理论工具，去分析现实世界中包括短期经济波动、长期经济增长、失业、通货膨胀、汇率和国际收支平衡等在内的宏观经济现象和经济问题，理解现实世界中各种常见宏观经济政策的功能、作用机制和相互关系。

宏观经济学问题总是社会关注的焦点，也使得宏观经济学问题永远是争论的焦点——与相对更加“标准化的”微观经济学有多不同，在宏观经济学领域，无论是理论或者政策，都充斥着争议。宏观经济学领域的种种分歧与争议，甚至表现在了不同版本的《宏观经济学》教材的风格和内容组织上。因此，每当有学生让我推荐《微观经济学》教材时，我会建议他在3～4种主流的教材中任意选一本；而每当有学生让我推荐《宏观经济学》教材时，我会建议他同时阅读3～4种主流的教材。

我在学习（中级）宏观经济学的过程中，受到的最大影响来自R. Dornbusch、S. Fischer和R. Startz的*Macroeconomics*，N. G. Mankiw的*Macroeconomics*，以及W. H. Branson的*Macroeconomic Theory and Policy*。在编写这本教材时，我自觉和不自觉受到的影响，也最有可能来自这3部教材。除此之外，O. Blanchard的*Macroeconomics*一直以来备受欢迎，A. B. Abel、B. Bernanke和D. Croushore近年才出版的*Macroeconomics*也值得期待，优秀的《中级宏观经济学》教材不胜枚举。以上提及的各家教材往往在风格体系上存在一定差异，各有千秋。我建议学习者选择其中2～3种教材作为基本的学习素材，遇到自己感兴趣或者不甚明了的问题，则可以试着学习若干其他教材之中的相关章节，相互印证。本书参考了大量的世界各国学者在现代经济学理论和政策方面的教材和专著，同时吸收了国内优秀教材中的诸多内容，力求编写一部结构严谨、难度适中、循序渐进、深入浅出、更适宜经济管理专业本科学生学习使用的教材。

本书注重使用现代经济学思想和数理工具，辅以大量的图表和丰富的案例，同时对学科研究前沿做了较为细致的介绍，便于读者在学习和理解的基础上开展进一步研究。因此，本书可作为高等院校经济、金融、管理等相关专业本科生或研究生的教材，也可作为广大实际工作者的参考用书。

宏观经济学除了是学习经济管理类相关专业的必备基础，也具有非常强的现实性。宏观经济学的若干基本问题——短期经济波动、长期经济增长、通货膨胀与失业等，都是现实经济之中最热门的问题。如果要问一个从未学习过任何经济学专业知识的人，在他的印象中经济学大约是研究什么问题的，相信有超过 90% 的可能性他会说出一个宏观经济学问题。大部分尚未接触任何经济学专业知识但已经有志于成为经济学家的人，在其设想的情境之中，实际上也是要成为一名宏观经济学家。

就像其他许多学科一样，经济学学科内部也存在基于研究问题而划分的子学科，例如劳动经济学、国际经济学、福利经济学、资源与环境经济学，等等。但是，这些划分不同于微观经济学与宏观经济学之间的划分，后者既体现在问题上，也体现在方法上。例如，在理论研究方面，微观经济学以静态的分析模型为主，而宏观经济学则以动态的数值模型居多；在经验研究方面，微观计量经济学以分析大样本面板数据为主，而宏观计量经济学则更加重视时间序列分析。这种划分有时是令人尴尬的。例如，国际贸易与国际金融之间的关联本来十分密切，然而若是从现今经济学研究的实际状况来看，却不得不承认前者基本上是一个微观经济学问题，后者基本上是一个宏观经济学问题。正因为如此，将整个经济学分为“微观经济学”和“宏观经济学”，并且二者的差别同时体现在问题上和方法上，一直以来受到许多专业内外人士的批评。

经济学为什么要分为微观经济学和宏观经济学？这种划分是何时产生的？与今天专业化的经济学研究队伍不同，最早的经济学家基本上都是关心和旨在探索包括社会治理和人类福祉在内的各种“终极问题”的思想家——经济学问题，只是他们提出并试图回答的“终极问题”的一个构成部分。早期的“经济学”虽然本质上（自然地）秉持了微观理性人的出发点，但其关心的经济问题却基本上是“宏观的”，有时甚至是宏大的。在这一时期的古典经济学家（以及更早的“经济学家”）那里，经济学本无微观经济学和宏观经济学的划分。宏观经济学的诞生，一般以 1936 年凯恩斯的著作《就业、利息和货币通论》出版为标志（尽管“宏观经济学”这一概念的提出要稍微更早）——从此有了真正意义上的微观—宏观经济学划分，也开启了宏观经济学在古典主义和凯恩斯主义之间的漫长拉锯。在宏观经济学产生时，之所要称其为“宏观经济学”，并非只是因为所考虑的问题（是宏观的），更重要的是，将 20 世纪 30 年代经济大萧条的基本原因归为市场失灵的《就业、利息和货币通论》，在解释宏观经济关键变量之间的关系时，不再严格秉持微观理性人的出发点。在宏观经济学产生和发展的中前期，许多描述宏观经济关系的方程并非严格从微观个体的理性选择出发，在本质上是先验的。在过去的四十余年，宏观经济学向微观经济学的“回归”，表现在为描述各种宏观经济关系的“先验方程”寻找基于理性人选择的微观经济基础，是一个基本的趋势。尽管如此，二者之间的界限直到今天仍然较为分明——站在经济学发展历史中一个片段的今天，部分地由于历史原因造成的微观经济学与宏观经济学之间的区分将何去何从，我们仍然只能静待学科的进一步发展。

无论如何，大家将要学习的“宏观经济学”，是一门兼具理论性、现实性和政策性，充满争议同时也十分有趣的课程。要学好这门课程，首先固然要投入时间和精力，打牢基础，而初学者同时需要谨记的是，面对各种彼此存在争议的观点，在决定自己要更加支持哪一方之前（幸运的是，你也许尚且并不需要做这样的决定），更为重要的也许是理解这些观点之间展开彼此争议的平台。

在所有社会科学学科之中，我国的经济学研究和教学算是开放时间较长，与世界接轨较为充分的了。如今，优质的《宏观经济学》教材早已不只是琳琅满目。这本教材或许只可算是笔者自进入大学成为一名经济学专业学生以来的学习笔记，借鉴过的他山之石难以一一列举。在试图以自己的理解将基本理论呈现的过程中，限于我的能力，疏漏和错误在所难免，欢迎读者批评指正。

这本书的问世，要感谢我的前辈、同事、亲人和朋友。首先是我的导师北京大学光华管理学院的龚六堂教授。龚教授引导我进入经济学学习的殿堂，为我讲授了经典和前沿的宏观经济学理论，帮助我正确地把握研究的方向，他的治学精神和为师之道是我终身学习的榜样，谆谆教诲使我受益无穷。感谢中国政法大学商学院的刘纪鹏院长、张巍教授和各位前辈同仁，提供了良好的研究环境和融洽的人文氛围，在他们的引导和帮助下，我才坚持完成了这本书的写作。感谢我的共同编著者段顾博士，他是我在北京大学光华管理学院应用经济系学习期间的师兄和课程助教，自我研究生入学起，便在很多方面为我提供了指引和帮助，是我学术的挚友和学习的榜样。最后要感谢我的家人朋友及中国经济出版社的同志，在你们的支持下，此书才得以问世。

作 者

2019 年 7 月

目 录

Contents

Contents

第六章 06

第七章 07

第一章 国民收入的构成与分配：衡量与核算

第一节 国民收入核算 I

一、国内生产总值和国民生产总值

✎ GDP 与 GNP：国土原则与国民原则

国内生产总值（Gross Domestic Product，GDP）是指按市场价格计算的一个国家（或地区）所有常住单位在一定时期内生产活动的最终成果，被公认为衡量国家经济状况的最佳指标。GDP 是核算体系中一个重要的综合性统计指标，也是我国新国民经济核算体系中的核心指标，它反映了一国（或地区）的经济实力和市场规模（表 1－1）。

表 1－1　2018 年 GDP 排名前十名的国家

排名	国家	GDP（万亿美元）	GDP 名义增速%	2017 年 GDP 排名
1	美国	20.51	5.78	1
2	中国	13.2	7.84	2
3	日本	5.06	3.90	3
4	德国	3.93	6.79	4
5	法国	2.76	6.98	7
6	英国	2.66	1.53	5
7	印度	2.65	1.92	6
8	巴西	2.2	6.80	8
9	意大利	2.05	6.22	9
10	加拿大	1.76	6.67	10

✎ GDP 计算应注意的原则

GDP 的增长：增长速度＝增长量/基期水平，用 i 表示年份，则根据基期不同可以分为：

$$环比增长速度=(a_i - a_{i-1})/a_i - 1 = (a_i/a_{i-1}) - 1$$

$$定基增长速度=(a_i - a_0)/a_0 = (a_i/a_0) - 1$$

考虑市场价值：有些项目，如存货增加，不一定是在当期交易，但一定要拟作交易并且确定参考价格。

固定资产提供的服务流价值，如厂房租金，需要计算在内。

✎ GDP 不能反映的若干问题

（1）汇率偏差；

（2）不进入市场交易的产品和服务；

（3）产品质量；

（4）环境；

（5）国民素质；

（6）社会风气。

二、国民净收入和居民可支配收入

✎ 国民净收入

国民净收入（Net National Income）是指一个国家在一定时期内，国民经济各部门生产的最终产品和劳务价值的净值。

✎ 居民可支配收入

居民可支配收入（The Disposable Income Residents）即为国民生产总值（Gross National Product，GNP）。

居民可支配收入＝居民总收入－交纳个人所得税－个人交纳的社会保障支出－记账补贴

其中：

居民总收入＝工资性收入＋经营净收入＋财产性收入＋转移性收入

在我国，居民可支配收入的统计一般分为“城镇居民可支配收入”和“农村居民可支配收入”两种口径分开进行。

三、物价指数

✎ 几种基本的物价指数

GDP Deflator：又称 GDP 缩减指数，是指没有剔除物价变动前的 GDP（现价 GDP）增长与剔除了物价变动后的 GDP［即不变价 GDP（Constant-price GDP）或实质 GDP］增长之商（也可是名义 GDP 与真实 GDP 之比）。

CPI：居民消费价格指数（Consumer Price Index）。CPI 是在特定时段内度量一组代表性消费商品及服务项目的价格水平随时间而变动的相对数，是用来反映居民家庭购买消费商品及服务的价格水平变动情况的宏观经济指标。

PPI：生产价格指数（Producer Price Index），是衡量工业企业产品出厂价格变动趋势和变动程度的指数，是反映某一时期生产领域价格变动情况的重要经济指标，也是制定有关经济政策和国民经济核算的重要依据。

✎ 几种不同的表示方法

（1）基年与上年比。
（2）月/季度数据：环比与同比。

✎ 国民收入的名义值与真实值

实质 GDP：又称 GDP 缩减指数，是指没有剔除物价变动前的 GDP（现价 GDP）增长与剔除了物价变动后的 GDP［即不变价 GDP（constant-price GDP）或实质 GDP］增长之商（也可是名义 GDP 与真实 GDP 之比）。和名义 GDP 通常是不等的（只有计算实质 GDP 的固定价格的基数年相等）。它们之间的关系是：

实质 GDP = 名义 GDP/本地生产总值平减物价指数（指以基期为 100 该期间的指数）

$$\text{名义 GDP} = \text{实质 GDP} \times \text{本地生产总值平减物价指数}$$

至于名义 GDP 增长率与实质 GDP 增长率的关系，则是：

$$\text{名义 GDP 增长率} = [(1+\text{实质 GDP 增长率}) \times (1+\text{本地平减物价指数升幅}) \times 100\%] - 1$$

$$\text{实质 GDP 增长率} = \frac{1+\text{名义 GDP 增长率}}{1+\text{本地生产总值平减物价指数升幅}} \times 100\% - 1$$

第二节　国民收入核算 II

一、总生产函数

✎ 从“总要素”到“总产出”

什么是“总要素”？
什么是“总产出”？

✎ 2012 年我国几种产品产量及世界排名

发电量 4.94 万亿千瓦时，世界第一（略高于美国）；
粗钢 7.16 亿吨，世界第一（占世界总产量的 46.3%）；
水泥 21.8 亿吨，世界第一（占世界总产量的 57%）；
煤炭 36.6 亿吨，世界第一（约占世界总产量的 1/3）；
粮食 5.895 7 亿吨，世界第一（世界总产量约 24 亿吨）；
造船完工量 6 460 万吨，世界第一（约占世界总产量的 42.5%）；

汽车 1 927.18 万辆，世界第一；
新增铁路里程 6 366 公里，世界第一；
铁路营业里程 98 000 公里，世界第二（美国超过 230 000 公里）；
高铁运营里程 9 356 公里，世界第一（超过世界总量的 50%）；
另外，新增公路（通车）里程、电话入网、电网建设……

二、国民收入的统计与核算

✎ 国民经济循环图（图 1 -1）

（1）两部门：消费 + 投资；
（2）三部门：消费 + 投资 + 净出口；
（3）四部门：消费 + 投资 + 净出口 + 政府购买。

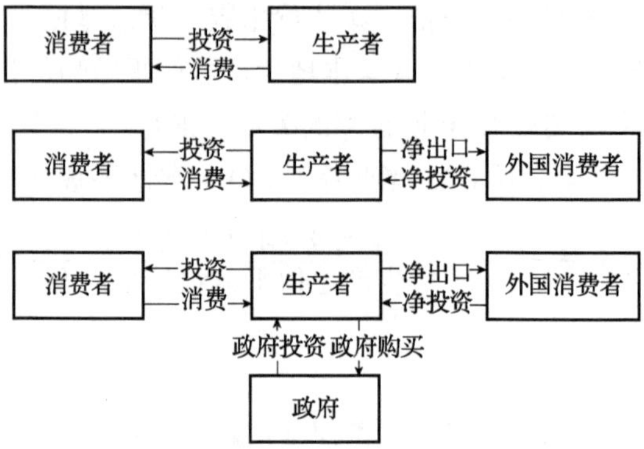

图 1 -1　国民经济循环图

✎ 国民经济核算

生产法：是从生产者的角度出发对 GDP 进行核算的方法，即把一国一年内各生产部门生产出的最终产品和劳务的市场价值进行加总。例如，有 m 个企业生产出 n 种最终产品，那么根据生产法，只要把 n 种最终产品的市场价值加总就可以了。生产法的核心是"最终产品"，要避免把中间产品计算入内，否则会导致重复计算。

收入法：又称要素支付法，是指通过把参加生产过程的所有生产要素的所有者的收入相加来获得 GDP 数据的一种计算方法。这些收入包括劳动者的工资、资本所有者的利息、土地所有者的地租、企业利润等。在实际应用中，将上述四项收入加总起来的数据并不是 GDP，还应该再加上企业间接税和折旧，这样就获得了用收入法计算的 GDP。计算公式为：

增加值 = 劳动者报酬 + 生产税净额 + 固定资产折旧 + 营业盈余

国民经济各产业部门收入法增加值之和 = 收入法 GDP

支出法：是从对最终产品和劳务支出者（购买者）的角度出发对 GDP 进行核算的方法。在现实经济生活中，对最终产品的购买者是谁呢？或者说，对最终产品的支出主体是谁呢？

最终使用包括最终消费、资本形成总额及净出口三部分。计算公式为：

支出法 GDP = 最终消费 + 资本形成总额 + 净出口

三、国民收入的分配与国民收入恒等式

✎ 国民收入的分配

国民收入可以被谁获得？

劳动报酬(工资) + 资本收入(利润) + 政府收入(税收) + 外国(进口)

国民收入可以怎样支出？

消费 + 储蓄 + 政府购买 + 购买外国产品

✎ 国民收入恒等式

（1）两部门。

1）生产的产量（价值）(Y^P）= 销售的产量（价值）= 消费（C）+ 投资（I）

$$Y^P = C + I$$

2）总收入（Y^I）= 消费（C）+ 储蓄（S）

$$Y^I = C + S$$

3）生产的产量（价值）(Y^P）= 总收入（Y）

$$Y^P = C + I = Y^I = C + S$$

$\Rightarrow$

$$I = S$$

即有储蓄必有投资，有投资必有储蓄。

（2）三部门。

1）生产的产量（价值）(Y^P）= 销售的产量（价值）= 消费（C）+ 投资（I）+ 出口（X）

$$Y^P = C + I + X$$

2）总收入（Y^I）= 消费（C）+ 储蓄（S）+ 购买外国产品（即进口）（F）

$$Y^I = C + S + F$$

3）生产的产量（价值）(Y^P）= 总收入（Y）

$$Y^P = C + I + X = Y^I = C + S + F$$

$\Rightarrow$

$$S - I = NX \equiv X - F$$

$$\Leftrightarrow$$

$$(I - S) + (X - F) = 0$$

即储蓄缺口（等于内需缺口的相反数）等于外贸缺口（外需缺口），或者内外需缺口之

和为零。

(3) 四部门。

1) 生产的产量(价值)(Y^P) = 销售的产量(价值) = 消费(C) + 投资(I) + 出口(X) + 政府购买(G)

$$Y^P = C + I + X + G$$

2) 总收入(Y^I) = 消费(C) + 储蓄(S) + 购买外国产品(即进口)(F) + 政府(净)税收(T)

$$Y^I = C + S + F + T$$

3) 生产的产量(价值)(Y^P) = 总收入(Y)

$$Y^P = C + I + X + G = Y^I = C + S + F + T$$

$\Rightarrow$

$$S - I = (G - T) + NX$$

$$\Leftrightarrow$$

$$(I - S) + (T - G) + (X - F) = 0$$

即储蓄缺口(等于内需缺口的相反数)等于政府赤字加上外贸缺口(外需缺口),或者内外需缺口之和为零。

第二章
总需求分析：Keynes 的贡献

第一节 产品市场均衡与 IS 曲线

一、总支出的构成

✎ 国民收入核算恒等式

国民收入等于国民支出：

$$Y = Y^P$$

而国民支出可以分为消费、投资、（净）出口和政府购买：

$$Y^P = C + I + NX + G$$

这一表达式是恒成立的，称为“国民收入核算恒等式”（National Income Account Identity），有时也简称为“国民收入恒等式”。

一般地，我们用大写字母表示一个变量的名义值（Nominal Value），用对应的小写字母表示同一变量的真实值（Real Value）。下面，我们会经常使用用真实值表示的国民收入核算恒等式：

$$y^P = c + i + nx + g$$

✎ 产品市场需求分析

这里对于国民收入的划分，实际上已经是在专注于经济的需求方面。由 Keynes 开创的宏观经济学分析，正是从对需求的分析开始（并且始终以对需求的分析为重点）的。

Keynes 的总需求分析又分为两个方面——或者说，Keynes 的理论认为一个经济的总需求决定于两个方面因素的共同作用——产品市场分析和货币市场分析。对于货币市场的分析，是下一节的内容，本节我们介绍 Keynes 总需求分析中的产品市场均衡分析，而国民收入恒等式正是这一分析的起点。

国民收入恒等式表示的是：从支出的角度，国民收入的四个支出方向。这四个支出方向实际上也就是四大类需求——消费需求、投资需求、外需和政府部门需求，其中的消费需求与投资需求之和（$c+i$），被称为私人部门需求。本章集中进行需求分析，为此引入总需求（Aggregate Demand，AD）：

$$y = y^P = AD = c + i + nx + g$$

二、消费需求

✎ 经济中的消费与储蓄

宏观经济学中的消费，是指整个经济在一定时期内的消费。经济的总产出必定落实为经济之中每一个消费者的收入（因此总产出必定等于总收入），而对于经济之中的任何一个消费者，其所有收入有且只有两种用途：消费或者储蓄。

因此，任何解释消费的理论也就是解释储蓄的理论；反之，亦然。消费需求是经济需求的核心部分，也是宏观经济短期分析的中心问题。

✎ 消费的决定：边际消费倾向

影响消费 c 的因素很多，但居民可支配收入 y^D，显然是影响消费的最重要因素之一。一般地，假设：

$$c = c(y^D)$$

称之为消费函数（Consumption Function）。这里，我们认为居民可支配收入等于国民收入减去政府净税收：

$$y^D = y - t$$

再次强调，这里的净税收 t，是指政府部门总税收 ta 与政府部门向私人部门的转移支付 tr 之差：

$$t = ta - tr$$

消费函数具有怎样的性质？一般地，我们假设消费函数 $c(\cdot)$ 满足：

$$0 < c'(\cdot) < 1$$

一般称 $c'(\cdot)$ 为边际消费倾向（Marginal Propensity To consume，MPC），上式意味着：① 居民可支配收入越高，居民消费越高；②居民可支配收入每提高 1 元，居民消费的提高小于 1 元。

在对于消费函数上述两个方面的基本假设之外，为了分析的方便（也是符合直觉的），一般认为：

$$c(0) > 0$$

此外，有时我们也假设消费函数具有“边际消费倾向递减”的性质，即有：

$$c''(\cdot) < 0$$

✎ 线性消费函数：一个例子

为了使分析尽可能简单，有时我们会假设消费函数具有最简单的线性形式（图 2 - 1）：

$$c(y) = a + b \cdot y$$

其中，$a > 0$，$0 < b < 1$，显然，这里的 b 就是边际消费倾向（MPC）。一般地，称 a 为自发消费（Autonomous Consumption），称 $b \cdot y$ 为引致消费（Induced Consumption）。

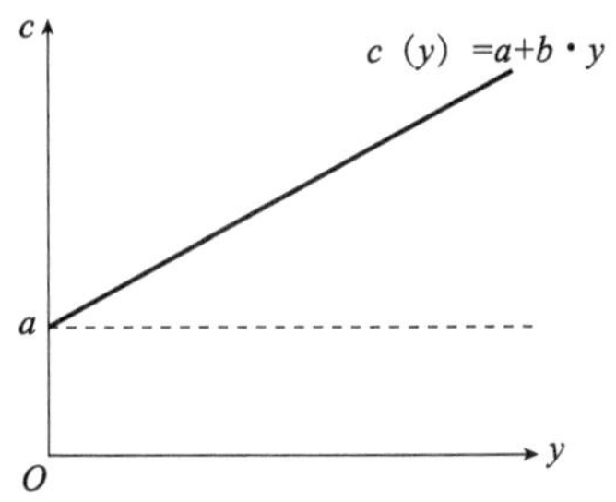

图 2-1 线性消费函数示例

三、投资需求

✎ "意愿投资"与"非意愿投资"

我们已经看到国民收入核算恒等式所表示的等量关系：

$$y^P = c + i + nx + g$$

如果暂时不考虑外贸部门和政府部门（或者，假设这两个部门都处于"收支平衡状态"），这一等量关系也可以表示为：

$$s = i$$

注意：无论上面哪一个表达式，都是恒成立的，这是因为根据定义，一个经济生产出来的任何 1 单位产品，只要没有被消费者购买，就将成为"投资"。

因此，这一"实际上的投资"——称为"实际投资"（Actual Investment）——由两部分构成：一部分称为"意愿投资"（Voluntary Investment），也叫"计划投资"（Planned Investment）；另一部分称为"非意愿投资"（Involuntary Investment），也叫"非计划投资"（Unplanned Investment），实际上也就是存货的计划外增长。

在 Keynes 宏观经济学总需求分析的框架下，影响非意愿投资的和影响意愿投资的是不同的因素。

✎ 非意愿投资的影响：存货调整机制

在 Keynes 宏观经济学总需求分析的框架下，影响非意愿投资的是总产出水平，这一影响是通过所谓的"存货调整机制"（Inventory Adjustment Mechanism）完成的。

这一机制实际上也就是经济实现产品市场均衡的基本机制：

(1) 如果产出水平很高，超过了消费者的消费意愿，则会出现厂商存货的非自愿增长，于是（发现库存堆积的）厂商会缩减生产，减少存货。

（2）如果产出水平很低，小于消费者的消费意愿，则会出现厂商存货的非自愿减少，于是（发现产品供不应求的）厂商会扩大生产，增加存货。

✎ **意愿投资的决定：投资函数**

在影响投资 i 的诸多因素（如总产出、存货水平、对经济的预期等）中，最受关注的是利率（Interest Rate）（r）。一般地，假设：

$$i = i(r)$$

称为“投资函数”（Investment Function）。投资函数的理解是简单的：由于利率反映了投资的成本，利率越高，投资需求就会越低。

同样，为了使分析简单，有时我们也会假设投资函数具有最简单的线性形式（图 2－2）：

$$i(r) = \bar{i} - e \cdot r$$

其中，$\bar{i} > 0$，$e > 0$。一般地，称 $\bar{i}$ 为“自发投资”（Autonomous Investment），称$e \cdot r$为“引致投资”（induced investment）。

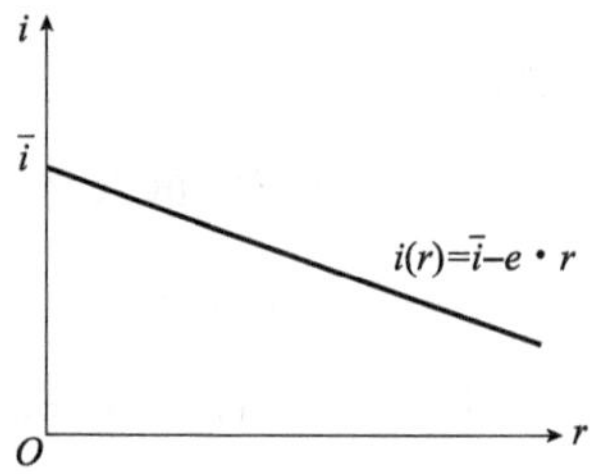

图 2－2　投资函数

四、产品市场均衡

✎ **Keynes 交叉：国民收入的决定**

将消费函数代入国民收入恒等式，得：

$$y^P = c(y - t) + i + nx + g$$

而国民经济的总支出 y^P，又必定等于总收入 y，即有：

$$y^P = y$$

因此：

$$y = c(y - t) + i + nx + g$$

这就是国民收入的决定方程。容易证明，根据这一国民收入决定方程，能够确定唯一的均衡国民收入。

注意：尽管形式上只发生了微小的变化，但是国民收入决定方程在根本上不同于国民收入恒等式——后者（国民收入恒等式）是无条件成立的，而前者（国民收入决定方程）只在国民收入的唯一（均衡）水平下成立。

因此，国民收入决定方程实际上刻画的是**产品市场均衡条件**。将该条件用图形表示，就是 Keynes 交叉（Keynesian Cross）（图 2－3）：

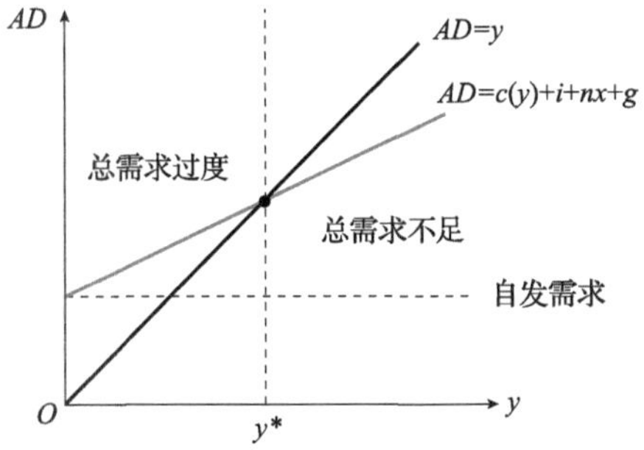

图 2－3　产品市场均衡

当且仅当经济的总产出水平等于 y^* 时，产品市场达到均衡，即总需求 AD 等于总产出 y。当总产出水平偏离均衡水平时，经济具有自发的机制（力量）回到均衡水平，这一机制就是此前介绍过的存货调整机制：

（1）如果产出水平高于 y^*，则总需求不足，即 $AD<y$，出现厂商存货的非自愿增长，于是厂商会缩减生产，减少存货，总产出下降。

（2）如果产出水平低于 y^*，则总需求过剩，即 $AD>y$，出现厂商存货的非自愿减少，于是厂商会扩大生产，增加存货，总产出上升。

✎ 线性消费函数：一个例子

假设消费函数具有最简单的线性形式：

$$c(y)=a+b\cdot y$$

其中，$a>0$，$0<b<1$。将消费函数代入国民收入恒等式（假设政府净税收为 0），得到国民收入决定方程：

$$y=a+b\cdot y+i+nx+g$$

于是：

$$y^*=\frac{a+i+nx+g}{1-b}$$

其中，$a+i+nx+g$ 即可视为经济的"自发需求"（Autonomous Demand）。即使从这样一个极端简单的模型中，我们也可以看出：

（1）经济的"自发需求"越高，则均衡的国民收入水平越高；

（2）边际消费倾向越高（接近于 1），则均衡的国民收入水平越高。

✎ 乘数

经济中自发需求（如自发消费、自发投资、外需、政府购买）一定程度的变化，将引起国民收入（总产出）多大程度的变化？通过线性消费函数的例子，可以看出经济中自发需求每增加1单位，将引起国民收入（总产出）超过1单位的增加，这就是“乘数效应”（Multiplier Effect）。具体地，乘数（Multiplier）等于1减去边际消费倾向之差的倒数：

$$\text{Multiplier} = \frac{1}{1 - MPC}$$

为什么会有乘数效应？我们不妨假设边际消费倾向是0.9，我们已经看到这时的乘数应该等于10，但是，为什么？

假设经济中某一消费者增加10 000元消费，这增加的10 000元本身就意味着总产出的10 000元的增加（否则意味着这10 000元原本被用于投资、外需或者政府购买）。

但是，总产出增加的10 000元必然意味着总收入要增加10 000元，这意味着会引起引致消费增加9 000元；增加的9 000元又会进入经济中所有居民的收入，从而再引起引致消费增加8 100元。这一过程会一直进行下去。因此，最终经济的总产出将会增加：

$$\Delta y = \sum_{n=0}^{+\infty} 10\,000 \cdot (MPC)^k = \frac{10\,000}{1 - MPC} = 100\,000\ (\text{元})$$

五、将利率引入产品市场均衡条件：IS 曲线

✎ 将投资函数引入国民收入恒等式

在 Keynes 交叉和上面的国民收入决定方程中，我们暂时地将投资视为外生给定的。现在，我们将投资函数引入国民收入恒等式，得：

$$y = c(y - t) + i(r) + nx + g$$

如果利率给定，那么这一表达式所刻画的关系与国民收入决定方程完全相同；如果考虑利率可能的变化所带来的影响，那么这一表达式给出了利率 r 和收入 y 之间的唯一关系。

这一由产品市场均衡条件给出的利率 r 和收入 y 之间的（唯一）关系，就是 IS 曲线。

✎ IS 曲线的斜率

关于 IS 曲线，一个首要的问题是：在利率 – 收入空间（$r-y$ 空间）内，IS 曲线的倾斜方向是怎样的？为了回答这一问题，不妨考虑国民收入 y 上升时等式两端发生的变化。这时，分处等式两端的 y 和 $c(y-t)$ 同时增长，但是国民收入 y 较消费需求 c 一定增长得更快，因为边际消费倾向小于1。

因此，如果始终要保持产品市场均衡，当国民收入 y 上升时，等式右端的投资需求 i 必须增长（注意：这时外需和政府部门需求都被视为给定的），其增长幅度（Δi）必须恰好等于国民收入（Δy）增长量与消费需求增长量（Δc）之差。

由于投资需求 i 是利率 r 的减函数，要使投资需求增长，利率必须下降。于是 IS 曲线的斜率为负——要保持产品市场的均衡，当国民收入增长时，利率必须下降；反之，亦然（图2–4）。

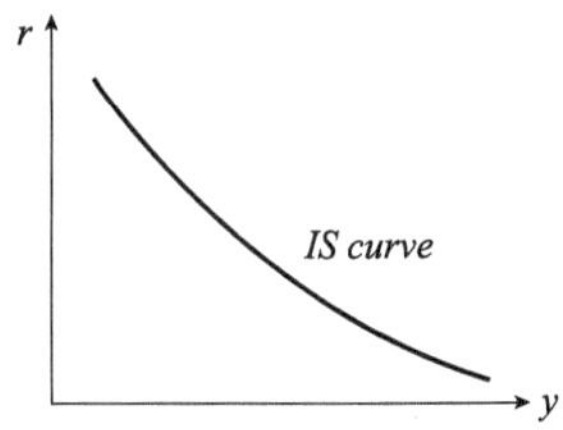

图 2－4 IS 曲线斜率

✎ IS 曲线：一般化分析

为了得到更加一般表示，我们也可以对产品市场均衡条件进行全微分，得到所有相关变量的变化量所要满足的关系：

$$y = c(y - t) + i(r) + nx + g$$
$$\Downarrow$$
$$\mathrm{d}y = c' \cdot (\mathrm{d}y - \mathrm{d}t) + i' \cdot \mathrm{d}r + \mathrm{d}nx + \mathrm{d}g$$

现在我们要在 $r-y$ 空间内，用一条 IS 曲线刻画产品市场均衡条件。因此，这时只将 r 和 y 视为变量，将其他所有均视为常量（参数）——于是：

$$\mathrm{d}t = \mathrm{d}nx = \mathrm{d}g = 0$$

于是，上面的全微分关系可以简化成：

$$\mathrm{d}y = c' \cdot \mathrm{d}y + i' \cdot \mathrm{d}r$$

$\Rightarrow$

$$\left.\frac{\mathrm{d}y}{\mathrm{d}r}\right|_{\mathrm{IS}} = \frac{i'}{1 - c'}$$

可见，IS 曲线的斜率取决于投资对利率的敏感程度，以及乘数。

第二节 货币市场均衡与 LM 曲线

一、货币与货币的作用

✎ 货币与货币市场

直觉上，货币在经济之中无疑起到十分重要的作用，但是，直到 Keynes（和他的理论）之前，除了（延续古典经济学的基本思路）将其视为价值尺度和交易媒介之外（这两者均只考虑了货币对于经济中名义变量的影响），主流经济学很少真正严谨地研究货币对于真实经济，特别是对于经济的结构性影响。

然而，古典经济学对于货币的理解（尽管是本质的），却将货币对于经济的影响描绘得过于简单、抽象（不够具体）、均匀（忽视结构化影响）和数量化（忽视货币对于真实经济变量的影响）。货币的价值储藏功能（实际上就是一种投资功能）虽然早已被注意到和提及，但是这一功能与货币的其他功能之间究竟怎样相互作用，一直是一个没有得到回答的问题。

直到 Keynes 和他的《就业、利息与货币通论》（1936）逐渐被主流经济学接受，并且获得巨大成功，这种情况才在根本上得以改变：人们开始认识到货币在国民收入和就业（均为真实变量）决定中的核心作用。而中央银行也不再只是一个简单地提供货币供给的维持机构，成为执行需求管理政策的主要依赖力量。

提问：你知道美联储的主席是谁吗？美国的财政部部长呢？

✎ 今天的货币

尽管我们常常把货币的概念简单化，但什么是货币，实际上并不是一个简单的问题。我们很容易想到这样的问题：流通中的现金当然是货币，那么活期存款呢？定期存款呢？大额可转让定期存单呢？商业票据呢？如果它们都是货币，它们之间又有什么区别？

从某种意义上，以上所有确实都可以被称为“货币”（或者“具有货币功能的资产”），但是依据其流动性的不同，一般将其分为不同的层次。这里我们简单介绍 3 种最常用的货币层次（以我国现行货币统计制度）：M0、M1 与 M2。

（1）流通中现金（M0），是指银行体系以外各个单位的库存现金和居民的手持现金之和。

（2）狭义货币供应量（M1），是指 M0 加上单位在银行的活期存款。

（3）广义货币供应量（M2），是指 M1 加上在银行的定期存款和城乡居民个人在银行的各项储蓄存款以及证券客户保证金。M2 与 M1 的差额，即单位的定期存款和个人的储蓄存款之和，通常称作准货币。

实际上，即使广义货币的概念也不能包括所有具有货币功能的资产。

二、货币需求与货币供给

✎ 费雪方程与古典货币数量论

简而言之，货币数量论描述的是名义国民收入与货币量之间的关系。古典货币理论的主流是货币数量论，费雪方程是古典货币数量论的代表：

$$M \cdot v = P \cdot y$$

式中，M 表示名义货币数量；v 表示货币流通速度；P 表示经济的总体价格水平；y 表示经济的总产出。

费雪认为，货币流通速度由社会制度和交易习惯等因素决定，因而是相对稳定和不变的。于是，费雪方程对应着十分简单的货币需求函数：

$$M^D = \frac{P \cdot y}{v}$$

不过，一个问题是，货币流通速度真的是一个常数吗？

关于货币数量论有三点需要说明：

(1) 货币数量论有古典货币数量论与现代货币数量论之分，费雪方程是古典货币数量论的代表，现代货币数量论我们将在本书的后续部分介绍。

(2) 费雪方程并非是古典货币数量论的唯一代表，除此之外，还有马歇尔、庇古等人的“现金余额数量论”。

(3) 无论哪种形式的货币数量论，都认为名义国民收入是决定货币需求的根本因素，其在本质上都认为货币需求是相对不重要的——有多少货币（供给），自然就会有多少需求。

✎ 流动性偏好

人们持有货币（流动性），显然要付出（机会）成本，这种成本就是若将货币投资于无风险资产所能获得的收益——实际上也就是名义利率。

那么，人们为什么要持有货币（流动性）？显然，这是因为如果不持有一定数量的货币（也就是保有一定的流动性），人们就要付出成本。这种成本可以被简单地说成“不便”，但实际上，这种因流动性不足而造成的不便可以被进一步细化到若干方面（下一知识点介绍）。

对于货币本质的一个总结可以是：货币对于货币持有人来说的根本意义是提供了流动性，这种流动性为货币持有人的交易和投机提供了便利，却要以放弃一部分收益性为代价。

Keynes 从资产选择的角度来考察货币需求，认为人们持有货币（而非其他资产）的动机是“流动性偏好”（Liquidity Preference），在这一点上，Keynes 继承了剑桥学派的传统。但是，Keynes 的流动性偏好理论却得到与剑桥学派货币数量论完全不同的结论与含义——Keynes 的货币理论不再认为货币之于经济只有名义上意义——其关键在于通过利率这一变量建立起了货币市场与产品市场之间的联系。

✎ 货币需求

Keynes 将人们对于货币的需求归结为三类：

(1) 交易性货币需求。

(2) 预防性货币需求。

(3) 投机性货币需求。

交易性货币需求（Transactions Demand）是指人们为了满足日常交易需要，必须持有一定数量的货币。Keynes 认为，货币的交易性需求尽管也受其他一些因素的影响，但其最主要的决定因素是收入水平，因此有：

$$\text{Transactions Demand} = l^T(y)$$

其中，$dl^T/dy > 0$。古典经济学对于货币的认识，大体上反映了人们对交易性货币需求的理解。

预防性货币需求（Precautionary Demand）是指企业或者个人为了应付可能突然发生的意外支出而持有的货币。Keynes 认为，与货币的交易性需求类似，货币的预防性需求的最主要决定因素也是收入水平，因此有：

$$\text{Precautionary Demand} = l^P(y)$$

其中，$dl^P/dy>0$。Keynes 关于预防性货币需求的分析，尽管强调了不确定性，但在本质上与对交易性货币需求的分析并无不同（预防性货币需求也可以称作“在考虑不确定性条件下的交易性货币需求”）。

投机性货币需求（Speculative Demand）是指人们为了在将来某一适当的时机进行投机活动而持有的货币。为了便于澄清决定投机性货币需求的因素，Keynes 将包括货币在内的所有资产分为两类：（不生息的）货币 m 和生息资产 b（这里的 m 就是投机性货币需求），并且假设资产总额 $m+b$ 给定——那么，什么决定了个人如何在两者之间的资产分配？通过简单的资产组合价值最大化分析，Keynes 认为利率 r 是决定人们持有多少货币和多少生息资产的关键因素：利率越高，人们因投机需求而持有的货币越少，反之亦反是。用函数表示就是：

$$\text{Speculative Demand} = l^S(r)$$

其中，$dl^S/dr<0$。这里的原因有两点。

（1）利率本身就是持有（不生息的）货币的（机会）成本。因此，利率越高，人们越不倾向于持有预备用于投机的货币（而是直接持有生息资产）。

（2）利率变化会影响生息资产的价格，进而影响人们对于未来投资回报的预期。具体地，利率越高，人们所持有的资产价格就越低——而 Keynes 认为，人们心中会有一个关于利率“安全水平”的预期值，从而对于生息资产也就一个“安全价格”的预期值，如果利率较高从而资产价格较低，人们就会预期利率将会下降而资产价格将会上升，从而应该投资于生息资产而不是继续持有投机性货币。

需要强调的是：Keynes 货币需求理论的真正的创新之处，并不在交易性货币需求或者预防性货币需求，而在于投机性货币需求。Keynes 对于投机性货币需求的分析，将利率引入对于货币需求和货币市场的分析，并进一步建立了货币市场与产品市场之间的联系。

人们对于货币的总需求 L，等于上述三种需求之和：

$$L = l^T(y) + l^P(y) + l^S(r) \equiv L(y, r)$$

这就是 Keynes 的货币需求函数，显然：

$$\frac{\partial L}{\partial y} = \frac{dl^T(y)}{dy} + \frac{dl^P(y)}{dy} > 0$$

$$\frac{\partial L}{\partial r} = \frac{dl^S(r)}{dr} < 0$$

✎ 货币供给

严格说来，经济中的货币供给数量是有中央银行、商业银行系统和所有的货币需求者共同决定的。中央银行在整个货币供给过程中发挥着中枢作用，在一些时候我们将货币供给过程简单地视为由中央银行决定。

但是，即使只从中央银行的角度考虑，货币供给也并不是一件简单的事情——假设在某一时刻中央银行计划新发货币 100 亿美元，它如何操作？更详细的中央银行货币政策即货币创造过程，我们将在后续章节中介绍（尽管仍然是高度简化的），在这里我们不妨首先以美联储为例，简单浏览其资产负债表（表 2－1），从中获得一些对于货币供给的了解。

表 2－1 美联储的资产负债表（1990 年）

资产		负债	
证券： 美国政府、机构证券及银行承兑票据	252.1	发行在外的联邦储备卷	267.7
贴现贷款	0.2	银行存款	38.7
黄金和特别提款权证书账户	21.1	美国财政部存款	9.0
硬币	0.5	外国及其他存款	0.6
收款过程中的现金项目	6.1	待付现金项目	3.5
其他联邦储备资产	47.6	其他联邦储备负债及资本账户	8.1
资产总额	327.6	负债总额	327.6

三、货币市场均衡

✎ 货币需求、货币供给与利率

将货币需求函数和货币供给函数联立，可以得到货币市场均衡条件：

$$\frac{M}{P}=L(\bar{y},\ r)$$

这一条件能够唯一地决定利率的均衡水平 r^*（图 2－5）。

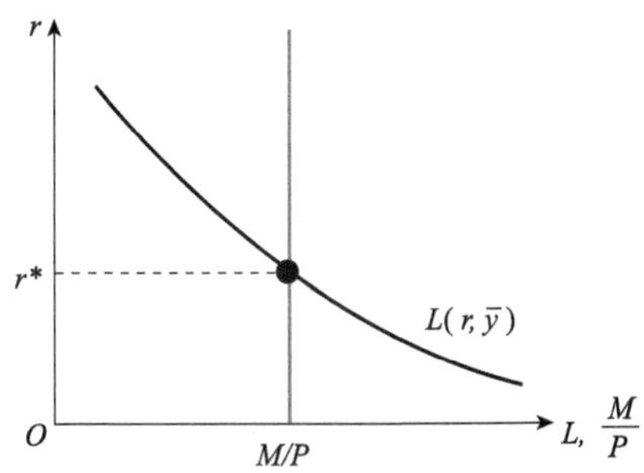

图 2－5 货币市场均衡

显然，中央银行可以通过增加真实货币余额的供给来使利率降低，也可以减少增加真实货币余额的供给来使利率上升（图 2 -6）。

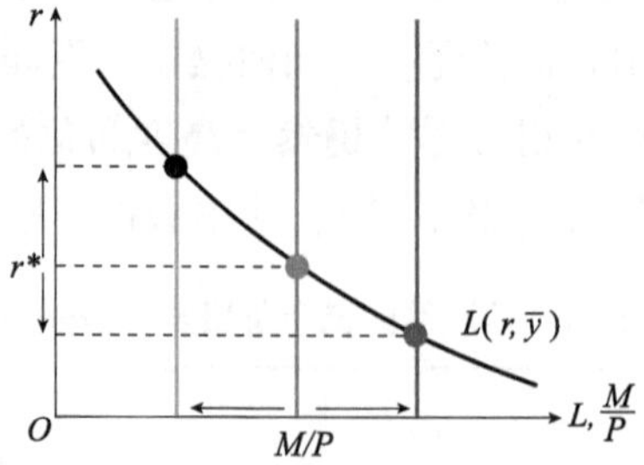

图 2 -6　真实货币余额供给变化对利率的影响

提问：具体机制是什么？

✎ 流动性陷阱

如前所述，中央银行可以通过增加真实货币余额 M/P 的供给来使利率 r 降低，但是，这一过程显然不能无限制地进行下去——如果利率已经非常低（实际上，许多国家在一段时间都已经接近零利率），那么增发货币又如何使之进一步降低呢？

如果出现这种利率极低，以至于货币扩张无法使利率进一步降低的情况，就称经济处于 Keynes 描述的“流动性陷阱”之中。当经济处于流动性陷阱中，资产价格被严重高估，以至于几乎没有人愿意持有任何生息资产，而是都持有投机性货币等待资产价格下降和利率上升。这时，无论中央银行发行多少货币，都会被人们的投机性货币需求所“吸收”，利率不会因此而下降，也就是：

$$\frac{\mathrm{d}l^S}{\mathrm{d}r} \to -\infty$$

或者：

$$\frac{\mathrm{d}r}{\mathrm{d}l^S} \to 0^-$$

表现在货币需求函数和货币市场均衡上，则如图 2 -7 所示。

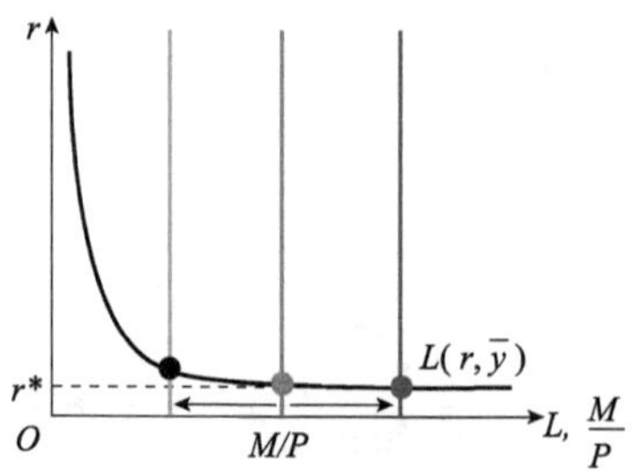

图 2 -7　流动性陷阱

四、LM曲线

✎ 货币市场均衡条件与LM曲线

上述货币市场均衡条件之所以能够唯一地决定均衡利率，是因为我们假设收入水平给定，即 $y=\bar{y}$。如果考虑收入水平可能的变化，则货币市场均衡条件不能唯一地决定均衡利率 r^*，而是给出了为了实现货币市场均衡，收入 y 和利率 r 所需满足的关系：

$$\frac{M}{P}=L(y,\ r)$$

这就是LM曲线。

在利率—收入空间（$r-y$ 空间）内，LM曲线的倾斜方向是怎样的？为了回答这一问题，不妨考虑国民收入 y 上升时等式发生的变化。一方面，由于真实货币余额的供给 M/P 被假设为给定的，这时等式左端不受影响；另一方面，在等式右端，货币需求之中的交易性货币需求 $l^T(y)$ 和预防性货币需求 $l^P(y)$ 两部分都会因收入的增加而增加，为了保持总货币需求仍然与货币供给相等，投机性货币需求 $l^S(r)$ 只能降低，由于 l^S 是 r 的减函数，这意味着利率必须上升（图2－8）。

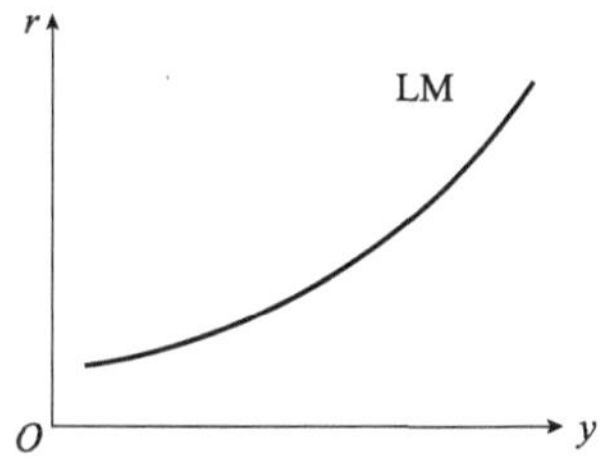

图2－8　LM曲线

✎ LM曲线的一般描述

对货币市场均衡条件进行全微分：

$$\frac{M}{P}=L(y,\ r)$$

$$\Downarrow$$

$$\frac{1}{P}\mathrm{d}M-\frac{M}{P^2}\mathrm{d}P=\frac{\partial L}{\partial y}\mathrm{d}y+\frac{\partial L}{\partial r}\mathrm{d}r$$

此处我们暂不考虑货币政策的调整和价格水平的变化，令：

$$\mathrm{d}M=\mathrm{d}P=0$$

于是前式简化为：

$$\frac{\partial L}{\partial y}\mathrm{d}y+\frac{\partial L}{\partial r}\mathrm{d}r=0$$

⇒

$$\left.\frac{\mathrm{d}y}{\mathrm{d}r}\right|_{\mathrm{LM}}=-\frac{\partial L}{\partial r}\bigg/\frac{\partial L}{\partial y}$$

✎ 流动性陷阱中的 LM 曲线

如果经济已经处于流动性陷阱中，即任何货币扩张都会被投机性货币需求吸收，利率不受影响，则 LM 曲线也会变得十分平缓（图 2－9）。

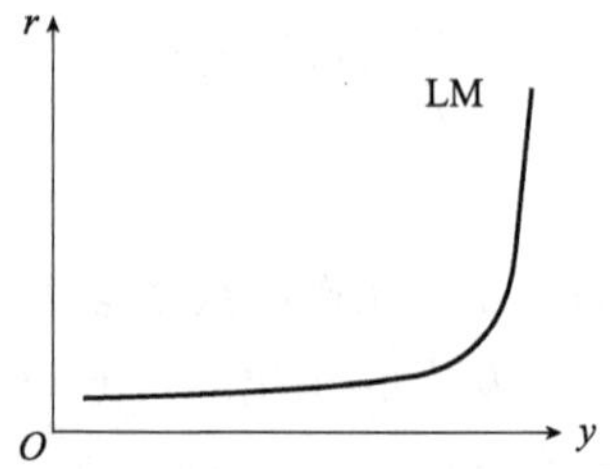

图 2－9 流动性陷阱中的 LM 曲线

这一点从 LM 曲线斜率的表达式中可以直接看出。

第三节 总需求分析:产品市场与货币市场的同时均衡与相互作用

一、产品市场与货币市场

✎ 产品市场与货币市场同时均衡：IS-LM 模型

我们已经看到，在收入—利率（$y-r$）空间中：

（1）IS 曲线表示了所有实现产品市场均衡的收入—利率组合，LM 表示了所有实现货币市场均衡的收入—利率组合。

（2）要实现产品市场均衡，收入和利率之间负相关；要实现货币市场均衡，收入和利率之间负相关（图 2－10）。

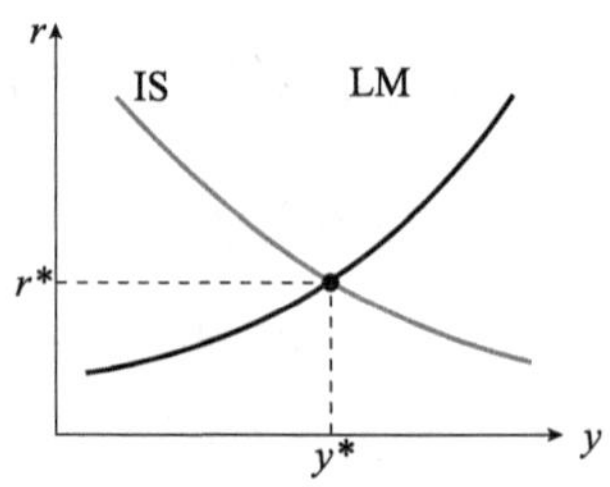

图 2－10 产品市场与货币市场同时均衡：IS-LM 模型

因此，给定一定的条件（思考这些条件是什么），产品市场和货币市场的同时均衡能够决定唯一的收入—利率组合（y^*，r^*）。

用代数形式表示，就是：

$$\begin{cases} y = c(y-t) + i(r) + nx + g \\ \dfrac{M}{P} = L(y,\ r) \end{cases}$$

$\Rightarrow$

$$(y^*,\ r^*)$$

✎ IS-LM 模型结构

IS-LM 模型是短期宏观经济分析的核心，理解这一模型的要点在于理解两个市场（产品—货币）的均衡两个关键变量（收入—利率）的决定。

为此，必须理解收入与利率分别怎样与产品市场和货币市场中的哪些部分相联系。图 2－11是对这些问题的一个简单概括（要在学习宏观经济学的过程中保持清醒，看懂并牢记图 2－11 是关键之一）。

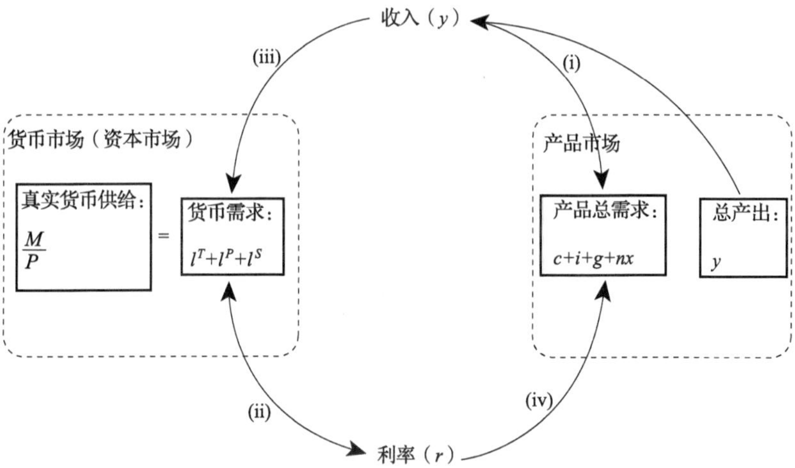

图 2－11　IS-LM 模型结构

如图 2－11 所示，在一个最简单的 IS-LM 模型中：

（1）收入（y）影响产品市场均衡（通过影响消费需求），产品市场均衡亦影响收入；

（2）利率（r）影响货币市场均衡（通过影响投机性货币需求），货币市场均衡亦影响利率；

（3）收入（y）影响货币市场均衡（通过影响交易性和预防性货币需求）；

（4）利率（r）影响产品市场均衡（通过影响投资需求）。

需要特别注意的是：在一个最简单的 IS-LM 模型中，收入与产品市场之间、利率与货币市场之间都存在相互（双向）作用；而利率与产品市场之间、收入与货币市场之间都只存在单相作用。

✎ 产品市场与货币市场的相互作用

在理解了 IS-LM 模型上述基本结构的基础上，我们可以理解产品市场与货币市场的相互作用。

（1）产品市场影响货币市场和利率的渠道是：①产品市场均衡影响产出；②产出影响交易性和预防性货币需求；③给定货币供给，交易性和预防性货币需求的变化影响居民可用于投机性的货币量；④居民可用于投机性货币量的变化影响货币市场和利率。

（2）货币市场影响产品市场和收入的渠道是：①货币市场均衡影响利率；②利率影响（意愿）投资需求；③（意愿）投资需求的变化影响总需求和产品市场。

二、IS-LM 模型与总需求曲线

✎ IS 曲线的位置（与移动）

我们已经得到 IS 曲线方程（图 2－12）：

$$y = c(y - t) + i(r) + nx + g$$

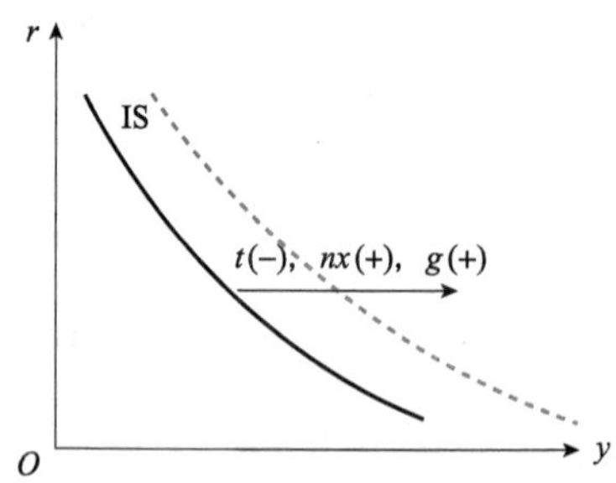

图 2－12 IS 曲线的位置（与移动）

其中只有 y 和 r 是内生变量，政府税收 t、净出口 nx 和政府购买 g 均是外生变量。任何一个外生变量的改变，都会引起 IS 曲线位置的变化。

✎ LM 曲线的位置(与移动)

我们已经得到 LM 曲线方程（图 2－13）：

$$M/P = L(y, r)$$

其中只有 y 和 r 是内生变量，真实货币余额供给 M/P 是外生变量。M/P 的变化，也就是名义货币余额供给 M 的变化或者价格水平 P 的变化，都会引起 LM 曲线位置的变化。

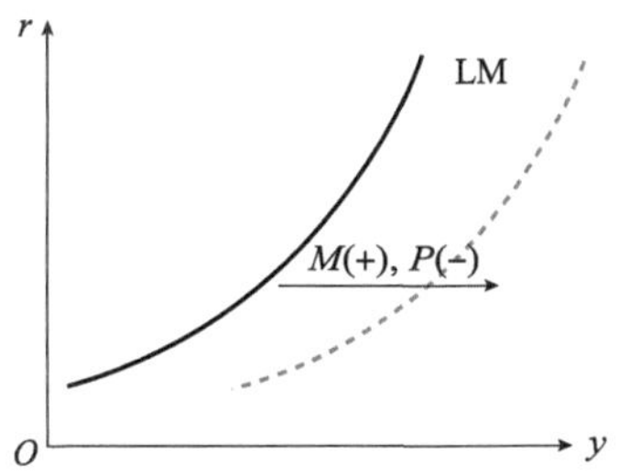

图 2-13　LM 曲线的位置（与移动）

✎ 从 IS-LM 模型到总需求曲线

如前所述，若给定政府税收 t、净出口 nx、政府购买 g、名义货币余额供给 M 和价格水平 P 均保持不变，IS-LM 模型将唯一决定利率和真实产出的均衡水平（r^*，y^*）。

总需求曲线（Aggregate Demand Curve，AD Curve），所要描述的是对于真实总产出的需求——称之为总需求 y——与总价格水平 P 之间的关系。也就是说，在考虑总需求曲线时我们至少要允许总价格水平 P 变化。

具体地，给定政府净税收 t、净出口 nx、政府购买 g 和名义货币余额的供给 M 保持不变，价格水平 P 将引起真实货币余额（M/P）的变化和 LM 曲线的移动，进而引起产品总需求（以下简称总需求）的变化（图 2-14）。

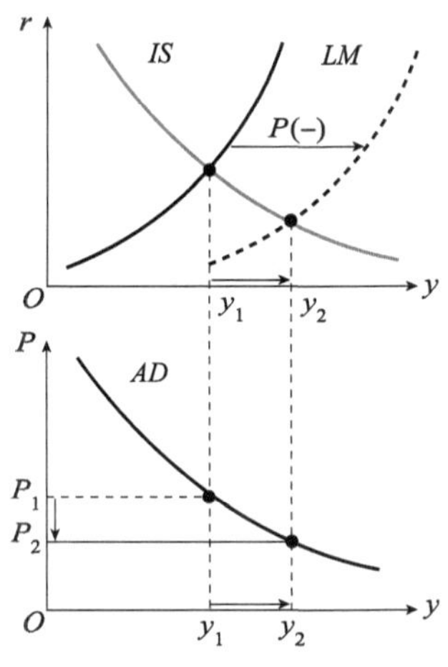

图 2-14　从 IS-LM 模型到总需求曲线

要得到总需求曲线的斜率表达式，我们也可以通过对 IS-LM 方程组进行全微分：

$$\begin{cases} y = c(y-t) + i(r) + nx + g \\ M/P = L(y,\ r) \end{cases}$$

⇒

$$\begin{cases} \mathrm{d}y = c' \cdot (\mathrm{d}y - \mathrm{d}t) + i' \cdot \mathrm{d}r + \mathrm{d}nx + \mathrm{d}g \\ \mathrm{d}M/P - (M/P^2)\mathrm{d}P = (\partial L/\partial y)\mathrm{d}y + (\partial L/\partial r)\mathrm{d}r \end{cases}$$

$\Rightarrow$

$$\begin{cases} \mathrm{d}r = \dfrac{(1-c') \cdot \mathrm{d}y + c' \cdot \mathrm{d}t - \mathrm{d}nx - \mathrm{d}g}{i'} \\ \mathrm{d}r = \dfrac{\mathrm{d}M/P - (M/P^2)\mathrm{d}P - (\partial L/\partial y)\mathrm{d}y}{\partial L/\partial r} \end{cases}$$

$\Rightarrow$

$$\frac{(1-c') \cdot \mathrm{d}y + c' \cdot \mathrm{d}t - \mathrm{d}nx - \mathrm{d}g}{i'} = \frac{\mathrm{d}M/P - (M/P^2)\mathrm{d}P - (\partial L/\partial y)\mathrm{d}y}{\partial L/\partial r}$$

由于此处我们只需考虑总需求曲线的斜率，也就是 $\mathrm{d}y$ 和 $\mathrm{d}P$ 之间的关系，令：

$$\mathrm{d}t = \mathrm{d}nx = \mathrm{d}g = \mathrm{d}M = 0$$

于是：

$$\frac{1-c'}{i'}\mathrm{d}y = -\frac{M/P^2}{\partial L/\partial r}\mathrm{d}P - \frac{\partial L/\partial y}{\partial L/\partial r}\mathrm{d}y$$

$\Rightarrow$

$$\frac{\mathrm{d}y}{\mathrm{d}P} = -\frac{M/P^2}{\partial L/\partial r} \Big/ \left(\frac{1-c'}{i'} + \frac{\partial L/\partial y}{\partial L/\partial r}\right) < 0$$

三、求冲击与总需求曲线的移动

✎ 总需求曲线的移动

在通过 IS-LM 模型导出总需求曲线时，我们允许总价格水平 P 变化，但假设政府净税收 t、净出口 nx、政府购买 g 和名义货币余额的供给 M 均保持不变。

也就是，在宏观经济学总需求分析中，上述被假设保持不变的量都是外生变量。任何一个外生变量的改变，都会引起总需求曲线位置的变化（图 2－15）。

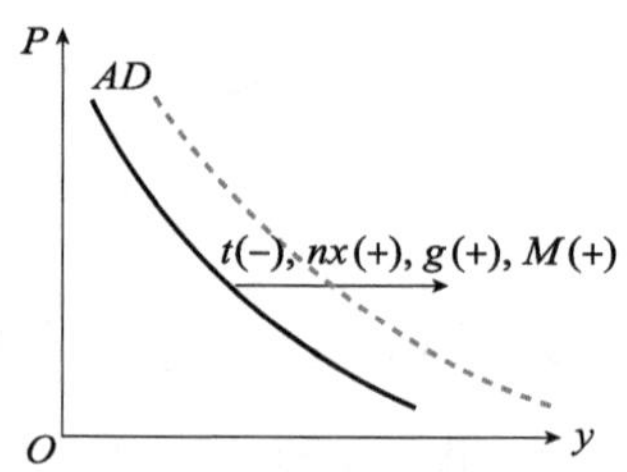

图 2－15　总需求曲线的移动

需要注意的是，总需求分析并未完成短期宏观经济分析，因为我们还没有真正引入经济的供给方面（也就是经济的潜在生产能力）。

✎ 需求分析与总需求分析

宏观经济学对于（短期）总需求的分析，根本不同于微观经济学意义上对于单一产品市场的需求分析。前者虽也是指对于真实产出的需求，但是必须要在产品市场与货币市场相互作用的整体框架下才能被决定。

因此，在进行宏观经济分析（特别是短期分析）时，我们所关心的并不只是总需求（即使暂不考虑经济的总供给方面）这一个总体变量的变化，必须同时考虑产品市场均衡和货币市场均衡将受到怎样的影响，分析总产出（需求方面）各个构成部分（消费、投资、净出口）的变化、货币需求各个组成部分（交易性需求、预防性需求、投机性需求）的变化，以及总收入和利率的变化。

在分析宏观经济的总需求方面时，另一需要注意区别的是两种表述的差异：总需求水平的变化和总需求的变化（类似的区分在微观经济学中也同样存在）——前者是指在同一条总需求曲线上，由于总价格水平 P 的变化引起的总需求变化；后者是指由于价格以外的因素（诸如政府净税收 t、净出口 nx、政府购买 g 和名义货币余额的供给 M，但也很有可能是其他因素）发生了变化，导致整条总需求曲线移动。

✎ 总需求冲击

经济中影响总需求的因素很多，其中大部分并未写入 IS 曲线方程或者 LM 曲线方程中，但却会对消费需求、投资需求、净出口以及各种货币需求产生影响。凡是可以造成经济中需求波动（即偏离原来的均衡水平）的因素，都可以被称作“总需求冲击”（Aggregate Demand Shock），简称“需求冲击”（Demand Shock）。

仅以所学知识，回答下列问题：

（1）假设由于股票市场大跌，导致人们所持有股票市值缩水，于是人们减少消费（相当于消费函数整体向下移动），在其他条件不变的情况下，将对整个宏观经济造成怎样的短期影响？

（2）假设由于社会保障体系的完善，人们所需的预防性货币需求减少，在其他条件不变的情况下，将对整个宏观经济造成怎样的影响？

（3）假设美国在遭受“9·11”袭击后，美国国民的预防性货币需求和投机性货币需求增加，在其他条件不变的情况下，将对整个宏观经济造成怎样的短期影响？

类似的例子还有很多，但要牢记的是，我们现在所了解到的总需求分析，只是宏观经济分析的一个部分——并且，仅就这部分而言，也存在许多争议和不确定性。

注意 1：这里我们所列举的都是非政策冲击（Non-policy Shock），也就是由经济中的自发因素引起的总需求波动。而宏观经济政策（主要是财政政策和货币政策）是影响短期经济的重要因素，因此我们会在下一节单独加以介绍。

注意 2：一项短期宏观经济政策的制定，常常是为了应对经济中的自发因素引起的总需求波动，但是这些政策本身也是一种需求冲击。在真实的世界里，许多因素的作用总是彼此叠加在一起，波动也具有周期性，有时很难分清哪一个是造成波动的原因，哪一个是对于波动的应对。

第四节 IS-LM 模型的应用及含义

一、需求管理政策概述

IS-LM 模型首先被用来（从总需求的方面）解释经济短期波动，在此基础上，系统地给出了两大类政策工具——“财政政策”（Fiscal Policies）和“货币政策”（Monetary Policies）——影响经济总需求方面的机制（图 2－16）。

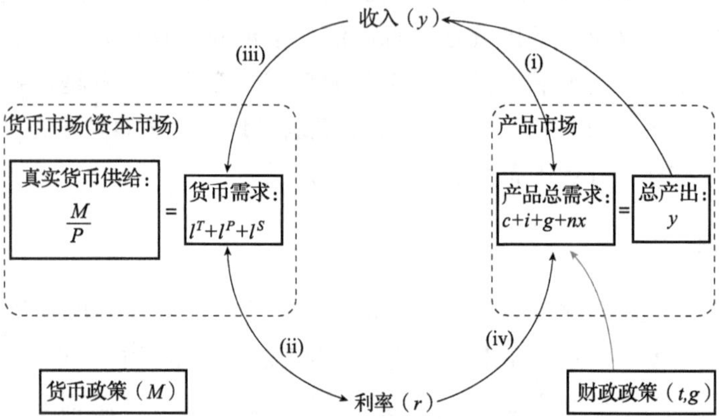

图 2－16 财政政策和货币政策影响经济总需求的机制

财政政策直接作用于产品市场，首先影响经济对于总产出的需求，进而通过一定的政策传导机制影响整个经济；货币政策直接作用于货币市场，首先影响真实货币余额供给，进而通过一定的政策传导机制影响整个经济。

财政政策和货币政策统称为“需求管理政策”（Demand Regulation Policies），意指这两种政策都是从影响经济的总需求方面来影响经济。

实际上，尽管政府也会使用其他政策工具，但财政政策和货币政策始终是最重要（使用最频繁）的政策工具，是政府维持经济平稳运行（即保持合理而平稳的经济增长率）和低通胀率的主要手段。

本节介绍财政政策和货币政策初步——这里只以抽象的政府购买和税收（的变化）代表财政政策，以抽象的货币供给（的变化）代表货币政策，暂不涉及政府购买、税收和货币供给背后的含义。

二、财政政策初步

在现实的世界，财政政策可以是多种多样的。这里我们将其笼统地归为两类：政府购买

g 的变化和税收 t 的变化。注意：只有 g 或 t 的变化，才能被称作一种财政政策。

✎ **政府购买的变化**

政府购买 g 的变化，记为 $\Delta g \equiv g_2 - g_1$，造成的影响首先反映在总需求之中的自发需求部分增加，经过乘数作用，使得总需求变化：

$$\Delta y = y_2 - y_1 = \frac{1}{1-c'}\Delta g$$

表现为IS曲线向右移动 Δy（图2－17）。

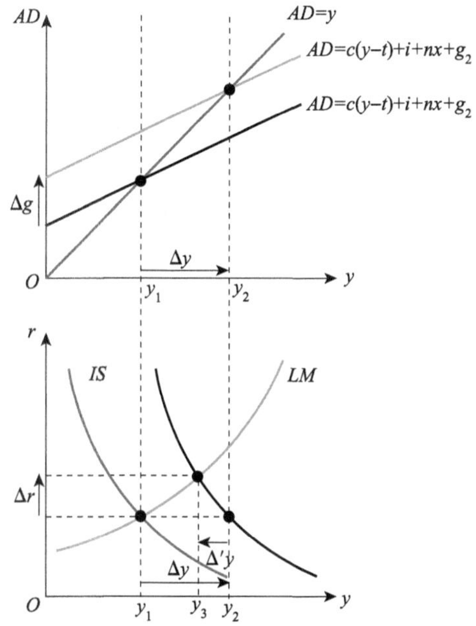

图2－17　政府购买变化的表现

给定其他条件不变，收入的扩张影响货币市场均衡，使得利率上升，进而引起经济中的投资需求减少。表现为LM曲线向上倾斜(而非水平)，因此IS曲线与LM曲线的交点向右移动的距离小于 Δy。

用代数式表示，可以首先由总需求方程的微分形式：

$$\frac{(1-c')\cdot \mathrm{d}y + c'\cdot \mathrm{d}t - \mathrm{d}nx - \mathrm{d}g}{i'} = \frac{\frac{1}{P}\mathrm{d}M - \frac{M}{P^2}\mathrm{d}P - \frac{\partial L}{\partial y}\mathrm{d}y}{\partial L/\partial r}$$

这里我们只考虑政府购买 g 的变化对于总需求的影响，故令：

$$\mathrm{d}t = \mathrm{d}nx = \mathrm{d}M = \mathrm{d}P = 0$$

于是前式简化为：

$$\frac{(1-c')\cdot \mathrm{d}y - \mathrm{d}g}{i'} = -\frac{\partial L/\partial y}{\partial L/\partial r}\mathrm{d}y$$

⇒

$$\frac{\mathrm{d}y}{\mathrm{d}g}=\frac{1/i'}{\frac{1-c'}{i'}+\frac{\partial L/\partial y}{\partial L/\partial r}}=\frac{1/i'}{\frac{\mathrm{d}r}{\mathrm{d}y}\Big|_{\mathrm{IS}}-\frac{\mathrm{d}r}{\mathrm{d}y}\Big|_{\mathrm{LM}}}>0$$

✎ **税收的变化**

政府净税收 t 的变化，记为 $\Delta t\equiv t_2-t_1$，首先影响影响居民可支配收入，从而影响总需求之中的消费需求：

$$\Delta c=c_2-c_1=-c'\cdot\Delta t$$

再经过乘数作用，使得总需求变化：

$$\Delta y=y_2-y_1=\frac{1}{1-c'}\Delta c=-\frac{c'}{1-c'}\Delta t$$

表现为 IS 曲线向右移动 Δy（图 2－18）。

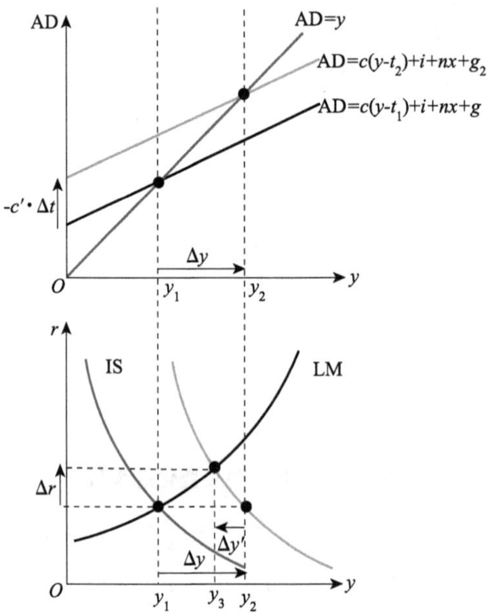

图 2－18 税收变化的表现

给定其他条件不变，收入的扩张影响货币市场均衡，使得利率上升，进而引起经济中的投资需求减少。表现为 LM 曲线向上倾斜（而非水平），因此 IS 曲线与 LM 曲线的交点向右移动的距离小于 Δy。

用代数式表示，同样由总需求方程的微分形式：

$$\frac{(1-c')\cdot\mathrm{d}y+c'\cdot\mathrm{d}t-\mathrm{d}nx-\mathrm{d}g}{i'}=\frac{\frac{1}{P}\mathrm{d}M-\frac{M}{P^2}\mathrm{d}P-\frac{\partial L}{\partial y}\mathrm{d}y}{\partial L/\partial r}$$

这里我们只考虑政府净税收 t 的变化对于总需求的影响，故令：

$$\mathrm{d}g=\mathrm{d}nx=\mathrm{d}M=\mathrm{d}P=0$$

于是前式简化为：

$$\frac{(1-c')\cdot \mathrm{d}y+c'\cdot \mathrm{d}t}{i'}=-\frac{\partial L/\partial y}{\partial L/\partial r}\mathrm{d}y$$

⇒

$$\frac{\mathrm{d}y}{\mathrm{d}t}=-\frac{c'/i'}{\dfrac{1-c'}{i'}+\dfrac{\partial L/\partial y}{\partial L/\partial r}}=\frac{c'/i'}{\left.\dfrac{\mathrm{d}r}{\mathrm{d}y}\right|_{\mathrm{IS}}-\left.\dfrac{\mathrm{d}r}{\mathrm{d}y}\right|_{\mathrm{LM}}}<0$$

✎ 财政政策的挤出效应

无论是增加政府购买 g 还是减少税收 t，都会起到增加总需求的作用，因此称为扩张性财政政策；反之，则称为收缩性财政政策。

对比政府购买 g 还是减少税收 t 的政策效力：

$$\frac{\mathrm{d}y}{\mathrm{d}g}=\frac{1/i'}{\dfrac{1-c'}{i'}+\dfrac{\partial L/\partial y}{\partial L/\partial r}}>0$$

$$\frac{\mathrm{d}y}{\mathrm{d}t}=-\frac{c'/i'}{\dfrac{1-c'}{i'}+\dfrac{\partial L/\partial y}{\partial L/\partial r}}<0$$

我们首先可以发现，如果将“同等程度地”增加政府购买和减少税收相比，前者的扩张效果大于后者。原因在于，增加的政府购买直接进入总需求，而减少的税收则要通过影响居民可支配收入来影响总需求，之间经过了边际消费倾向的削弱。

无论是增加政府购买 g 还是减少税收 t，在增加总需求的同时，都会（通过影响货币市场均衡）引起利率 r 的上升和投资需求 $i(r)$ 的减少，这一通过利率的变化引起的投资和总需求的变化，抑制了扩张性财政政策的效力。这一作用被称作扩张性财政政策的“挤出效应”（Crowding-out Effect）。

特别引起关注的是：政府购买增加对于投资的挤出，如图 2－19 所示，图中 $\Delta y'=y_3-y_2$ 表示的就是挤出效应，这一效应与财政政策的作用方向是相反的。

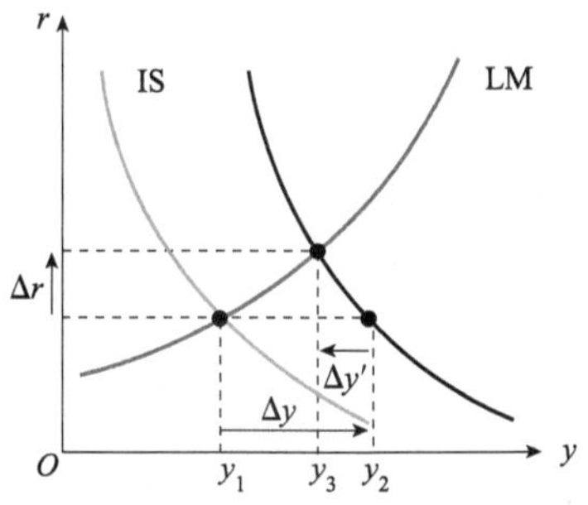

图 2－19　挤出效应

直观上看，挤出效应的大小取决于 IS 曲线和 LM 曲线的斜率：IS 曲线越平缓（斜率的绝对值越小），LM 越陡峭（斜率的绝对值越大），挤出效应越大；反之，挤出效应越小。

也可以通过代数表达式看出这一点。我们已经得到政府购买一定的增加 dg 对于总需求的影响：

$$\frac{\mathrm{d}y}{\mathrm{d}g}=\frac{1/i'}{\dfrac{1-c'}{i'}+\dfrac{\partial L/\partial y}{\partial L/\partial r}}$$

这时总需求的一定的变化 dy，意味着利率 r 的多少变化？注意到 LM 曲线在整个过程中并未发生移动，而我们在此前已经得到 LM 曲线斜率的表达式：

$$\left.\frac{\mathrm{d}y}{\mathrm{d}r}\right|_{\mathrm{LM}}=-\frac{\partial L}{\partial r}\Big/\frac{\partial L}{\partial y}\Leftrightarrow\left.\frac{\mathrm{d}r}{\mathrm{d}y}\right|_{\mathrm{LM}}=-\frac{\partial L}{\partial y}\Big/\frac{\partial L}{\partial r}$$

因此：

$$\frac{\mathrm{d}r}{\mathrm{d}g}=\frac{\mathrm{d}r}{\mathrm{d}y}\cdot\frac{\mathrm{d}y}{\mathrm{d}g}=-\frac{1}{i'}\frac{\dfrac{\partial L/\partial y}{\partial L/\partial r}}{\dfrac{1-c'}{i'}+\dfrac{\partial L/\partial y}{\partial L/\partial r}}$$

接下来，利率 r 一定的变化 dr，意味着投资需求 i 的多少变化？由于这一变化直接来自投资函数 $i=i(r)$，因此：

$$\frac{\mathrm{d}i}{\mathrm{d}r}=i'$$

于是我们可以得到挤出效应的表达式：

$$\left.\frac{\mathrm{d}i}{\mathrm{d}g}\right|_{\text{crowded-out}}=-\frac{\dfrac{\partial L/\partial y}{\partial L/\partial r}}{\dfrac{1-c'}{i'}+\dfrac{\partial L/\partial y}{\partial L/\partial r}}=-\frac{\left.\dfrac{\mathrm{d}r}{\mathrm{d}y}\right|_{\mathrm{LM}}}{\left.\dfrac{\mathrm{d}r}{\mathrm{d}y}\right|_{\mathrm{IS}}-\left.\dfrac{\mathrm{d}r}{\mathrm{d}y}\right|_{\mathrm{LM}}}$$

三、货币政策初步

✎ 名义货币供给的变化

如果中央银行改变名义货币供应量 M—— 例如从 M_1 增加到 M_2—— 在其他条件不变的情况下，将引起货币市场和产品市场的如下变化。

但是，如图 2－20 所描绘的过程只是货币政策造成的“初步”影响，因为我们在这一过程中暂未考虑收入变化对于货币需求函数的影响（注意图 2－19 的东北象限）。货币政策造成这一初步影响，将会引起利率下降（从 r_1 下降到 r_2），从而刺激私人部门投资需求（从 i_1 上升到 i_2）和总需求增长（从 y_1 上升到 y_2）（图 2－21）。这一过程表现为空间内 LM 曲线向右移动 $\Delta y=y_2-y_1$。

伴随收入的增长，人们对于货币的交易性和预防性需求增长，表现为货币需求函数 $L(r,\ y)$ 向东北方向移动。

货币政策于是造成“进一步的”影响：由于人们对于货币的交易性和预防性需求更高，更高的真实货币余额供给不能使得利率足够地降低，因而不能使投资需求足够地上升。这一基于人们货币需求变化的对于货币政策初始作用的抑制，类似于财政政策的挤出效应（但不叫挤出效应）。

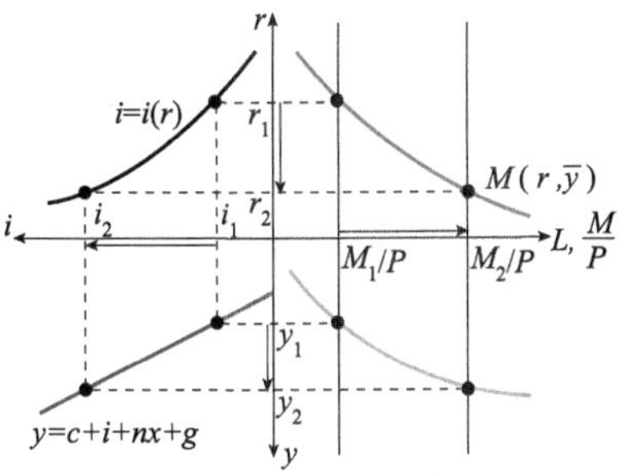

图 2－20　货币供给对货币市场和产品市场的初步影响

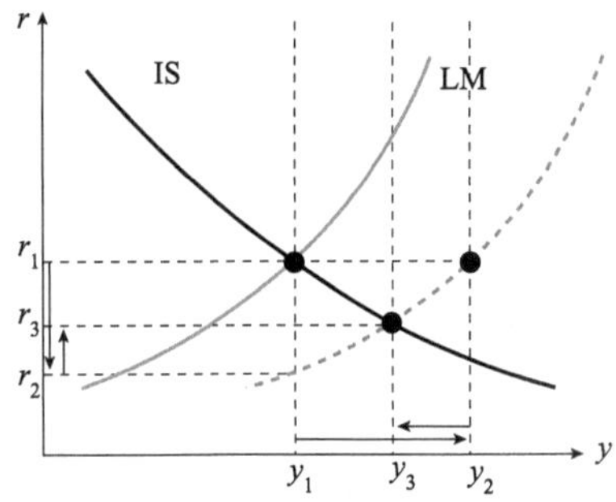

图 2－21　货币政策导致利率下降和总需求上升

中央银行名义货币供应量从 M_1 增加到 M_2 对于经济总需求方面产生的最终影响，如图 2－22所示。

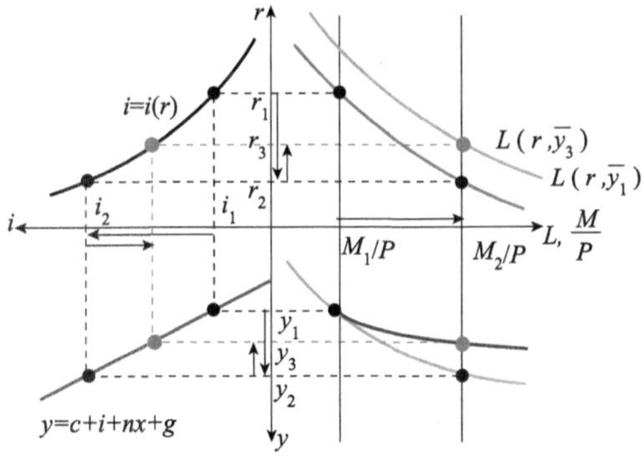

图 2－22　货币政策对总需求的长期影响

用代数式表示，同样由总需求方程的微分形式：

$$\frac{(1-c')\cdot \mathrm{d}y + c'\cdot \mathrm{d}t - \mathrm{d}nx - \mathrm{d}g}{i'} = \frac{\frac{1}{P}\mathrm{d}M - \frac{M}{P^2}\mathrm{d}P - \frac{\partial L}{\partial y}\mathrm{d}y}{\partial L/\partial r}$$

这里我们只考虑名义货币供给 M 的变化对于总需求的影响，故令：

$$\mathrm{d}g = \mathrm{d}t = \mathrm{d}nx = \mathrm{d}P = 0$$

于是前式简化为：

$$\frac{1-c'}{i'}\mathrm{d}y = \frac{1/P}{\partial L/\partial r}\mathrm{d}M - \frac{\partial L/\partial y}{\partial L/\partial r}\mathrm{d}y$$

$\Rightarrow$

$$\frac{\mathrm{d}y}{\mathrm{d}M} = \frac{1}{\partial L/\partial r}\frac{1/P}{\frac{1-c'}{i'} + \frac{\partial L/\partial y}{\partial L/\partial r}} = \frac{1}{\partial L/\partial r}\frac{1/P}{\left.\frac{\mathrm{d}r}{\mathrm{d}y}\right|_{\mathrm{IS}} - \left.\frac{\mathrm{d}r}{\mathrm{d}y}\right|_{\mathrm{LM}}}$$

✎ 货币供给与利率

关于货币供给的一个重要问题，实际上是中央银行是应该以货币供给还是利率作为政策目标。换言之，中央银行其实并不能直接掌握货币供给或者利率，而只能“盯住”现实经济中的货币供给或者利率，依据其是否达到某种合意水平而决定应该执行扩张或者收缩性的货币政策。

那么，中央银行到底应该“盯住”货币供给还是利率呢？

以货币供给作为“盯住”目标的问题在于：货币供给分为许多层次，难以衡量；货币流通速度也时常处于变化之中。

以利率作为“盯住”目标的问题在于：IS-LM 模型意义上的利率，本身就是一个高度抽象的概念，涉及从短期货币市场直至房地产市场的众多资产市场的回报率；货币政策对于利率的作用需要经过私人部门的资产组合调整机制，其中充满了复杂的不确定性。

四、货币政策与财政政策比较

在一定的时期，财政政策和货币政策哪一个更加适合被采用？这取决于经济所处的状态，在 IS-LM 模型中表现为 IS 曲线和 LM 的形状。这里我们介绍两种极端的情形，分别称为古典情形(Classical Case)和流动性陷阱情形(Liquidity Trap Case)。

✎ 古典情形

在古典情形中，LM 曲线是一条竖直的曲线(图 2－23)。之所以如此，是因为古典情形忽略人们的投机性货币需求，因此真实货币需求与真实收入有着完全的一一对应关系。在现实世界中，古典情形接近于经济已经实现充分就业的情形。

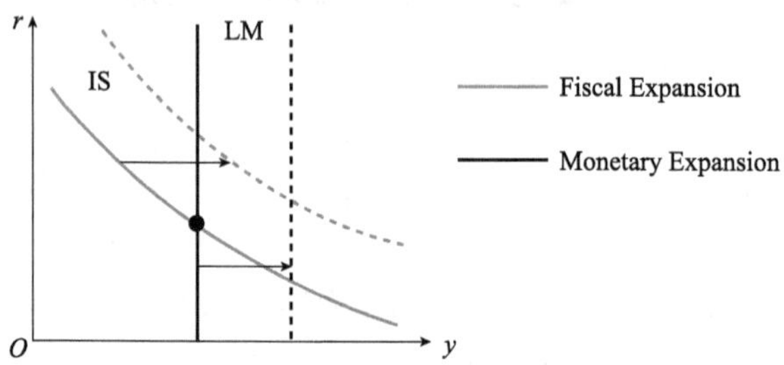

图 2－23　流动性陷阱

在古典情形下，财政扩张对于产出没有任何影响：政府购买的所有增加，都由于利率的上升而被私人投资的减少所完全地挤出了。

✎ 流动性陷阱

流动性陷阱是 Keynes 考虑的一类特殊情形。在流动性陷阱情形中，LM 曲线是一条几乎水平的曲线，之所以如此，是因为这时人们的投机性货币需求无穷大，换言之，利率已经低到一定水平，以至于无论利率怎样进一步降低，人们在其资产组合中都不会放弃货币而投资生息资产。在现实世界中，流动性陷阱情形接近于一些极端萧条的情形（图 2－24）。

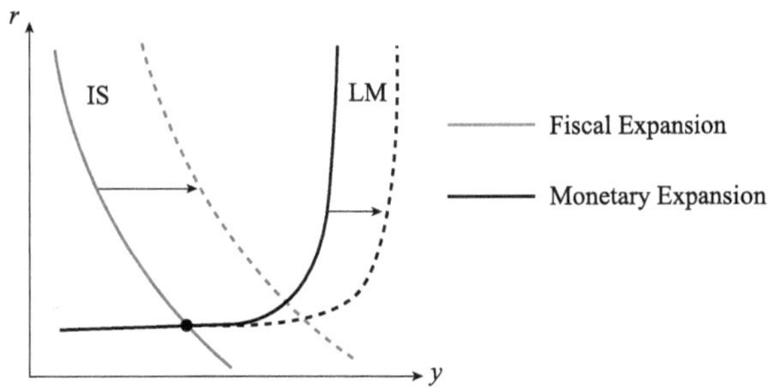

图 2－24　货币扩张政策失效

在古典情形下，货币扩张对于产出没有任何影响：货币的所有增加，都被私人的投机性货币持有所完全吸收。

第三章 加入总供给

第一节 价格粘性与预期调整：短期总供给

一、通货膨胀与产出

✎ 总体价格水平与产品总供给

如果不考虑经济的总供给能力，那么需求管理政策的恰当组合似乎可以将总产出以一个较大程度的提升——但是，即使仅从直觉上这也是不可能的，在任何一个时期，一个经济的总供给能力总归是有限的。

那么，当总需求上升时，经济中总供给方面的力量究竟会通过何种机制对其形成抑制？我们将会看到，这种抑制是通过价格调整机制完成的——考虑到经济的供给能力，总需求扩张之中一大部分，在许多时候将会最终表现为总体价格水平的上升，而不是总产出水平的上升。

✎ 实际变量与预期变量：若干表述

从本章开始，我们对于宏观经济学的介绍需要进行另一重要的区分：实际变量（Actual Variables）与预期变量（Expected Variables）。

对于任何一个变量，例如 x，我们一般用加上了上标“e”的符号 x^e 表示人们对于 x 的预期水平。

有时，我们不只是要区分 x 的实际值和预期值，还要明确表示“预期的形成时期”和“所要预期的时期”。例如，如果我们要表示的变量是“在 t 期，人们对于 x 在 $t+1$ 期的水平的预期”，就是：

$$E_t x_{t+1}$$

有时也直接表示为：

$${}_t x_{t+1}$$

✎ 两种方法得到总供给曲线

宏观经济学短期分析的一个基本点是"向上倾斜的总供给曲线"，也就是：总体价格水平的上升，在短期能够促使总产量水平的提升。

这里我们介绍宏观经济学对于这一问题的两种基本回答：①基于价格粘性的解释，和②基于预期调整的解释。正如我们所将看到的，这两种回答在本质上是相同的，都是基于经济中个体对于名义变量调整的滞后性。

二、价格粘性与总供给曲线

✎ 价格粘性

假设一家代表性企业的定价决策遵循如下法则：

$$p = P + \alpha(y - \bar{y})$$

式中，p 表示代表性企业制定的产品价格；P 表示经济的总体价格水平；y 表示经济的（实际）总产出也就是总收入水平；$\bar{y}$ 表示经济的潜在总产出水平。$\alpha > 0$ 为一外生参数。这一法则意味着代表性企业对于其产品的定价决策，决定于两个方面的因素。

（1）经济的总体价格水平 P 越高，意味着企业的成本越高，因此企业对于其产品想要收取的价格 p 也就越高。

（2）经济的总产出（总收入）水平 y 越高，对于企业产品的需求就越强，企业对于其产品想要收取的价格 p 也就越高。

假设上述法则只刻画了一类"价格灵活调整的"企业的定价机制，经济中还有另一类"价格粘性的"企业。这类企业无法在观察到了经济的实际产出和总体价格水平之后再制定其产品价格，而只能在事前依据其对于总体价格水平、实际总产出和潜在总产出的预期来制定其产品价格：

$$p' = EP + \alpha(Ey - \overline{Ey}) = EP + \alpha E(y - \bar{y})$$

假设在经济中上述两类企业所占比例分别为 γ 和 $1-\gamma$，而经济最终的总体价格水平由这两类企业的产品定价共同决定：

$$P = \gamma p + (1-\gamma)p' = \gamma P + \alpha\gamma(y - \bar{y}) + (1-\gamma)EP + \alpha(1-\gamma)E(y - \bar{y})$$

$\Rightarrow$

$$P = EP + \frac{\alpha\gamma}{1-\gamma}(y - \bar{y}) + \alpha E(y - \bar{y})$$

$$\Updownarrow$$

$$y = \bar{y} + \frac{1-\gamma}{\alpha\gamma}(P - EP) - \frac{1-\gamma}{\gamma}E\ (y - \bar{y})$$

这就是来自价格粘性的总供给（AS）曲线，其含义是：给定经济的"价格粘性程度 $(1-\gamma)$"，经济的总体价格水平 P 取决于人们对于总体价格水平的预期 EP，总产出缺口

$y-\bar{y}$，和人们对于总产出缺口的预期 $E(y-\bar{y})$。

✎ 为什么会有价格粘性?

在上述模型中，起到关键作用的是价格粘性——由于缺乏价格的灵活调整机制，一部分企业在制定产品价格时只能依据事前预期：

$$p' = EP + \alpha(Ey - \overline{Ey}) = EP + \alpha E(y-\bar{y})$$

那么，这样一种假设是否是合理的？或者，如果价格粘性真的存在，它是由什么引起的？

可能引起价格粘性的原因包括：

（1）合同刚性；

（2）企业也许能够及时调整价格，但在不同的市场结构下，其调整价格的法则显然不同；

（3）一些价格（例如工资）的调整不仅涉及技术性问题，还受到社会规范甚至舆论的影响；

（4）即使能够调整价格，企业有时也会为了避免给自己和客户造成不便而不对价格做出频繁调整；

（5）菜单调整成本。

三、适应性预期与总供给曲线

✎ 适应性预期、货币幻觉与总供给曲线

简单起见，假设经济只使用劳动（用 N 表示）一种生产要素进行生产，总产出（用 y 表示）与劳动使用量（即就业）的关系表示为一个“总生产函数”：

$$y = F(N)$$

劳动的边际产出决定了厂商愿意支付给劳动的真实工资率：

$$w^D = F'(N) = f(N)$$

假设：

$$f' = \mathrm{d}f(N)/\mathrm{d}N < 0$$

即随着就业量的增加，厂商愿意支付给劳动的真实工资率下降。

假设劳动者愿意供给的劳动量也是随真实工资率的增加而增加，即

$$w^S = g(N),\ g' = \mathrm{d}g(N)/\mathrm{d}N > 0$$

劳动力市场均衡条件可以表示为真实工资形式：

$$g(N)(=w^D=w^S)=f(N)$$

也可以表示为货币工资形式——如果经济中只存在唯一的能够被所有主体认识到的总体价格水平 P：

$$P \cdot g(N) = P \cdot f(N)$$

但是，经济中并非所有主体都能够准确和及时地认识到总体价格水平。简单起见，我们一般假设生产者能够（更加）准确地认识到总体价格水平 P，而劳动者对于 P 的认识，用 P^e 表示，具有（更多的）滞后性和不完全性：

$$P^e = P^e(P),\ 0 < \mathrm{d}P^e/\mathrm{d}P < 1$$

也就是，劳动者具有“货币幻觉”。在考虑劳动者货币幻觉的情况下，表示为货币工资形式的劳动力市场均衡条件就是：

$$P^e \cdot g(N) = P \cdot f(N)$$

也可以表示为真实工资形式：

$$\frac{P^e}{P} \cdot g(N) = f(N)$$

这时，经济的总供给方面可以由劳动力市场均衡条件、价格水平预期形成方程（或者“货币幻觉”方程）和总生产函数完全刻画：

$$\begin{cases} P^e \cdot g(N) = P \cdot f(N) \\ P^e = P^e(P) \\ y = F(N) \end{cases}$$

注意这一系统中的内生变量是 N、P^e 和 y。对上述总供给系统全微分，得到：

$$\begin{cases} g \cdot \mathrm{d}P^e + P^e \cdot g' \cdot \mathrm{d}N = f(N) \cdot \mathrm{d}P + P \cdot f' \cdot \mathrm{d}N \\ \mathrm{d}P^e = (\mathrm{d}P^e/\mathrm{d}P) \cdot \mathrm{d}P \\ \mathrm{d}y = F' \cdot \mathrm{d}N = f \cdot \mathrm{d}N \end{cases}$$

对上述全微分形式的总供给系统进行整理，我们可以得到总价格水平变化 $\mathrm{d}P$ 与总供给变化 $\mathrm{d}y$ 之间的关系：

$$P^e \cdot g' \cdot \frac{\mathrm{d}y}{f} - P \cdot f' \cdot \frac{\mathrm{d}y}{f} = f \cdot \mathrm{d}P - (\mathrm{d}P^e/\mathrm{d}P) \cdot g \cdot \mathrm{d}P$$

$\Rightarrow$

$$\frac{\mathrm{d}y}{\mathrm{d}P}_{\text{Aggregate Supply}} = \frac{(f - (\mathrm{d}P^e/\mathrm{d}P) \cdot g) \cdot f}{P^e \cdot g' - P \cdot f'} > 0$$

也就是，经济中总体价格水平 P 的上涨（通过劳动者货币幻觉）将会引起产出总供给 y 的增长。基于这一机制导出总供给曲线的过程，也可以用图 3－1 表示。

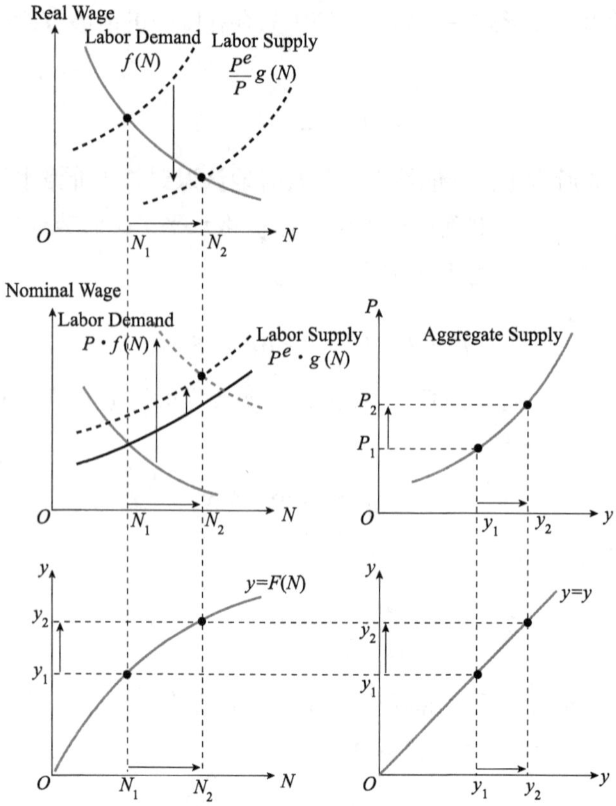

图 3－1 适应性预期与总供给曲线

✎ 关于适应性预期

依照上述思路得到短期总供给曲线的关键在于“预期调整相对于实际变量的变化而言，总是不完全的”：

$$P^{e}=P^{e}(P),\ 0<\mathrm{d}P^{e}/\mathrm{d}P<1$$

也即是，如果实际价格水平上升（下降），那么预期价格水平也会上升（下降），但上升（下降）的幅度小于实际价格水平上升（下降）的幅度：

$$E_{t}P_{t+1}\in\begin{cases}(P_{t},\ P_{t+1}),\ if\ P_{t}<P_{t+1}\\(P_{t+1},\ P_{t}),\ if\ P_{t}>P_{t+1}\end{cases}$$

一个更简单的形式可以表示为：

$$E_{t}P_{t+1}=E_{t-1}P_{t}+\lambda\cdot(P_{t}-E_{t-1}P_{t})=(1-\lambda)\cdot E_{t-1}P_{t}+\lambda\cdot P_{t}$$

其中，$\lambda\in(0,\ 1)$。

最后一个表达式更加直接地表示了这一预期形成机制的实质：人们对于一个经济变量在一定时期实际水平的预期，是基于形成预期时该变量的实际水平和人们在过去对于该变量的预期水平共同决定的——一个最简单的形式就是该变量的“过去预期水平”和“现今实际水平”的线性组合。

在宏观经济学领域，一般将这种利用过去预期与过去实际值间的差距来矫正对未来预期的方法，称为“适应性预期”（Adaptive Expectation）。那么，适应性预期是否是对人们预期形成机制的一个贴切刻画？

一方面，适应性预期有其显然的合理性。适应性预期反映了人们对于他们过去预期的反应和调整能力。但是，这一机制显然也有其不足。例如价格水平遵循如表 3 - 1 第 1 行的变化，那么按照适应性预期形成机制，人们在各期形成的对于下一期价格水平的预期就如表 3 - 1 第 2 行所示（假设 $\lambda=0.5$）。

表 3 - 1 适应性预期

t	0	1	2	3	4	5	6	7	8
P_t	100	200	100	200	100	200	100	200	100
E_tP_{t+1}	100. 00	150. 00	125. 00	162. 50	131. 25	165. 63	132. 81	166. 41	133. 20

依照适应性预期形成机制，当总价格水平在 100 和 200 之间交替变化许多期（图3 - 2），人们也依然无法真正意识到这一规律——这一预期的形成和调整机制是合理的吗？换言之，如果经济理论的研究者知道真实变量与预期变量之间的不一致，那么生活在真实经济中的人们真的会不知道这种不一致吗？

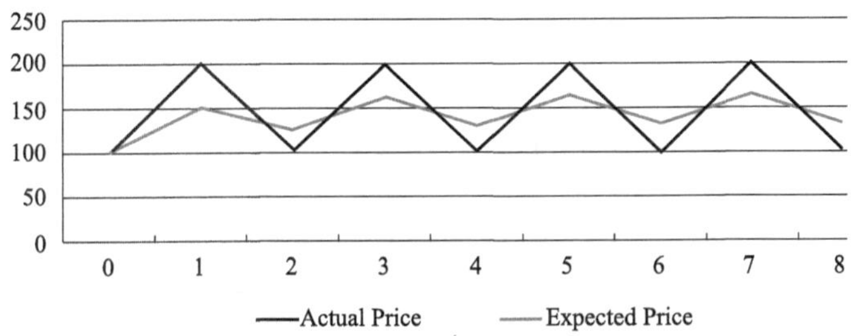

图 3 - 2 实际价格和期望价格

一个与适应性预期相对的概念是“理性预期”（Rational Expectation），理性预期是指人们预先充分掌握了一切可以利用的信息做出的预期。这种预期之所以称为“理性的”，因为它是人们参照过去历史提供的所有知识，对这种知识加以最有效利用，并经过周密的思考之后，才做出的一种预期。正因为如此，这种预期能与有关的经济理论的预期相一致。

理性预期是现代经济学的重要成就，也是新古典经济学在现代重新占据主流地位的关键。对于理性预期的更详细介绍，留待本书的后续章节进行。

四、价格与预期的调整：从短期总供给到长期总供给

✎ Keynes 总供给曲线与古典总供给曲线

显然，总供给曲线的斜率取决于经济的供给方面做出及时反应的能力——准确地说，就

是价格和预期做出调整的及时程度——供给方面做出及时反应的能力越强，总供给曲线的斜率越大，反之则越小。

总供给曲线的两个极端情形——总供给曲线斜率极小和极大的情形，一般分别称为“Keynes 总供给曲线”（Keynesian AS Curve）和“古典总供给曲线”（Classical AS Curve）。

回顾：在介绍 IS-LM 模型时也有“Keynes 情形”和“古典情形”，那里指的是什么？

Keynes 总供给曲线刻画了这样一种情况：随着总产出的增长，价格水平上升很小（图 3－3）。一般认为 Keynes 总供给曲线刻画的是经济处于萧条的状态，因此价格和预期对产出变化的反应很微小。

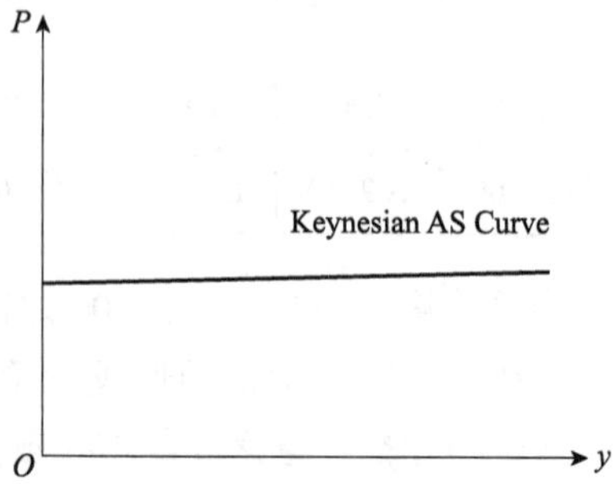

图 3－3　Keynes 总供给曲线

古典总供给曲线刻画了这样一种情况：随着总产出的增长，价格水平上升很大。一般认为古典总供给曲线刻画的是经济处于充分就业的状态，这时总产出的进一步扩张将非常困难，价格和预期对产出变化的反应很剧烈（图 3－4）。

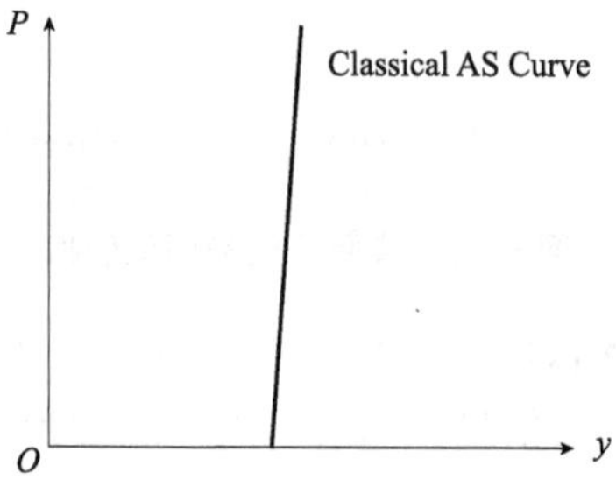

图 3－4　古典总供给曲线

✎ 价格调整与预期调整

无论是价格粘性还是预期调整的滞后性，在长期都将不复存在。

首先考虑上述价格粘性模型。在长期，无法认为人们认识不到产出和价格的真实水平，即：

$$EP = P,\ Ey = y,\ \overline{Ey} = \overline{y}$$

也无法认为人们不能将价格水平制定在其合意的水平上（图 3－5），即对于所有企业：

$$p = P + \alpha(y - \bar{y})$$

因此：

$$p = P$$

于是：

$$y = \bar{y}$$

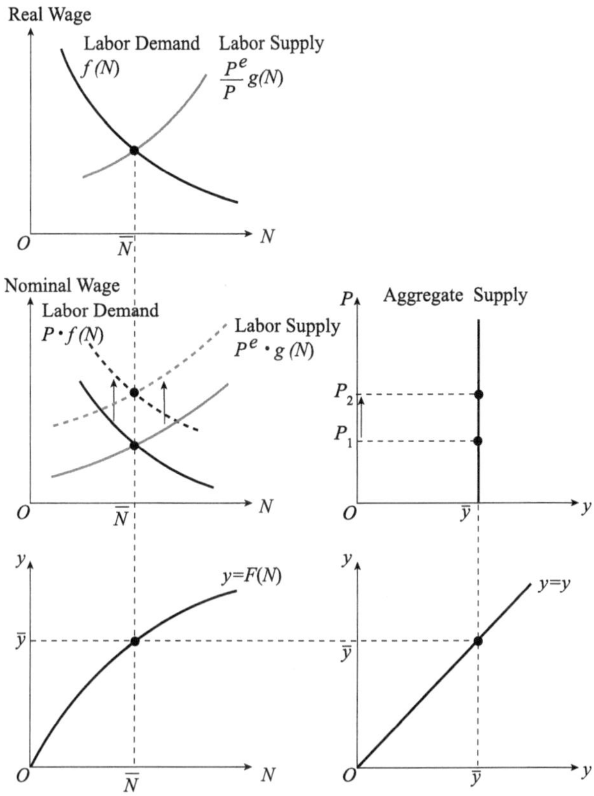

图 3－5　价格调整与预期调整（长期情况）

再来考虑上述预期调整（货币幻觉）模型。同样，在长期：

$$P^e = P$$

因此总供给系统可以表示为：

$$\begin{cases} P^e \cdot g(N) = P \cdot f(N) \\ P^e = P \\ y = F(N) \end{cases}$$

将预期形成方程代入劳动力市场均衡条件，得到：

$$g(N) = f(N)$$

这一条件将唯一地决定（长期）均衡就业水平：

$$N=\overline{N}$$

再将这一（长期）均衡就业水平代入总生产函数，得到（长期）均衡总产出：

$$y=\overline{y}$$

✎ 从短期总供给到长期总供给

经济的总供给方面如何从“短期总供给（SAS）曲线”走向“长期总供给（LAS）曲线”？

这一过程是伴随价格和预期的逐步调整完成的。在如下的总供给方程中：

$$P=EP+\frac{\alpha\gamma}{1-\gamma}(y-\overline{y})+\alpha E(y-\overline{y})$$

$$\Updownarrow$$

$$y=\overline{y}+\frac{1-\gamma}{\alpha\gamma}(P-EP)-\frac{1-\gamma}{\gamma}E(y-\overline{y})$$

随着越来越多的企业认识到总产出的实际水平，并且根据实际情况调整其价格：

$$EP\to P，Ey\to y，\overline{Ey}\to\overline{y}$$

因此：

$$y\to\overline{y}$$

在预期调整模型中：

$$\begin{cases}P^{e}\cdot g(N)=P\cdot f(N)\\P^{e}=P^{e}(P)\\y=F(N)\end{cases}$$

在长期，劳动者对于价格水平的预期会不断接近实际的价格水平：

$$P^{e}(P)\to P$$

伴随这一过程，总产出不断接近其唯一的潜在水平（图 3－6）：

$$y\to\overline{y}$$

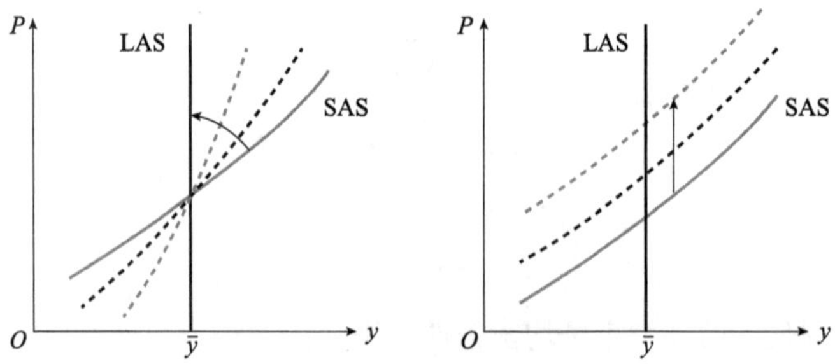

图 3－6　总产出的变化

第二节 总供求模型：短期与长期

一、总供求（AS-AD）模型

传统的宏观经济学对于短期经济波动的分析可以被最终概括为总供给 - 总需求（Aggregate Supply-Aggregate Demand）分析，即 AS-AD 模型（图 3 – 7）。

这是我们实际要考虑 3 个（类）市场——产品市场、货币市场和生产要素市场（有时被简化为劳动力市场）的同时均衡和相互作用。具体地：

（1）在经济的总需求方面，我们需要考虑产品市场和货币市场是怎样通过利率和产出相互联系在一起的；

（2）在经济的总供给方面，我们需要考虑价格和预期的滞后调整怎样影响要素就业和总产出。

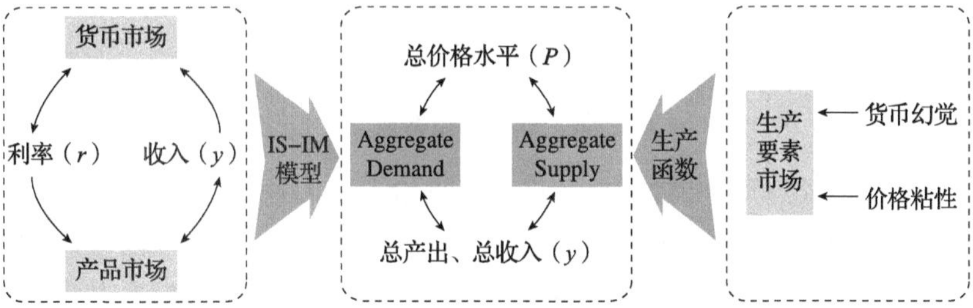

图 3 – 7 总供求（AS-AD）模型

二、AS-AD 模型中的需求管理政策：短期影响

财政政策

在初始点，经济的均衡产出水平为 y_0，对应的利率水平为 r_0，价格水平为 P_0。假设政府这时进行财政扩张，具体地，将政府购买增加 $\Delta g>0$，由之前所介绍的总需求方面产品市场均衡条件，这一财政扩张政策将使得 IS 曲线向右平移：

$$\Delta_{(1)}y = y_1 - y_0 = \frac{1}{1-\text{MPC}} \quad \Delta g > 0$$

产出的扩张将对货币市场均衡产生影响，将利率水平抬高到 r_1，从而“挤出”私人投资，这一通过货币市场发挥作用的机制（即挤出效应）将削弱扩张性财政政策的效力：

$$\Delta_{(2)}y = y_2 - y_1 < 0$$

也就是，综合考虑经济的总需求方面（产品市场和货币市场），这一扩张性财政政策将使得总需求（AD）曲线向右平移 $\Delta_{(1)}y+\Delta_{(2)}y$（图 3－8）。

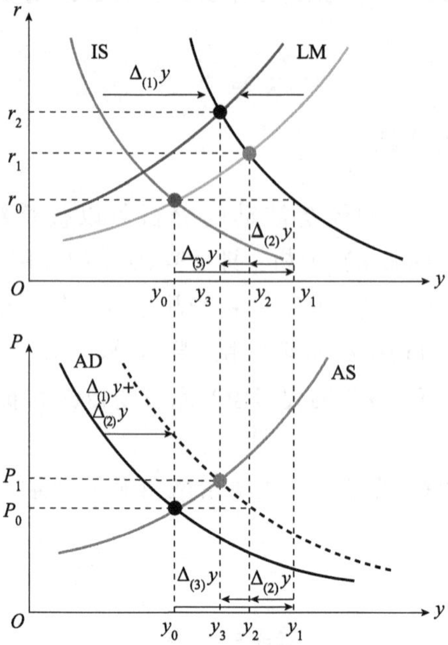

图 3－8 财政政策

进一步地，考虑到经济的供给方面，总产出供给不能无条件地跟随总需求的扩张而增长（即使在短期），必将伴之以价格水平的上升——价格水平由 P_0 上升到 P_1。这意味着：给定其他条件不变，在考虑供给方面因素的情况下，财政扩张将自动引起真实货币余额 M/P 的减少，LM 曲线向左移动，从而进一步削弱扩张性财政政策的效力：

$$\Delta_{(3)}y=y_3-y_2<0$$

因此，这一财政扩张政策在短期对于总产出造成的最终影响是：

$$\Delta y=\Delta_{(1)}y+\Delta_{(2)}y+\Delta_{(3)}y=y_3-y_0>0$$

我们也可以用代数方法得到考虑总供给情况下的扩张性财政政策的效力。这时整个经济的短期总供求可以用 AS-AD 模型刻画，也就是联立：

（1）产品市场均衡条件（IS 曲线方程）；

（2）货币市场均衡条件（LM 曲线方程）；

（3）要素（劳动力）市场均衡条件；

（4）预期形成方程；

（5）总生产函数。

其中（1）和（2）刻画了经济的总需求方面，（3）、（4）和（5）刻画了经济的总供给方面。

$$\begin{cases} y = c(y-t) + i(r) + nx + g \\ M/P = L(y,\ r) \\ P^{e} \cdot g(N) = P \cdot f(N) \\ P^{e} = P \\ y = F(N) \end{cases}$$

对应的全微分形式：

$$\begin{cases} \mathrm{d}y = c' \cdot \mathrm{d}y - c' \cdot \mathrm{d}t + i' \cdot \mathrm{d}r + \mathrm{d}nx + \mathrm{d}g \\ (1/P)\mathrm{d}M - (M/P^2)\mathrm{d}P = (\partial L/\partial y)\mathrm{d}y + (\partial L/\partial r)\mathrm{d}r \\ g \cdot \mathrm{d}P^{e} + P^{e} \cdot g' \cdot \mathrm{d}N = f \cdot \mathrm{d}P + P \cdot f' \cdot \mathrm{d}N \\ \mathrm{d}P^{e} = (\mathrm{d}P^{e}/\mathrm{d}P)\mathrm{d}P \\ \mathrm{d}y = F' \cdot \mathrm{d}N \end{cases}$$

如果只考虑产品市场，那么由上述第（1）式可得（由于这里我们只需要得到总产出水平和政府购买之间的关系，因此，令 $\mathrm{d}t = \mathrm{d}nx = \mathrm{d}M = 0$；由于只考虑产品市场而不考虑货币市场，$\mathrm{d}r = 0$）：

$$\frac{\mathrm{d}y}{\mathrm{d}g} = \frac{1}{1-c'}$$

如果只考虑经济的总需求方面，那么由上述第（1）式和第（2）式可得（这时需要考虑 $\mathrm{d}r$ 的影响，由于只考虑总需求，$\mathrm{d}P = 0$）：

$$\frac{\mathrm{d}y}{\mathrm{d}g} = \frac{1/i'}{\left(\frac{\partial L}{\partial y}\Big/\frac{\partial L}{\partial r}\right) + \frac{1-c'}{i'}} = \frac{1/i'}{\frac{\mathrm{d}r}{\mathrm{d}y}\Big|_{\mathrm{IS}} - \frac{\mathrm{d}r}{\mathrm{d}y}\Big|_{\mathrm{LM}}}$$

综合考虑经济的总需求方面和总供给方面，可得：

$$\frac{\mathrm{d}y}{\mathrm{d}g} = \frac{1/i'}{\frac{1-c'}{i'} + \frac{M/P^2}{\partial L/\partial r}\frac{P \cdot f' - P^{e} \cdot g'}{f((\mathrm{d}P^{e}/\mathrm{d}P) \cdot g - f)} + \frac{\partial L/\partial y}{\partial L/\partial r}}$$

$$= \frac{1/i'}{\frac{\mathrm{d}r}{\mathrm{d}y}\Big|_{\mathrm{IS}} - \frac{\mathrm{d}r}{\mathrm{d}y}\Big|_{\mathrm{LM}} + \frac{M/P^2}{\partial L/\partial r}\frac{\mathrm{d}P}{\mathrm{d}y}\Big|_{\mathrm{AS}}}$$

✎ 货币政策

同样，假设经济的初始均衡产出水平为 y_0，对应的利率水平为 r_0，价格水平为 P_0。

假设中央银行这时进行货币扩张（图 3－9），增加名义货币供给 $\Delta M > 0$，由之前所介绍的总需求方面的货币市场均衡条件和产品市场均衡条件，这一货币扩张政策将使得利率下降，刺激私人部门投资需求的增长，表现为 LM 曲线向右（下）平移：

$$\Delta_{(1)} y = y_1 - y_0$$

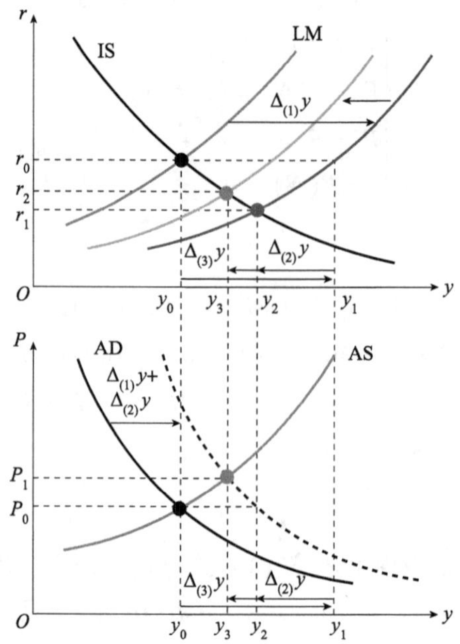

图 3-9　货币政策

通过与向下倾斜的 IS 曲线的作用，扩张性货币政策对于总需求的影响会被削弱：

$$\Delta_{(2)}y = y_2 - y_1 < 0$$

也就是，综合考虑经济的总需求方面（产品市场和货币市场），这一扩张性财政政策将使得总需求（AD）曲线向右平移：

$$\Delta_{(1)}y + \Delta_{(2)}y$$

考虑到经济的供给方面，伴随这一货币过程，价格水平由 P_0 上升到 P_1。这意味着：给定其他条件不变，在考虑供给方面因素的情况下，名义货币的扩张将自动引起价格水平 P 的上升和真实货币余额 M/P 的减少，LM 曲线向左回移，从而削弱扩张性货币政策的效力：

$$\Delta_{(3)}y = y_3 - y_2 < 0$$

因此，这一货币扩张政策在短期对于总产出造成的最终影响是：

$$\Delta y = \Delta_{(1)}y + \Delta_{(2)}y + \Delta_{(3)}y = y_3 - y_0 > 0$$

我们同样可以用代数方法得到考虑总供给情况下的扩张性货币政策的效力。这时整个经济的短期总供求可以用 AS-AD 模型刻画，也就是：

$$\begin{cases} y = c(y-t) + i(r) + nx + g \\ M/P = L(y,\ r) \\ P^{e} \cdot g(N) = P \cdot f(N) \\ P^{e} = P \\ y = F(N) \end{cases}$$

以及对应的全微分形式：

$$\begin{cases} dy = c' \cdot dy - c' \cdot dt + i' \cdot dr + dnx + dg \\ (1/P)dM - (M/P^2)dP = (\partial L/\partial y)dy + (\partial L/\partial r)dr \\ g \cdot dP^e + P^e \cdot g' \cdot dN = f \cdot dP + P \cdot f' \cdot dN \\ dP^e = (dP^e/dP)dP \\ dy = F' \cdot dN \end{cases}$$

如果只考虑货币市场，那么由上述第（2）式可得（由于这里我们只需要得到总产出水平和名义货币供给之间的关系，因此，令 $dt = dg = dnx = 0$；由于只考虑货币市场而不考虑产品市场，$dr = 0$）

$$\frac{dy}{dM} = \frac{1}{P}\frac{1}{\partial L/\partial y}$$

如果只考虑经济的总需求方面，那么由上述第（1）式和第（2）式可得（这时需要考虑 dr 的影响，由于只考虑总需求，$dP = 0$）：

$$\frac{dy}{dM} = \frac{1}{\partial L/\partial r}\frac{1/P}{\frac{1-c'}{i'} + \frac{\partial L/\partial y}{\partial L/\partial r}} = \frac{1}{\partial L/\partial r}\frac{1/P}{\left.\frac{dr}{dy}\right|_{IS} - \left.\frac{dr}{dy}\right|_{LM}}$$

综合考虑经济的总需求方面和总供给方面，可得

$$\begin{aligned} \frac{dy}{dM} &= \frac{1}{\partial L/\partial r}\frac{1/P}{\frac{1-c'}{i'} + \frac{\partial L/\partial y}{\partial L/\partial r} + \frac{M/P^2}{\partial L/\partial r}\frac{P \cdot f' - P^e \cdot g'}{f((dP^e/dP) \cdot g - f)}} \\ &= \frac{1}{\partial L/\partial r}\frac{1/P}{\left.\frac{dr}{dy}\right|_{IS} - \left.\frac{dr}{dy}\right|_{LM} + \left.\frac{M/P^2}{\partial L/\partial r}\frac{dP}{dy}\right|_{AS}} \end{aligned}$$

三、AS-AD 模型中的需求管理政策：长期影响

如前所述，有着正斜率的总供给曲线只是短期的——在长期，经济的总供给能力稳定在其潜在产出水平之上。

因此，上述对需求管理政策影响的分析也只是短期的。如果经济的初始均衡点对应着潜在产出水平 $\bar{y}$，那么在长期，伴随着价格和预期的调整，任何需求管理政策最终都只能影响总价格水平 P，无法影响总产出水平 y。

✎ 财政政策

如图 3－10 所示，随着经济中主体不断调整的价格和预期，财政扩张政策的长期影响是：

（1）总产出水平回到最初的潜在产出水平 $\bar{y}$；

（2）总价格水平上升到 $\bar{P}$；

（3）利率上升到 $\bar{r}$（因此，尽管总产出水平不变，但与政府购买增加相伴的是私人投资

同等程度的减少)。

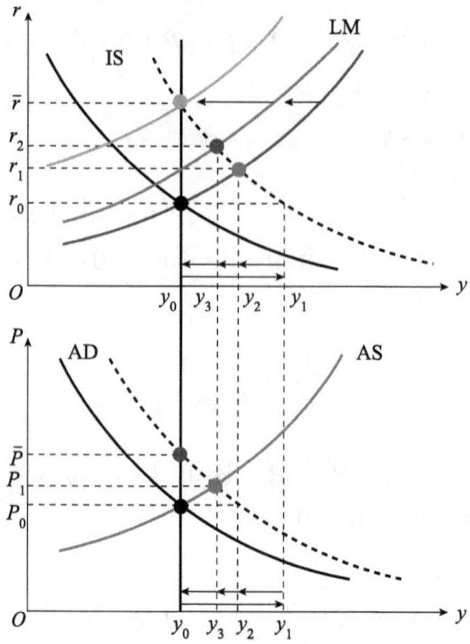

图 3-10　财政政策（长期）

✎ 货币政策

如图 3-11 所示，随着经济中主体不断调整的价格和预期，货币扩张政策的长期影响是：

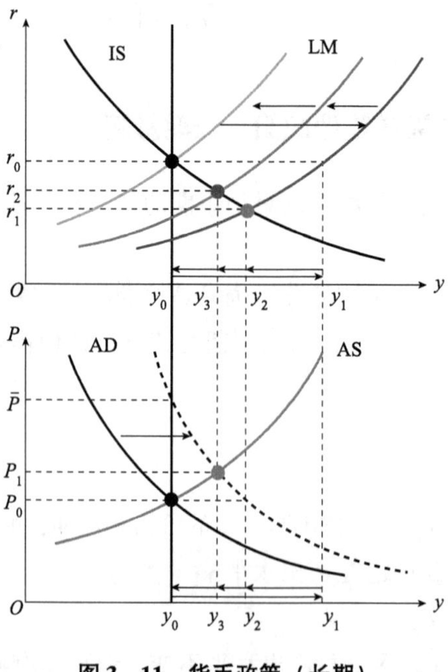

图 3-11　货币政策（长期）

（1）总产出水平回到最初的潜在产出水平 $\bar{y}$；

（2）总价格水平上升到 $\bar{P}$；

（3）利率水平回到 r_0，因此，真实经济不受任何影响。

✎ 从短期影响到长期影响：价格调整机制

假设经济原均衡处于潜在产出水平 $\bar{y}$，对应的价格水平为 P_0。这时若政府（中央银行）采取扩张性需求管理政策，使得 AD 曲线向右移动。

在短期，这一调整将使得经济的均衡点移动到新的 AD 曲线与 SAS 曲线的焦点处，产出扩张和价格上升同时发生。随着经济中（供给方面）的主体逐渐认识到新的总体价格和产出水平，并调整各自的价格和预期，SAS 曲线的斜率变大，与（新的）AD 曲线的焦点将沿着 AD 曲线不断向左上方移动（图 3－12）。

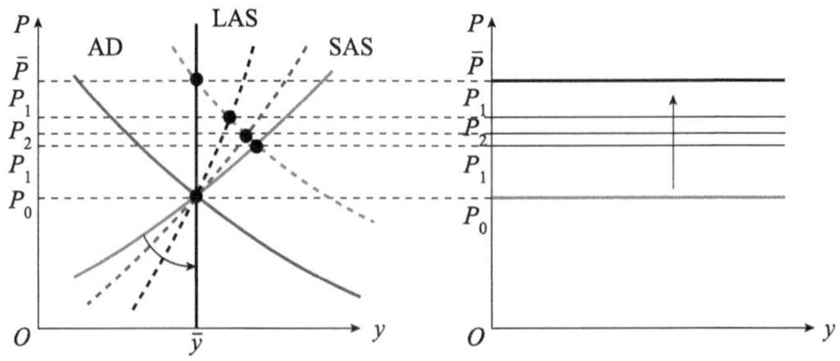

图 3－12　总供给曲线

在这一动态调整过程中，价格不断上升，而总产出则在最初的跃升后逐步回落。最后，总产出回到潜在产出水平 $\bar{y}$，扩张性需求管理政策在长期的唯一结果是价格水平上升到 $\bar{P}$。用图像描述，上述过程可以表现为短期总供给（SAS）曲线的转动或者平移。我们也可以用图像描述在政府执行扩张性需求管理政策以后总价格水平和总产出水平随时间的变化过程（图 3－13）：

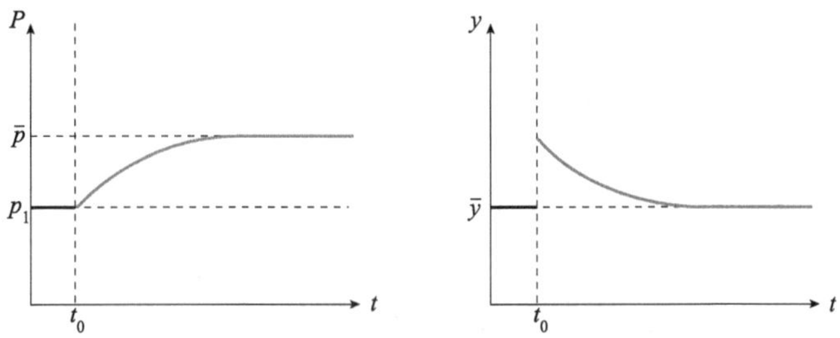

图 3－13　价格水平和总产出

四、对于 Keynes AS-AD 模型的若干总结

✎ Keynes AS-AD 模型的贡献

主要由 Keynes 贡献的（Hicks 和 Hansen 也做出了重要的贡献）AS-AD 模型，是直到今天为止的宏观经济学分析短期经济波动的最基本的工具，也为相关需求管理政策提供了基本依据。

相对于 Keynes 之前的经济学理论和之后的其他经济学学派而言，Keynes 主义的贡献和基本特征或许可以概括为以下两个方面：

（1）重视经济的需求方面，特别是货币方面，强调货币市场（通过利率）对产品市场的影响；

（2）强调名义冲击的重要性和私人部门调整的滞后性，因此认为政府可以（通过需求管理政策）发挥积极所用。

对于宏观经济理论和宏观经济政策的许多争论，都围绕 Keynes 主义总供给—总需求理论展开，但 Keynes 的理论提供的不仅是观点，而且是方法——即使是反对 Keynes 主义基本观点的许多意见，也只能在 Keynes 主义的总供给—总需求理论框架被阐述和提出。

✎ 挑战与发展

传统的 AS-AD 模型为分析经济短期波动提供了一个有用的框架，也受到长期的挑战。但不得不承认的是，对于传统 AS-AD 模型的许多“挑战”，实际上只是在争论 AS-AD 模型之中某一条曲线的斜率是应该更大些还是更小些。

宏观经济学对于经济波动的理解的一个真正发展，是主要由 Prescott 等人贡献的“真实商业周期”（Real Business Cycle，RBC）理论（Prescott 和 Kydland 也因此获得了 2004 年度诺贝尔经济学奖）。

真实商业周期理论的基本点在于：产出与就业的波动是各种实际冲击（而非名义冲击）打击经济的结果。货币的作用在这一理论看来，即使不是完全不存在，也是基本可以忽略的。

真实商业周期理论模型一般建立在更加明确的微观主体最大化行为基础之上，通过加总最大化的微观主体行为得到经济总体变量，由于基于这一方法并且必须进行动态分析，这类模型常常具有一定的技术上的复杂性，也常常需要借助数值解（Numerical Results），因而常常要对一些函数的具体形式和参数的数值做出评价与估计。

✎ 需求管理政策与总供给：不只是 AS-AD 模型

Keynes AS-AD 模型虽然包含总供给和总需求两个方面，但就其政策含义而言，总需求方面是其关心的重点。称财政政策和货币政策为需求管理政策，是指这些政策旨在调节总需求，进而影响整个经济。在 AS-AD 模型框架下，需求管理政策影响对于总供给的影响只是

通过影响总价格水平实现。

但是，所有这些旨在调节总需求的政策却不可避免地会对经济的供给方面产生影响。例如：

（1）当政府执行财政政策时，增加政府购买可能能够增加作为整个经济生产基础的基础设施存量，从而改变整个经济的生产函数；增加个人所得税和公司利润税可能会抑制要素投入；增加转移支付既可能增强，也可能抑制劳动者的就业积极性。

（2）当中央银行执行货币政策时，增加货币供给一般意味着企业能够能更好地发挥其生产能力；无论是货币扩张还是货币紧缩，经济中的个体受到影响的程度和先后均有不同，因此货币政策对于经济的生产方面常常还具有结构性影响。

也会我们还能列举出更多类似的问题。所有这些问题，难以在一个传统的 AS-AD 模型下进行有效分析。实际上，供给学派早已就这些问题向传统的 AS-AD 模型和 Keynes 主义提出了挑战，我们在后面还会对供给学派有更多的介绍。

✎ 经济周期与调整：不只是价格与预期

Keynes 主义的 AS-AD 分析框架，是对于现实世界经济周期的一个刻画（尽管直到此处，我们尚未完成对于这一框架的介绍），但这种刻画远非完整。

在 AS-AD 分析框架下：

（1）在短期，由于价格粘性和预期的滞后性，总产出与总价格水平正相关；

（2）在长期，价格和预期能够依据经济的实际情况作出调整，总产出只能位于潜在水平上。

但是，这里的“长期”仍然是片面的：在“真正的长期”，主要由于技术的进步，潜在产出水平也会增长，而这正是我们在后面的经济增长理论中所要学习的内容。

第四章 财政政策与货币政策

第一节 财政政策与政府预算平衡

一、财政政策

✎ 财政政策：目标与工具

最笼统地讲，财政可以说是一种国家经济行为。但是，国家经济行为不止于财政（例如，国家有时也通过组织公共生产的方式直接参与经济）。财政部门是政府的重要组成部门，财政政策是政府重要的政策工具。那么，财政政策的目标是什么？财政政策又包含哪些政策工具？

各国财政政策目标侧重有所不同，一般地，一国财政政策目标包括：

（1）维持总产出和就业稳定；

（2）（在长期）促进经济增长；

（3）调节收入分配；

（4）稳定物价；

（5）调节资源配置的其他方面。

财政政策工具可以分为收入性工具和支出性工具两个大类，因此对于财政政策最笼统地理解，可以从将政府财政分为收入和支出两个方面开始（表4－1）。

表4－1 中国中央和地方财政收支情况（列举2011年前数据）

项目	总量指标（亿元）				指数（2011年为以下各年百分比）			平均增长速度(%)		
	1978年	1990年	2000年	2011年	1978年	1990年	2000年	1979—2011年	1991—2011年	2001—2011年
国家财政收入	1 132.26	2 937.10	13 395.23	103 874.43	9 174.08	3 536.63	775.46	14.68	18.51	20.47
中央	175.77	992.42	6 989.17	51 327.32	29 201.41	5 171.94	734.38	18.77	20.67	19.87
地方	956.49	1 944.68	6 406.06	52 547.11	5 493.74	2 702.10	820.27	12.91	17.00	21.08
国家财政支出	1 122.09	3 083.59	15 886.50	109 247.79	9 736.10	3 542.88	687.68	14.88	18.52	19.16
中央	532.12	1 004.47	5 519.85	16 514.11	3 103.46	1 644.06	299.18	10.97	14.26	10.48
地方	589.97	2 079.12	10 366.65	92 733.68	15 718.37	4 460.24	894.54	16.56	19.82	22.04

应该说，财政政策本身有着十分重要的资源配置和收入再分配（Redistribution）职能。但是，宏观经济学中的财政政策往往特指旨在稳定经济和发展经济（特别是前者）的财政政策，而对于财政政策其他方面的介绍，一般留至专门的财政学课程。

✎ 财政收入

依据不同的标准，可以对财政收入进行不同的分类，其中一个最基本的分类是将财政收入分为税收收入和非税收入。对于绝大多数国家来说，税收收入都是财政收入的主要部分（表4－2）。税收具有强制性、无偿性和固定性。

表4－2 2011年中国中央和地方财政主要收入项目 单位：亿元

项目	合计	中央财政收入	地方财政收入
合计	103 874	51 327.3	52 547.1
税收收入	89 738.4	48 631.7	41 106.7
国内增值税	24 266.6	18 277.4	5 989.25
国内消费税	6 936.21	6 936.21	
进口货物增值税、消费税	13 560.4	13 560.4	
出口货物退增值税、消费税	－9 204.8	－9 204.8	
营业税	13 679	174.56	13 504.4
企业所得税	16 769.6	10 023.4	6 746.29
个人所得税	6 054.11	3 633.07	2 421.04
资源税	595.87		595.87
城市维护建设税	2 779.29	169.37	2 609.92
房产税	1 102.39		1 102.39
印花税	1 042.22	425.28	616.94
#证券交易印花税	438.45	425.28	13.17
城镇土地使用税	1 222.26		1 222.26
土地增值税	2 062.61		2 062.61
车船税	302		302
船舶吨税	29.76	29.76	
车辆购置税	2 044.89	2 044.89	
关税	2 559.12	2 559.12	
耕地占用税	1 075.46		1 075.46
契税	2 765.73		2 765.73
烟叶税	91.38		91.38
其他税收收入	4.15	2.99	1.16
非税收入	14 136	2 695.67	11 440.4

续表

项目	合计	中央财政收入	地方财政收入
专项收入	3 056. 41	361. 4	2 695. 01
行政事业性收费	4 039. 38	404. 02	3 635. 36
罚没收入	1 301. 39	38. 76	1 262. 63
其他收入	5 738. 86	1 891. 49	3 847. 37

一般地，可以将税收分为三个大类：所得税、商品税、资源与财产税。

(1) 所得税指所有以（个人或组织）所得额为课税对象的税种，包括企业所得税、个人所得税以及外商投资企业和外国企业所得税。所得税是实现收入再分配的重要手段，优点是税负相对公平，也不易产生重复征税问题；缺点是税源受到企业利润和个人收入水平的限制，计征管理相对复杂，要求较高的税务管理水平，另外累进所得税会抑制纳税人的劳动积极性。

(2) 商品税指所有以商品为课税对象的税种，以商品发生交易并形成收入为前提。商品税的优点是税源丰富（如增值税、营业税、消费税、关税等，都属于商品税），征收简单；缺点是会造成市场价格的扭曲和市场效率的损失。

(3) 资源与财产税（包括遗产税）指所有以自然资源或财产为课税对象的税种。资源与财产税的优点是能够体现和促进公平，也不易产生重复征税问题，同时能够促进资源节约；缺点是税源缺乏普遍性和弹性，因而一般难以成为一个国家的主要税种。

就税收收入而言，2019 年，我国全国税收收入 157 992 亿元，排在前两位的税种分别是国内增值税（62 346 亿元，占税收总收入的 39. 46%）和企业所得税（37 300 亿元，占税收总收入的 23. 61%）。

✎ 财政支出

按照经济性质，可以将财政支出分为两个大类：购买性支出和转移性支出。

购买性支出是指政府购买商品和劳务的支出，是政府通过市场实现资源再分配的行为。购买性支出又可以分为两类：

(1) 消费性购买支出，例如政府各部门的事业费；

(2) 投资性购买支出，例如政府各部门的投资拨款。

转移性支出是指财政资金无偿的转移，是政府不通过市场实现资源再分配的行为（这里的“转移”，既有政府向私人部门的转移，也有不同层级政府之间的转移）。转移性支出包括：

(1) 补助支出；

(2) 捐赠支出；

(3) 债务利息支出。

一般地，在财政支出中购买性支出所占比重越大，财政活动对于经济中的生产和就业的影响就越大；转移性支出所占比重越大，财政活动对于收入再分配的影响就越大（表 4 –3）。

表4-3 2011年中国中央和地方财政主要支出项目 单位：亿元

项目	合计	中央财政支出	地方财政支出
合计	109 247.79	16 514.11	92 733.68
一般公共服务	10 987.78	903.01	10 084.77
外交	309.58	306.83	2.75
#对外援助	159.09	158.98	0.11
国防	6 027.91	5 829.62	198.29
公共安全	6 304.27	1 037.01	5 267.26
#武装警察	1 082.02	789.57	292.45
教育	16 497.33	999.05	15 498.28
科学技术	3 828.02	1 942.14	1 885.88
文化体育与传媒	1 893.36	188.72	1 704.64
社会保障和就业	11 109.40	502.48	10 606.92
医疗卫生	6 429.51	71.32	6 358.19
环境保护	2 640.98	74.19	2 566.79
城乡社区事务	7 620.55	11.62	7 608.93
农林水事务	9 937.55	416.56	9 520.99
交通运输	7 497.80	331.11	7 166.69
#车辆购置税支出	2 314.60	73.48	2 241.12
资源勘探电力信息等事务	4 011.38	464.12	3 547.26
商业服务业等事务	1 421.72	26.93	1 394.79
金融监管支出	649.28	413.94	235.34
地震灾后恢复重建支出	174.45		174.45
国土气象等事务	1 521.35	231.61	1 289.74
住房保障支出	3 820.69	328.82	3 491.87
粮油物资储备管理等事务	1 269.57	540.08	729.48
国债付息支出	2 384.08	1 819.96	564.12
其他支出	2911.24	74.99	2 836.25

财政支出中的公平与效率，以及在相关决策过程中的民主化和法治化问题，都是十分重要的问题。限于课程大纲，在此我们不做进一步介绍。

二、政府预算与债务

✎ 政府预算

（国家）政府制定的关于财政收支的基本计划，称为（国家）政府预算。政府预算的执行，就是财政收入的筹措和财政支出的使用过程。

财政预算年度：政府按照法定预算年度编制政府预算，不允许将不属于本年度财政收支的内容编入本年度的预算之中。

财政决算：对于财政预算执行的总结。

根据《中华人民共和国预算法》的规定，我国实行“一级政府一级预算”的制度，设立五级政府（中央、省、地、县、乡）预算，各级人民代表大会依法行使对于本级政府预算和决算的审批权、撤销权和监督权。

✎ 政府赤字与政府债务

当政府收入低于政府支出（即 $t = ta - tr < g$）时，就会出现政府赤字（Budget Deficit）。

为什么政府赤字一般被认为是不好的？主要的原因是，政府赤字往往意味着要在未来某时为赤字融资，这会增加私人部门的融资成本。

财政赤字对于经济的影响与赤字的规模相关，但更主要地取决于弥补财政赤字的方式。考虑弥补财政赤字的 3 种基本方式：

（1）向私人部门发行国债——是世界各国弥补财政赤字的普遍做法，但规模过大会引发一系列恶果（表 4－4）；

（2）由中央银行认购国债——相当于货币扩张；

（3）向商业银行透支或借款——就我国目前情况而言，相当于货币扩张。

表 4－4 2005—2011 年中国中央财政债务余额情况 单位：亿元人民币

年份	合计	国内债务	国外债务
2005	32 614. 21	31 848. 59	765. 52
2006	35 015. 28	34 380. 24	635. 02
2007	52 074. 65	51 467. 39	607. 26
2008	53 271. 54	52 799. 32	472. 22
2009	60 237. 68	59 736. 95	500. 73
2010	67 548. 11	66 987. 97	560. 14
2011	72 044. 51	71 410. 80	633. 71

无论国债的新发还是对国债存量的管理，都是十分重要的问题，在此不做详细介绍。

✎ 产出波动与充分就业预算盈余

政府预算盈余（Budget Surplus，BS）可以简化地表示成：

$$BS = ta - g - tr$$

其中，政府购买 g 和转移支付 tr 常常被视为给定的（或者说，与经济波动的关系不大），而总税收 ta 一般被视为与总产出 y 正相关，不妨简化地认为二者具有线性关系：

$$ta = \tau \cdot y,\ \tau \in (0,\ 1)$$

于是我们得到受经济波动影响的政府预算盈余：

$$BS = \tau \cdot y - \bar{g} - \bar{tr}$$

也就是，在政府购买、转移支付和收入税税率给定的情况下，经济越高涨，政府预算盈余水平越高；反之，则越低。

根据之前所学知识，容易证明，如果政府购买 $\bar{g}$ 增加 1 单位，即 $\Delta\bar{g}=1$，总产出将自动增加（暂不考虑货币市场和经济的供给方面）：

$$\Delta y = \frac{1}{1-(1-\tau)\mathrm{MPC}}$$

因此政府预算盈余的变化就是：

$$\Delta BS = \tau \cdot \Delta y - \Delta\bar{g} = \frac{\tau}{1-(1-\tau)\mathrm{MPC}} - 1 = -\frac{(1-\mathrm{MPC})(1-\tau)}{1-(1-\tau)\mathrm{MPC}}$$

类似地，如果转移支付 $\bar{tr}$ 增加 1 单位，即 $\Delta\bar{tr}=1$，总产出将自动增加（暂不考虑货币市场和经济的供给方面）：

$$\Delta y = \frac{(1-\tau)\mathrm{MPC}}{1-(1-\tau)\mathrm{MPC}}$$

因此，政府预算盈余的变化就是：

$$\Delta BS = \tau \cdot \Delta y - \Delta\bar{tr} = \frac{\tau \cdot (1-\tau)\mathrm{MPC}}{1-(1-\tau)\mathrm{MPC}} - 1$$

这里我们引入一个新的概念，“平衡预算乘数”（Balanced Budget Multiplier），即保持政府预算盈余不变的情况下，增加政府购买对于总产出的作用。要保持政府预算盈余不变，增加 1 单位政府购买就要减少 1 单位转移支付，这时总产出将自动增加（暂不考虑货币市场和经济的供给方面）：

$$\Delta y = \frac{1}{1-(1-\tau)\mathrm{MPC}} - \frac{(1-\tau)\mathrm{MPC}}{1-(1-\tau)\mathrm{MPC}} = 1$$

另一个有用的概念是“充分就业预算盈余”（Full-employment Budget Surplus）：

$$BS^* = \tau \cdot y^* - \bar{g} - \bar{tr}$$

该指标有时也被称为“校正周期盈余”（Cyclically Adjusted Surplus）“高就业盈余”（High-employment Surplus）“标准化预算盈余”（standardized surplus）或者“结构性盈余”（structural surplus）。

我们为什么需要这一指标？一般地，我们认为政府赤字增加（即 BS 减少）意味着政府执行了扩张性财政政策。但是，这种看法是不准确的——政府赤字增加很可能不是政府政策调整（即 τ、$\bar{g}$ 或者 $\bar{tr}$ 发生改变）的结果，而是经济波动（即 y 发生改变）的结果。这正是我们引入“充分就业预算盈余”这一概念的意义——我们需要一个独立于总产出水平的衡量政府预算盈余的指标，恰好消除从出波动的影响：

$$BS^* - BS = \tau \cdot (y^* - y)$$

三、政府预算收支的长期平衡

✎ 影响政府真实收支的其他因素

在长期，政府的真实收支和预算平衡受到更多因素的影响：

(1) 通货膨胀；

(2) 政府资产，政府的一部分当期支出形成（或者增加）了政府资产，这些资产在未来能够为政府提供收入；

(3) 政府潜在负债，政府可能为一些部门借贷提供了担保，同时还要面对由人口结构变化引起的支出变化；

(4) 国际影响，一国政府的收支和债务状况与该国的国际资本流动状态以及国际政治地位之间，都存在紧密联系。

✎ 李嘉图等价(Ricardian Equivalence)

直到此刻为止，我们一直认为经济中的消费者在各期的消费支出是其当期可支配收入的函数：

$$c = c(y - t)$$

因此，给定总产出水平 y 不变，政府净税收 t 的减少意味着消费者当期消费的增加。这并非因为我们的模型实际上是静态的，而是因为我们的模型没有考虑政府部门的长期预算平衡。

在长期，政府预算必须平衡：政府既无法一直处于赤字状态，也不会一直处于盈余状态。因此，如果政府原本处于预算平衡状态，那么在其长期支出计划没有实质性调整的情况下，当期的减税必然意味着未来的增税，反之亦反是。

于是，如果我们不考虑私人部门和政府部门对于时间成本的不同评价，那么只要私人部门对于政府部门的收支计划有着完整的了解，政府部门暂时性的税收调整就不会改变私人部门的长期可支配收入，因此也就不会影响私人消费。这一最早由李嘉图提出的观点被称为“李嘉图等价”（Ricardian Equivalence），有时也叫“巴罗—李嘉图等价”（Barro-Ricardian Equivalence）。

从逻辑上看，李嘉图等价似乎有着无可置疑的正确性，但真的是这样吗？

当现实中的政府减税时，私人部门真的会将较减税前多出的可支配收入储存起来，以备将来的增税吗？

当政府增加税收时，私人部门真的会通过借贷以维持当前的可支配收入和消费水平不变，再待将来政府减税时用多出的可支配收入偿还贷款吗？

显然，答案常常是否定的。为什么？

第二节　货币政策Ⅰ：中央银行及其货币政策工具

一、金融体系与中央银行

金融体系

金融体系是有关资金（或者更一般的，金融资产）的集中、流动、分配和再分配的系统。

经济中永远存在许多的资金盈余个体和资金短缺个体，他们的资金盈余和资金供给存在规模、持续时间和风险状况等方面的不同，而金融体系通过重新整合来自不同个体的资金盈余和资金供给，形成有效率的资金配置（均衡）。

整个金融体系可以分为两大部分：

（1）直接融资指资金短缺个体通过直接出售股票、债券等融资凭证，向资金盈余者融资。直接融资的优势是取消了作为借贷中介的金融中介机构，从而降低了融资成本；但是，直接融资对于资金借入方的资质和证券市场的发展程度的要求较高。

（2）间接融资指资金盈余个体和资金短缺个体不发生直接关系，而是分别独立地与金融中介机构（商业银行）建立资金借贷关系，金融中介发挥资金整合和配置的功能。间接融资的优势是（在一个有效的资本市场尚未建立的情况下）便于信息成本和合约成本的控制，同时实现资产的多样化和期限的转化；但是，作为信贷中介的商业银行的存在，会增加融资的成本。

直接融资市场与间接融资市场之间存在联系，这种联系基本上是单向的：间接融资机构将其一部分资产投向直接融资市场（图 4 – 1）。

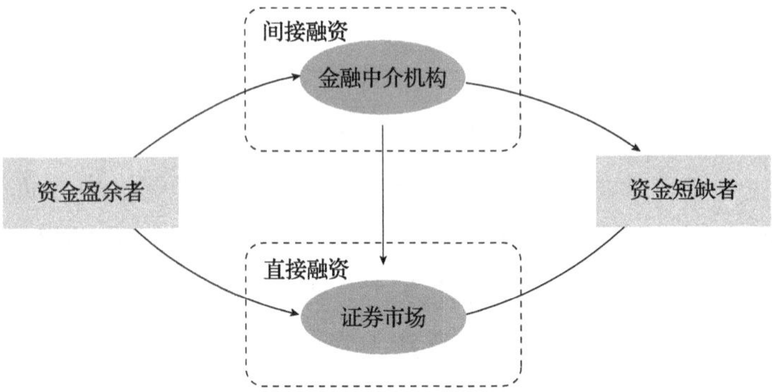

图 4 – 1　直接融资市场与间接融资市场

金融机构

无论是在直接融资市场还是在间接融资市场，都存在许多的金融机构。但是，金融机构在直接融资市场和间接融资市场中发挥的作用是不同的：

在间接融资市场中充当信贷中间人的金融结构，也就是商业银行，是资金借贷关系的实质参与者，在资金借贷关系建立和维系的全过程中始终起到关键作用，也始终处于受到合同约束的状态，需要考虑风险、收益和流动性。

在直接融资市场中充当中介人的金融结构，主要是投资银行、证券公司以及其他类似的金融机构，原则上只是资金借贷双方建立合同关系的“联络者”或者“协调者”，而不作为信贷关系的直接参与者。

这里我们以美国和中国为例，介绍金融机构的主要类型（表4－5和表4－6）。

表4－5　美国金融机构类型

金融中介机构		主要负债	主要资产
存款机构	商业银行	存款	工商业贷款，消费者贷款，抵押贷款，联邦、州和地方政府债券
	储蓄贷款协会	存款	抵押贷款
	互助储蓄银行	存款	抵押贷款
	信用社	存款	消费者贷款
投资性中介机构	共同基金	股份	股票和债券
	货币市场共同基金	股份	货币市场工具
	金融公司	商业票据，股票，债券	工商业贷款和消费者贷款
合约性储蓄机构	人寿保险公司	保险费	公司债券和抵押贷款
	私人养老基金	养老金预付款	公司债券和股票
	财产和意外灾害险保险公司	保险费	地方政府债券，联邦政府债券，公司债券和股票

存款机构是以吸收存款和发放贷款为主的金融中介机构，是唯一有权吸收存款的机构，这类机构的主要资产业务一般会被限定为发放贷款。投资性中介机构通过向私人募集股份或者发行债券的方式筹集资金，向企业和个人发放小规模贷款，或者投资货币、债券和股票市场。合约性储蓄机构以合约方式定期定量地从持约人手中收取资金（然后按照合约规定承担对持约人义务），其资产业务主要限于各类政府债券、公司债券和股票。

“二战”以后，美国曾是金融业分业经营（主要是商业银行业务和证券市场业务的分隔）的代表性国家。1999年，美国通过《金融服务现代化法》，分业经营的限制被打破，这在一定程度上也代表了世界性的趋势。

表4-6 中国主要金融机构类型

<table>
<tr><th colspan="2">金融机构</th><th>主要负债</th><th>主要资产</th></tr>
<tr><td rowspan="3">政策性银行</td><td>国家开发银行</td><td>政策性金融债券</td><td>向制约经济发展的“瓶颈”项目、增强综合国力的自主产业重大项目、高新技术应用重大项目和跨地区重大政策性项目提供贷款</td></tr>
<tr><td>中国进出口银行</td><td>政策性金融债券，国际金融市场融资</td><td>与资本性货物出口相关的各种贷款</td></tr>
<tr><td>中国农业发展银行</td><td>中国人民银行再贷款，政策性金融债券</td><td>农副产品国家专项储备和收购贷款，扶贫贷款，农业综合开发贷款，经国家确定的小型农、林、牧、水利基本建设和技术改造贷款</td></tr>
<tr><td>商业银行</td><td>大型国有商业银行（5家）
全国性股份制商业银行（12家）
城市商业银行（超过100家）
农村商业银行（超过200家）</td><td>—</td><td>—</td></tr>
<tr><td rowspan="5">证券机构</td><td>证券公司</td><td>—</td><td>—</td></tr>
<tr><td>证券登记结算公司</td><td>—</td><td>—</td></tr>
<tr><td>证券投资咨询公司</td><td>—</td><td>—</td></tr>
<tr><td>证券评估公司</td><td>—</td><td>—</td></tr>
<tr><td>基金管理公司</td><td>股份，基金发行收入</td><td>公司债券和股票，政府债券</td></tr>
<tr><td>保险公司</td><td>—</td><td>—</td><td>—</td></tr>
<tr><td>信托投资公司</td><td>—</td><td>—</td><td>—</td></tr>
<tr><td>企业集团财务公司</td><td>企业集团内部成员单位股份</td><td>向企业集团内部成员单位融资</td><td>—</td></tr>
<tr><td rowspan="2">信用合作组织</td><td>城市信用合作社</td><td>城市集体企业、个体工商户及办理承包租赁的小型国有企业股份及存款，城市个人储蓄存款</td><td>城市集体企业、个体工商户及办理承包租赁的小型国有企业贷款，经中国人民银行批准的证券业务</td></tr>
<tr><td>农村信用合作社</td><td>农户和农村合作经济组织股份及存款</td><td>农户和农村合作经济组织贷款</td></tr>
</table>

现代金融体系存在两个总体上的发展趋势：一是直接融资所占重要性会不断提高（表现在融资总量和融资质量上）；二是直接金融与间接金融之间的界限变得相对模糊（尤其是进入21世纪以后）。

二、中央银行

金融体系中的中央银行

中央银行是整个经济中流动性的最终来源，处于整个金融体系的核心。中央银行的职能一般被概括为发行的银行（货币发行）、银行的银行（银行监管）、国家的银行（国家政策）。

（1）由中央银行垄断银行券（即现钞）的发行，是中央银行制度的基本点。理论上，中央银行可以“凭空创造”它的资产（印钞），但是，当中央银行发行银行券超过一定水平，便会引起通货膨胀，使得货币贬值，更严重的情况下可能会动摇中央银行的信誉。

印刷银行券的费用与银行券的面值相比是微不足道的，因此发行货币能够为中央银行带来巨大的财富。如何保证中央银行不过多的发行货币？

（2）中央银行也是银行，也办理存贷款，只是中央银行的存贷款只针对商业银行和其他金融机构，不面向个人和一般工商企业，因此称为“银行的银行”。中央银行统一管理商业银行准备金和向商业银行提供再贷款，既是中央银行执行货币政策的一种渠道，又便于中央银行掌握商业银行运行状况，进行清算和监管，并为制定货币政策提供依据。

（3）中央银行是国家的银行：中央银行创造货币过程中获得巨大收入归国家所有，中央银行代表国家执行金融管理政策，中央银行一般都会代理国库。

美国和中国的中央银行结构

美国联邦储备体系（Federal Reserve System）属二元式单一中央银行制，由3个主要部分给构成：

（1）联邦储备理事会（Board of Governors of the Federal Reserve System）——联邦储备理事会是美联储的最高决策机构，负责制定美国货币政策，并与联邦公开市场委员会共同控制美国最重要的货币政策工具，公开市场操作；联邦储备理事会由7名理事组成，每名理事须经总统向参议院提名获得通过后得到任命，任期14年，不得连任；联邦储备理事会主席（即美联储主席）由总统在联邦储备理事会成员中遴选任命，任期4年，可连任。

（2）联邦公开市场委员会（Federal Open Market Committee，FOMC）——联邦公开市场委员会由12名委员组成，其中7名即为联邦储备理事会的7名理事，另5名来自12个联邦储备银行的行长（其中，纽约联邦储备银行行长必然占据其中之一）；联邦储备理事会主席同时兼任联邦公开市场委员会主席；联邦公开市场委员会每年召开若干次会议，讨论和表决联邦储备系统公开市场业务。

（3）12个联邦储备银行（Federal Reserve Banks）及其在25个城市设立的分支机构——

美国联邦储备体系将美国全国分为12个联邦储备区，设立12家联邦储备银行：纽约、波士顿、克利夫兰、费城、里士满、亚特兰大、芝加哥、圣路易斯、明尼阿波利斯、堪萨斯城、达拉斯和旧金山；联邦储备银行实行会员制，其股份分别为它们各自的会员银行所有；每家联邦储备银行都由9名兼职董事组成的董事会管理，董事会的重要职责之一是选举产生各联邦储备银行的行长；每家联邦储备银行负责检查和监管会员银行，组织清算，收回旧钞，发行新钞，通过各自的贴现窗口，决定是否向辖区内的商业银行再贴现，等等。

中国人民银行属一元式单一中央银行制。1999年1月1日，中国人民银行实行改革，原省级分行被撤销，改为4级管理体系：中国人民银行总行—九大跨行政区分行—省地中心支行—县支行。九大跨行政区分行分别是：

(1) 沈阳分行——黑龙江、吉林、辽宁；

(2) 天津分行——天津、河北、山西、内蒙古；

(3) 济南分行——山东、河南；

(4) 南京分行——江苏、安徽；

(5) 上海分行——上海、浙江、福建；

(6) 广州分行——广东、广西、海南；

(7) 武汉分行——湖北、湖南、江西；

(8) 成都分行——四川、云南、贵州、西藏；

(9) 西安分行——陕西、宁夏、甘肃、青海、新疆。

另设北京和重庆两个总行营业部。

中央银行的独立性问题，也可以说是中央银行与政府之间关系的问题，是有关中央银行的一个根本性问题。

(1) 形式上最独立的中央银行直接向国会负责（例如美国、德国、瑞士)，与任何政府部门之间不存在任何隶属关系，即使是政府最高首脑（总统、总理或者首相)，未经国会许可不能向中央银行发布任何指令；

(2) 一个中间的形态是中央银行与作为一级政府机构（例如我国)，直接接受政府领导；

(3) 形式上最不独立的中央银行往往隶属于财政部（例如日本、英国、比利时)，从法律上讲，财政部对中央银行有广泛的指示权。

中央银行应该更加独立？还是相反？

支持独立的中央银行的理由是：民主制度下的政治家往往只关注短期利益，不考虑政策的长期后果，而在短期既能讨好选民又不增加开支和减少税收那样容易招致反对的扩张性政策，只有货币扩张，以这一理论为基础产生了“政治商业周期理论”(Political Business Cycle Theory)。

反对独立的中央银行的理由是：国家的宏观经济管理应该是一个统一的整体，需要协调货币政策和财政政策；而货币政策影响的长期性不能成为中央银行独立于政府之外的理由，例如外交政策的影响也具有长期性，但外交部从不独立于政府之外。

三、银行体系的货币创造

✎ 存款创造的条件

现代经济中发挥作用的货币，不只是中央银行发行的纸币，这是因为存在银行体系的货币创造过程，也叫存款创造过程。通过这一过程，居民将 1 元钱存入银行，一般会引起经济中的货币增加数元。

为什么银行体系能够创造存款？其前提条件就是"部分准备金制度"。

如果居民将 1 元钱存入银行，银行必须将这 1 元钱放入保险柜，等待储户最终将其取走，那么这一制度就称为"完全准备金制度"。在这样的制度下，就不会存在任何的存款创造。

但是，现实中银行显然并非这样运行，而是执行"部分准备金制度"：居民每将 1 元钱存入银行，银行只需将其一定比例放入保险柜，以备储户前来取款的可能需要，剩余部分则可以用来发放贷款。

✎ 银行体系的货币创造过程

简单起见，假设：①法定存款准备金率为 20%，并且，②每家商业银行都不持有超额存款准备金，并且，③没有游离于银行体系之外的现金。

假设甲向中央银行出售国债获得现金 10 000 元，将其存入商业银行 A，这将在商业银行 A 的资产负债表中的反映如表 4－7 所示。

表 4－7 商业银行 A 资产负债表

资产		负债	
准备金	＋10 000 元	个人存款	＋10 000 元

商业银行 A 必须将此 10 000 元存款中的 20%——也就是 2 000 元——计提存款准备金（存于中央银行），剩余 8 000 元则可用于发放贷款。不妨设商业银行 A 将 8 000 元贷款发放给了乙，而乙立即将其全部存入了商业银行 B，在商业银行 A 和商业银行 B 的资产负债表中的反映如表 4－8 和表 4－9 所示。

表 4－8 商业银行 A 资产负债表

资产		负债	
准备金	＋2 000 元	个人存款	＋10 000 元
发放贷款	＋8 000 元		

表 4－9 商业银行 B 资产负债表

资产		负债	
准备金	＋8 000 元	个人存款	＋8 000 元

注意：这时经济中的个人拥有的总存款已经是 18 000 元，与之相对应的，商业银行的总资产也是 18 000 元。与商业银行 A 面临的情况相类似，商业银行 B 必须将此 8 000 元存款中的 20%——也就是 1 600 元——计提存款准备金（存于中央银行），剩余 6 400 元则可用于发放贷款。不妨设商业银行 B 将 6 400 元贷款发放给了丙，而丙立即将其全部存入了商业

银行 C，在商业银行 B 和商业银行 C 的资产负债表中的反映如表 4－10 和表 4－11 所示。

表 4－10　商业银行 B 资产负债表

资产		负债	
准备金	＋1 600 元	个人存款	＋8 000 元
发放贷款	＋6 400 元		

表 4－11　商业银行 C 资产负债表

资产		负债	
准备金	＋6 400 元	个人存款	＋6 400 元

注意：在这一过程之中商业银行 A 的资产负债表未受影响。这一过程会一直持续下去，在个人和商业银行体系的反复往来作用下，经济中的将会一直创造出新的货币存量（表 4－12）：

表 4－12　货币创造　　单位：元

银行	存款增加额	贷款增加额	准备金增加额
A	10 000	8 000	2 000
B	8 000	6 400	1 600
C	6 400	5 120	1 280
D	5 120	4 096	1 024
E	4 096	3 276. 8	819. 2
⋮	⋮	⋮	⋮

$$\Delta M=\frac{\Delta R}{rr}=\frac{10\ 000}{0.2}=50\ 000$$

这里我们用 M 表示货币数量，R 表示"基础货币"或者"高能货币"数量，rr 表示法定存款准备金率。

✎ 基础货币与货币乘数

有了以上对于银行体系的货币创造过程的介绍，可以很容易地理解构成现实经济中货币供给的两个基本因素：基础货币与货币乘数。

通常把流通中的现金（用 C 表示）和银行准备金（用 R 表示）称为"基础货币"（Base Money）或者"高能货币"（High-power Money），用 B 表示：

$$B=C+R$$

在发达国家，中央银行影响基础货币的主要方式是公开市场操作（主要是买卖政府债券）。

通过银行体系的货币创造过程，基础货币扩展为流通中实际的货币供给，用 M 表示，是流通中的现金（用 C 表示）和银行存款（用 D 表示）之和（相当于此前介绍过的 $M1$）：

$$M=C+D$$

货币乘数（用 m 表示）等于实际货币供给量与基础货币之比：

$$m=\frac{M}{B}=\frac{C+D}{C+R}$$

假设流通中的现金和银行存款之间保持相对稳定的比例（取决于人们的习惯和金融体系的效率）：

$$C/D = c$$

同时，银行准备金等于法定准备金和超额准备金都是银行存款 D 的确定比率（分别由中央银行政策和商业银行经营习惯决定），分别用 rr 和 e 表示，则：

$$R/D = rr + \mathrm{e}$$

于是货币乘数可以表示为：

$$m = \frac{M}{B} = \frac{cD + D}{cD + (rr + \mathrm{e})D} = \frac{1 + c}{c + rr + \mathrm{e}}$$

这就是基础货币、货币乘数和货币供给之间的关系，这一表达式表现了货币乘数取决于个人行为（交易习惯和现金保有率）、商业银行行为（超额准备金率）和中央银行行为（法定准备金率）。这一关系常用如图 4－2 所示的“货币供给梯形”表示。

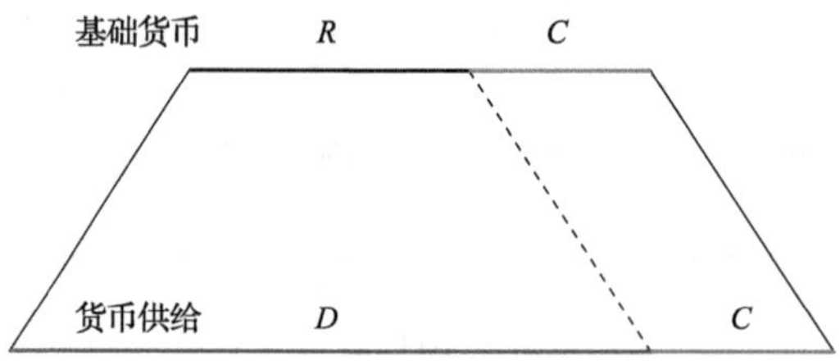

图 4－2　货币供给梯形

第三节　货币政策 II：货币政策目标、工具与作用机制

一、关于货币政策的目标

✎ 货币政策目标

货币政策目标是一个分为不同层次的有机整体。依据政策目标层次和可操作性的不同，货币政策目标体系包括最终目标、中间目标和操作目标三个层次（图 4－3）。

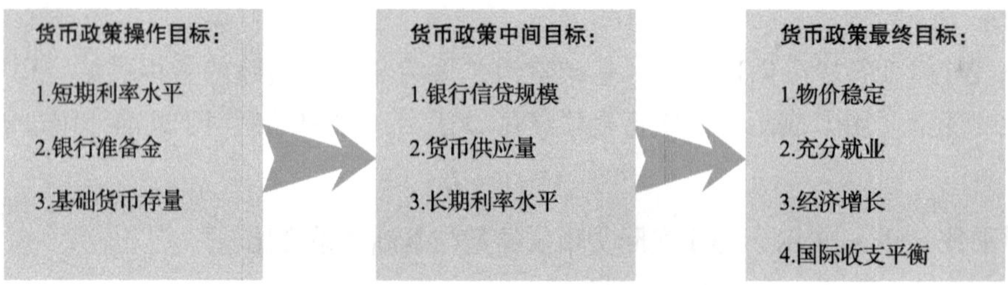

图 4－3　货币政策目标体系

货币政策中间目标和操作目标，以及各层次目标之间的联结机制，均为货币政策领域十分重要的问题，留待下面的章节介绍。这里我们首先考虑货币政策最终目标：

(1) 物价稳定，这既是中央银行货币政策的首要目标（尽管中央银行还有其他目标），又是被认为首先应由中央银行和货币政策负责的目标（尽管造成通货膨胀还有其他因素）。问题是，什么样的通货膨胀率可以被视为“物价基本稳定”？

(2) 保证充分就业是整个政府经济政策的基本目标，货币政策（在一定程度上）也必须与维持经济稳定和保证充分就业的总体政策相适应。值得注意的是，货币政策对于保证充分就业的基本贡献，也许在于不对私人部门的预期形成造成过多的干扰，也就是执行稳定的货币政策。

(3) 经济增长是各国经济政策的重要目标之一，对于发展中国家尤其如此。但是，对于货币政策能够在多大程度上影响经济增长一直存在激烈的争论，多数人接受的看法是：货币政策只能是为增长提供一个稳定的货币环境。

(4) 国际收支平衡受到一国进出口政策、汇率政策、利率政策的影响，其中汇率政策和利率政策都与货币政策直接相关，在考虑国际经济联系特别是国际资本流动的情况下，一国货币政策的独立性和有效性都将受到强烈挑战（这一点在本书后续章节中将做更详细的介绍）。

✎ 货币政策(最终)目标之间的关系(权衡)

尽管在理论上，货币政策应该兼顾至少上述4个方面的最终目标，但在现实之中，使用一个政策去满足不同的目标，常常会出现冲突。因此，货币政策目标的实际选择，往往只能有所侧重。

第一，在充分就业和物价稳定之间存在矛盾，也就是著名的“菲利普斯曲线”关系。

第二，经济增长和国际收支平衡之间存在矛盾。一般地，在其他条件不变的情况下，一国经济增长会增加该国对于外国商品的需求（购买力），却往往无法同等地引起外国对于本国产品需求的增长，因此造成国际收支之中经常账户（Current Account）的逆差；与此同时，经济的增长一般也意味着需要更多的投资，造成国际收支之中资本账户（Capital Account）的顺差。综合来看，在一国经济发展过程中，国际收支状况常常出现持续性变化。

第三，物价稳定与国际收支平衡之间存在矛盾。当一国国内物价上涨过快，中央银行决定稳定物价时，货币紧缩一般会引起国内利率水平的上升，造成国际收支资本账户下的顺差。

面对最终目标之间的各种矛盾，货币政策应该如何选择？是统筹兼顾，还是相机决策？

二、货币政策工具及其运用

✎ 三大货币政策工具

一般性的货币政策有三个，也就是“三大货币政策工具”：

（1）法定准备金率；

（2）再贷款（贴现）；

（3）公开市场操作。

除此以外，还有若干“选择性货币政策工具”，例如对于居民消费和证券市场的各种直接和间接的信用控制，以及“窗口指导”，等等。

这里，我们只介绍三种一般性的货币政策工具。

✎ 法定准备金率

法定存款准备金（以下简称为法定准备金）制度是指商业银行必须将其所吸收的存款的一个比例，称为“法定准备金率”（Required Reserve Ratio），保存在中央银行，以保证商业银行的流动性和现金兑付能力。

法定准备金制度最早起源于英国，但以法律形式确立的法定准备金制度则始于 1913 年美国的《联邦储备法》（Federal Reserve Act）。今天，凡是实行中央银行制度的国家，一般都有法定准备金制度。这一制度包括以下 4 个方面的内容：

（1）对于法定存款准备金比率的规定——大多数国家执行单一法定存款准备金比率；

（2）对于作为法定存款准备金的资产的规定——绝大多数国家要求为银行在中央银行的存款，也有国家承认其他一些具有更高流动性的资产（例如银行库存现金和政府债券）可以作为法定存款准备金；

（3）对于法定存款准备金的计提的规定——包括存款余额和缴存基期 2 个方面；

（4）对于法定存款准备金比率调整幅度的规定。

建立法定准备金制度的目的在于以下 3 个方面：

（1）保证商业银行的流动性和现金兑付能力，这是建立法定准备金制度的最基本、最重要的目的；

（2）便于中央银行控制货币供应量；

（3）对于以直接控制为主的中央银行信用体系，法定准备金制度使得中央银行可以实施以结构调整为目的的信贷控制。

在美国（以及其他大多数国家），美联储不对存款准备金支付利息，因此存款准备金可以视为商业银行对中央银行的无息贷款。法定准备金只是对于准备金的最低要求，商业银行在一般情况下都会持有超过法定准备金要求的准备金，以备其他需要。

✎ 再(贴现)贷款利率

作为银行的银行，中央银行的一个重要角色是最后贷款人。

中央银行通过贴现窗口向商业银行提供再贷款，即再（贴现）贷款（Discounted Loans），其利率即为再（贴现）贷款利率。与金融市场上的其他（由市场均衡决定的）利率相比，再（贴现）贷款利率是一种“官方”利率，同时也是一种“基准”利率和“最低”利率，具有货币政策指向意义。

再（贴现）贷款是应对商业银行临时性资金需求的重要来源，是中央银行作为最后贷款人解决商业银行临时性资金短缺的重要操作，也是维护金融体系稳定、防止金融恐慌的重要手段。再（贴现）贷款主要有 3 种形式：

（1）调节性贷款，用于商业银行临时性资金短缺，如法定存款准备金不足或其他形式的透支，利率为基础贴现率，低于市场同业拆借利率。

（2）季节性贷款，用于筹措能力有限的商业银行（主要是中小型商业银行）季节性资金需求，如农产品收购，利率与市场利率挂钩，高于基础贴现率。

（3）延伸性贷款，也叫应急性贷款，用于援救经营不善或者面临倒闭的商业银行，利率与市场利率挂钩，高于基础贴现率。

一般地，中央银行视商业银行到贴现窗口借款为经营状况不佳的表现，不鼓励商业银行（频繁）使用贴现窗口向中央银行借款。除了调整再（贴现）贷款利率，中央银行通过贴现窗口影响商业银行流动性的方法还包括规定何种证券（票据）可以作为再贴现证券。

在 20 世纪 30 年代大危机以前，再（贴现）贷款曾是最主要的货币政策工具。当时，作为最后贷款人的中央银行的主要职能就是阻止因个别支付困难造成的市场溢出效应。Walter Bagehot（英国律师、经济学评论家，《英国宪法》的撰写者）曾在其 1873 年出版的著作《巴伦第街》中，提出了“危机期间，免费贴现”的经典对策，称为“Bagehot 法则”。

大危机以后，公开市场操作逐渐成为最主要的货币政策工具。

✎ 公开市场操作

公开市场操作（Open Market Operations），也叫公开市场业务，是指中央银行在公开市场上买卖二级市场债券（主要是政府债券，也有中央银行票据），以增加或者减少货币供应量。

公开市场操作产生于 20 世纪 20 年代，当时美联储为了解决自身收入问题进行债券买卖，却发现可以通过这种方式调节货币供应。公开市场操作通过改变商业银行准备金总量发挥作用。

当中央银行从一家商业银行买进政府债券（例如，价值 1 亿元）时，相当于向商业银行开具一张支票，商业银行遂要求中央银行进行解付，中央银行遂将相应款项贷记入该商业银行在中央银行准备金账户，从而创造了新的准备金（商业银行于是可以依据这一新增的准备金进行新的货币创造），如表 4－13 所示。

表 4－13　买进政府债券对于中央银行资产负债表的影响

资产		负债	
政府债券	＋100 000 000 元	商业银行存款	＋100 000 000 元
基础货币（来源）	＋100 000 000 元	基础货币（使用）	＋100 000 000 元

当中央银行向商业银行出售政府债券（例如，价值 1 亿元）时，则直接将该商业银行的付款借记入其在中央银行的准备金账户，导致总准备金减少（商业银行面临更大的收缩货币的压力），如表 4－14 所示。

表 4-14 卖出政府债券对于中央银行资产负债表的影响

资产		负债	
政府债券	-100 000 000 元	商业银行存款	-100 000 000 元
基础货币（来源）	-100 000 000 元	基础货币（使用）	-100 000 000 元

同法定存款准备金和贴现窗口相比，公开市场操作在以下几个方面存在优势：

(1) 中央银行通过公开市场操作可以直接调节商业银行的准备金总量，抵消各种意外因素的影响，将商业银行准备金总量保持在期望水平上；

(2) 公开市场操作是中央银行采取主动货币政策的手段，而贴现窗口业务中中央银行只能被动等待；

(3) 通过公开市场操作，中央银行可以对货币供应量进行微调；

(4) 公开市场操作具有灵活性，中央银行可以在公开市场上进行连续而经常性的操作，也可以进行正向和逆向的反复操作，进行试探。

✎ 货币政策工具的运用：以美联储操作实践为例

货币政策有两个基本要求：超前性和微调性。要达到这两个要求，不只要知道货币政策的目标和工具，综合考虑各种因素，还要有高效的操作程序（表 4-15）。

表 4-15 货币政策的区分

项目	法定准备金率	再（贴现）贷款利率	公开市场操作
作用对象	货币乘数	基础货币	基础货币
特点	政策效力很大，不宜轻用	主要作为货币政策的方向指示	灵活主动，便于进行货币政策微调
使用频率	很少使用	较为常用	十分频繁

以下简单介绍美联储的货币政策操作实践，具体分为 3 个方面：联邦基金市场、准备金预测技术和公开市场操作程序。

1. 联邦基金市场

所谓联邦基金（Federal Fund），就是存款机构在美联储系统的准备金账户上的存款总余额。在正常情况下，并非每家存款结构的准备金余额都恰好保持在法定水平上：在每一个工作日结束之时，总是有一些机构存在准备金账户盈余，而另一些机构存在准备金账户透支。

由于持有准备金是有成本的，存在盈余的一方想要将其盈余贷出；而存在透支的一方若不能在市场上取得资金补齐准备金，将面临美联储罚息。这样，联邦基金的庞大供求构成了联邦基金市场，实际上是一种低成本、高效率的银行间短期资金拆借市场。

联邦基金市场事实上构成了美国货币市场的基础，是美国最主要的同业短期拆借市场，联邦基金利率是美国货币市场所有其他利率的基准。美联储系统货币政策目标的实现，实际上是通过如图 4-4 所示的逻辑过程。

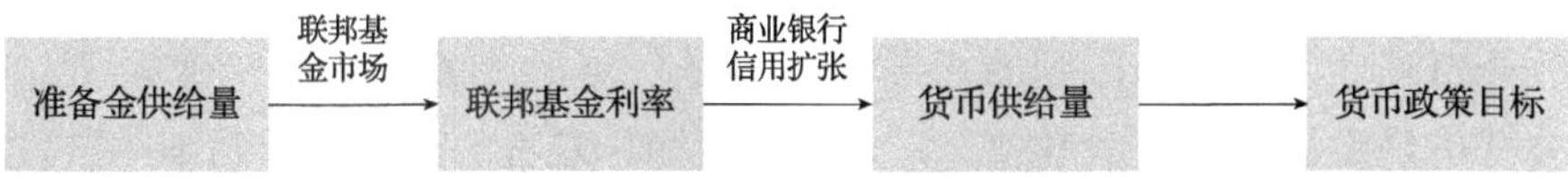

图 4－4　美联储货币政策目标的实现

2. 准备金预测技术

存款机构在中央银行的准备金可以分为"非借入准备金"和"借入准备金"两个部分，美联储常常以借入准备金作为反映货币市场状态的基本指标和货币政策（主要是公开市场操作）的操作目标。

为了实现一定的借入准备金目标水平，美联储需要调节非借入准备金的供给，使得联邦基金利率达到与合意的借入准备金相一致的水平。那么，非借入准备金的供给操作量究竟应该是多少？要回答这一问题关键是需要预测存款机构的准备金需求，这一预测过程大致分为以下 4 个步骤：

（1）确定借入准备金目标水平。这一水平与联邦基金利率之间具有稳定的相关性，因此可以根据联邦基金利率拟达到的目标值，得到借入准备金的目标值。

（2）估算准备金总需求：

$$准备金总需求 = 法定准备金 + 超额准备金$$

其中，对法定准备金估算通过预测存款行为的变化得出，后者相对稳定。

（3）计算非借入准备金目标量。由上两步的结果可以直接得到：

$$非借入准备金目标量 = 准备金总需求估算值 - 借入准备金目标值$$

（4）估算实际的非借入准备金量。在得到目标量的基础上，还需进一步估计实际的非借入准备金量，这一步需要考虑的是美联储的公开市场账户和影响准备金的技术性因素（如财政存款、在途资金、流通中的现金、外国官方机构在美联储的存款余额等）：

$$公开市场操作量 = 非借入准备金目标量 - 非借入准备金实际量$$

3. 公开市场操作程序

美联储的公开市场操作分为两个基本程序：公开市场会议和公开市场操作。

（1）公开市场会议。

美联储的联邦公开市场委员会（拥有 12 名委员）担当着制定货币政策、指导和监督公开市场操作的职责。委员会拥有 8 名常务委员（7 名联邦储备理事会理事和纽约联邦储备银行行长）和 4 名非常务委员（来自纽约联邦储备银行以外的 11 家联邦储备银行行长中的 4 人）。

公开市场委员会每年举行 8 次例行会议（一般每 6 周召开一次），即公开市场会议，总结货币市场状况，讨论宏观经济和货币形势，就长期和短期货币政策操作提出指导性原则。

讨论结果反映在会议结束时制定的货币政策操作指令上，这一指令之中包含有下一阶段调节准备金压力的明确指示，是纽约联邦储备银行执行下一阶段公开市场操作的重要蓝本。

（2）公开市场操作。

在由公开市场会议确定的原则的指导（特别是一定的准备金压力指令）下，联邦储备理事会和公开市场委员会分别就准备金需求做出预测，双方的预测结果在下一阶段的操作中都将得到充分重视。

公开市场委员会下辖的公开市场操作室在对操作计划做出充分修正之后，制订全天操作方案并以电话会议形式通告联邦储备理事会货币事务局局长办公室和公开市场委员会 4 位非常务委员中的一位，在经过简短讨论后，即进入操作程序。

三、货币政策中间目标

✎ 货币政策中间目标

货币政策中间目标要求具有可测性、可控性和与最终目标的（稳定的）相关性。

（1）可测性，包含两方面的含义，一是货币政策中间目标应该有比较明确的含义，二是中间目标的相关指标要能够被中央银行所了解和掌握。

（2）可控性，是指中央银行应该能够及时、有效地对货币政策中间目标变量进行控制和调节。

（3）相关性，是指货币政策中间目标和货币政策最终目标之间要有确定的和稳定的联系，也就是，中央银行通过对中间目标的调节和控制，能够促使货币政策最终目标的实现。

如前所述，常见的货币政策中间目标包括银行信贷规模、货币供应量和长期利率水平。

（1）银行信贷规模。

就可测性而言，银行信贷规模包括存款总额和贷款总额两个部分，中央银行通过统计各类金融机构资产负债表的相关项目及其构成，能够获得银行信贷总量和构成数据。

就可控性而言，中央银行控制银行信贷规模可以通过两种方式：直接控制和间接控制。中央银行的三大货币政策工具，都是对于银行信贷规模的间接控制。

就相关性而言，银行信贷规模与货币政策最终目标之间的相关性，类似于货币供应量与货币政策最终目标之间的相关性，二者的扩张和收缩都会直接影响总需求。

（2）货币供应量。

就可测性而言，各种层次的货币（$M0$、$M1$、$M2$）均有明确的定义，反映在各类金融机构的资产负债表中，能够为中央银行方便地获得。

就可控性而言，货币供应量为基础货币和货币乘数之积，中央银行对于基础货币的控制一般不是完全的，一国的货币乘数有时也并不稳定。

就相关性而言，如前所述，货币供应量的扩张和收缩会直接影响总需求。

（3）长期利率水平。

就可测性而言，尽管各种长期利率水平都是直接可测的，但是选择哪一利率指标作为代表却并不容易。

就可控性而言，中央银行可以通过公开市场操作影响短期市场利率，进而影响各种长期市场利率，但是这种影响一般不会立即实现，在考虑作用机制和时滞的情况下，对于长期利率的影响会比较复杂。

就相关性而言，长期利率水平直接影响投资需求，与整个经济的产出水平紧密相关。

表 4－16 是对于三种最常见的货币政策中间目标的可测性、可控性和相关性的一个概括。

表 4－16 货币政策中间目标

项目	银行信贷规模	货币供应量	长期利率水平
可测性	良好	良好	?
可控性	基本满足	一般	一般
相关性	较强	较强	很强

✎ 货币政策中介目标的选择

银行信贷规模和货币供应量都是总量指标，总量指标（一般以货币供应量为例）和长期利率指标之间的选择，一直是对于货币政策中间目标争论的焦点。如图 4－5 所示为货币政策中间目标示意函数图。

货币政策不能同时盯住货币供应量和长期利率水平。

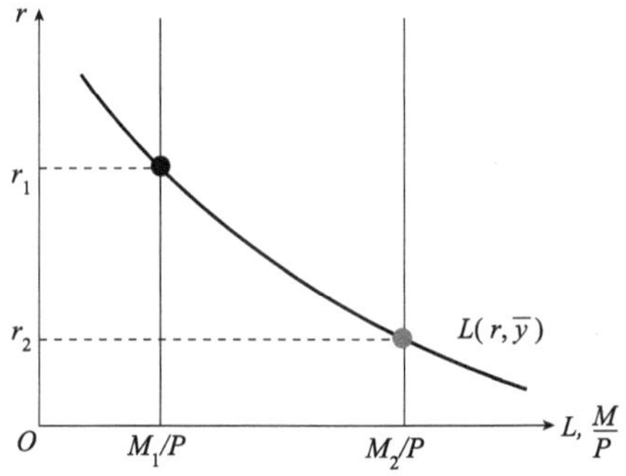

图 4－5 货币政策中间目标

那么，究竟应该选择哪一指标作为货币政策的中间目标？

从美联储的货币政策操作实践上看，第二次世界大战以后，其对于货币政策中间目标的选择大体上经历了 3 个阶段：

第一阶段，几乎完全以利率水平作为货币政策中间目标的阶段。在战后早期，美联储货币政策强调的几乎完全是利率控制——在 1959 年以前，美联储甚至没有公开的货币存量数据。

第二阶段，转入以保持货币供应量基本稳定作为货币政策中间目标。1979 年至 1982 年，美联储系统性地放弃以联邦基金市场利率作为盯住目标的传统，改为以货币总量作为盯住目标，在美联储的历史上，称之为“货币主义实验”。但是，这一阶段的货币主义实验并不成功，其间美国的货币供应量和利率水平都出现了较大的波动。

第三阶段，货币政策中间目标的重心重新回到利率。1982 年以后，美联储正式放弃货币主义实验，改为以借入准备金为操作目标，中间目标的重心由稳定货币供应量转为平稳利率。这一做法持续至今。

在对比作为货币政策中间目标的总量指标和利率指标时，William Poole（圣路易斯联邦储备银行主席）提供了一个有用的分析模型（1970）。如果保持货币供应量基本稳定，在利率(r)—产出(y)空间内，意味着LM曲线（图4-6）［用LM(m)表示］的位置被固定了；如果保持利率稳定，在利率(r)—产出(y)空间内，意味着LM曲线［用LM(r)表示］是一条水平线。

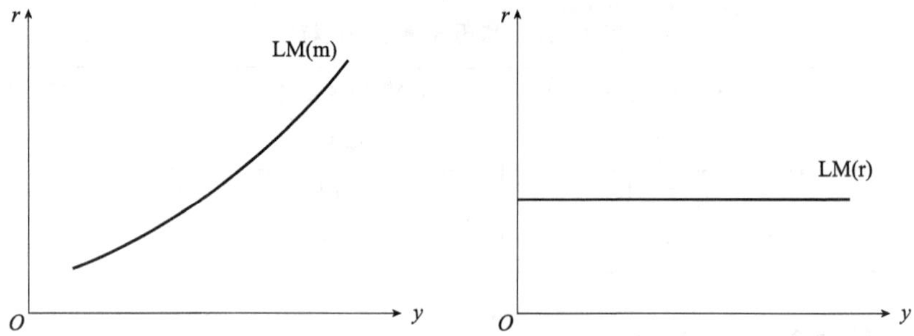

图4-6 LM曲线：总量指标和利率指标

假定货币政策的基本目标是经济的总产出（就业）稳定在充分就业水平（用$\bar{y}$表示），政策选择的问题在于不清楚冲击的来源，也就是难以预测IS曲线和LM曲线的移动。如果冲击主要来自于产品市场，因此中央银行不知道IS曲线的确切位置（而LM曲线的位置是稳定的），这时显然保持货币供应量基本稳定更有利于稳定总产出水平（图4-7）：

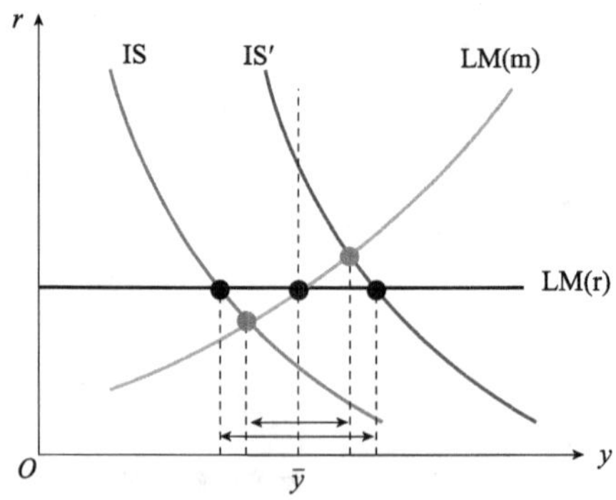

图4-7 产品市场冲击：货币供应量稳定与总产出水平稳定

如果冲击主要来自于货币市场，因此中央银行不知道LM曲线的确切位置（而IS曲线的位置是稳定的），这时显然保持利率基本稳定更有利于稳定总产出水平（图4-8）：

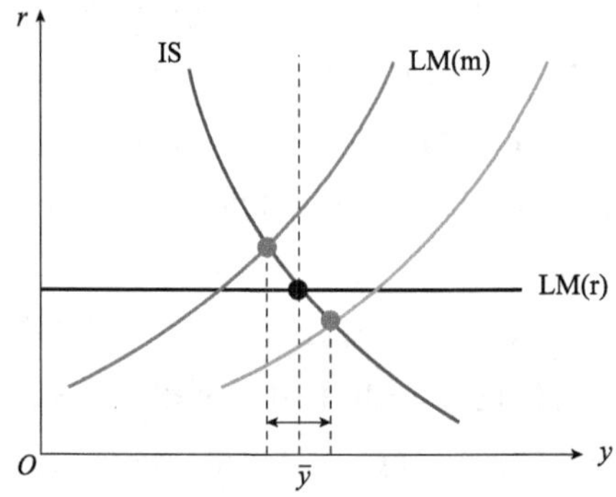

图4-8 货币市场冲击：利率稳定与总产出水平稳定

需要注意的是，William Poole 的模型是对于 IS-LM 框架的应用，适用于3～9 个月这样的短期。

四、货币政策的 Taylor 法则

✎ Taylor 法则的提出

我们已经知道，中央银行常常会选择盯住某种利率来确定恰当的货币政策，例如美联储通过影响银行间短期拆解利率（联邦基金利率）来影响长期利率，进而影响商业银行的信用状况和货币扩张程度，改变货币供应量和实现货币政策最终目标。

在这一过程中，联邦基金利率的目标值尤为关键——联邦基金利率目标变或不变及其变动幅度大小，不仅攸关未来美国经济之变动方向，而且立即对美国货币、债券、以后利率以及股票等金融市场造成直接影响，全世界的投资人都非常注意联邦基金利率，尤其关心其未来走向。

问题是，什么是合意的联邦基金利率水平？换言之，是什么决定了联储制定的联邦基金利率操作目标？

✎ Taylor 法则的要点

显然，决定了联储任何货币政策的，只能是美国货币政策最终目标和美联储对于经济形势、货币形式判断。在一个必须考虑可操作性因而不宜过分复杂的标准上，美国货币政策最首要的最终目标被认为是稳定物价和维持充分就业。

基于这一基本思想，同时主要根据美国实际经济和货币数据，John Taylor（1993）提出了著名的货币政策经验法则，称为“Taylor 法则”（这里给出的只是最“初始版本的”Taylor 法则）：

$$r=\pi+2\%+0.5\cdot(\pi-\bar{\pi})+0.5\cdot\frac{y-\bar{y}}{\bar{y}}$$

其中，r 表示名义联邦基金利率；π 和 $\bar{\pi}$ 分别表示通货膨胀率的实际值和目标值；y 和 $\bar{y}$ 分别表示真实产出的实际值和潜在值。

因此，$\pi-\bar{\pi}$ 和 $y-\bar{y}$ 可以分别称为“通货膨胀缺口”和“GDP 缺口”（后者之所以要除以 $\bar{y}$，是为了换算成百分比），而 Taylor 法则也可以表述成：货币政策应该是对于通货膨胀缺口和 GDP 缺口的反应的加权。在 Taylor 法则的原始表述中，“通货膨胀缺口”和“GDP 缺口”的联邦基金利率反应系数分别等于 0.5 和 0.5，但这只是在特定条件下的特定取值——一般地，可以将这两个系数分别表示为 α_π 和 α_y。

在操作层面上，Taylor 法则有着极为清楚的货币政策含义，即在一般情况下，货币紧缩的压力要么来自于通货膨胀率的上升，要么来自于经济的过热：

（1）给定其他条件不变，通货膨胀率越高（低），美联储在执行公开市场操作时应该制定更高（低）的利率目标。具体地，通货膨胀率每上升 1 个百分点，目标利率应高提升 0.5 个百分点。

（2）给定其他条件不变，GDP 正缺口越大，美联储在执行公开市场操作时应该制定更高（低）的利率目标。具体地，GDP 正缺口每上升 1 个百分点，目标利率应高提升 0.5 个百分点。

✎ 对 Taylor 法则的评价

就更加一般的意义而言，Taylor 法则对应了怎样的货币政策含义？

（1）Taylor 法则显著地支持以利率作为货币政策中间目标。通过对美国以及英国、加拿大等国的货币政策实绩的细致研究，Taylor 发现在各种影响物价水平和经济增长率的因素中，真实利率是唯一能够与物价和经济增长保持长期稳定相关关系的变量，因此认为调整真实利率应当成为货币当局的主要操作方式。

（2）Taylor 法则意味着，要确定最优的货币政策（即联邦基金利率的目标值），必须首先确定两个基准变量——目标通货膨胀率和潜在产出水平；同时，最优的货币政策一定是随时间不断变化的，因为目标通货膨胀率和潜在产出水平必定是不断变化的。

（3）Taylor 法则依赖一个市场化的利率形成机制，否则，利率不能成为反映货币市场总体状况的指标，也就不能指示货币政策的操作方向。这也许是限制 Taylor 法则现阶段在我国得到实质性应用的一个重要原因。

（4）上述最“初始版本的”Taylor 法则之中的参数都不是固定不变的，根据经济实际状况的不同，需要对相关参数进行修正和重新估计；并且，Taylor 法则提供的是一个货币政策思路——选择一个利率目标，不仅考虑到当前的通货膨胀，而且也考虑失业的情况——当发生严重的外来冲击时，没有必要遵守这一法则。

单纯从形式上看，Taylor 法则无疑是极端简单的，但是，无论在货币经济学还是货币政策应用方面，Taylor 法则都取得了巨大的成功。

一方面，Taylor 法则既是经验法则（相对于其提出前的美联储政策操作），又是指导法则（相对于其提出后的美联储政策操作）。

在 Taylor 法则被提出至今的 20 多年里，这一法则较好地拟合了美联储的实际操作效果——这表明 Taylor 法则不仅是一个学术研究者的政策建议，很可能也是美联储的理事和委员们在制定政策时的潜意识。

另一方面，Taylor 法则对于投资人预测美联储政策发挥了重要作用。

在 Taylor 法则尚未提出之前，投资人缺乏可靠依据来判断未来的联邦资金利率，有了 Taylor 法则，投资人都可以利用这一公式计算联邦基金利率的目标值——当然，并非每个投资人所估算的联邦基金利率都是相同的。

第四节 | 关于经济波动及其政策反应的其他认识

一、政策结果的不确定性

良好政策的真正艺术，在于管理意外（而非基本预测）。

—— William Poole（2004）

我们关于宏观经济学所学的一切理论，以及将要学习的一切理论，能够解释现实世界的宏观经济结果，或者是说明怎样运用政策去改变这些结果？答案是不能——因为在宏观经济理论和宏观经济现实之间，存在着许多的不确定性，也就是，我们不能事先肯定政策产生效果的程度和时间。

在系统地理解宏观经济理论的基础上，要想比较正确地理解宏观经济，制定比较合理的宏观经济政策，就必须时刻留心现实世界中随时可能出现的各种不确定性。

在此，我们讨论这些不确定性的来源之中的两个——政策时滞和预期反应。

✎ 政策的时滞

如果经济原本处于平稳运行状态，在某一时刻突然出现冲击，政府决定采取行动应对——这时政府需要判断什么？

会有许多问题，包括：

冲击是永久性的还是暂时的？

冲击会对经济的哪些方面产生影响，程度有多大？

冲击作用于整个经济的渠道和机制是什么？

应该采取哪些政策（组合），以多大的力度？何时采取行动，具体步骤是什么？

等等。

无论是作出判断、付诸行动，还是形成效果，时滞问题都是一个基本问题。政策的时滞可以分为两大类，内部时滞和外部时滞。

（1）内部时滞，是政府达成一致意见采取政策行动需要的时间，包括：

（a）认识时滞（recognition lag），即从扰动发生到政府认识到（可能）需要采取行动所需的时间，Kareken 和 Solow（1963）曾研究了美国政府的政策制定过程，得出了美国政府平均认识时滞为 5 个月的结论。

（b）决策时滞（decision lag），即从政府认识到（可能）需要采取行动到达成一致意见、做出决策所需的时间，这一时间对于不同政策而言可能存在巨大差别。

（c）行动时滞（action lag），即做出决策到实施决策之间所需的时间。货币政策的行动时滞一般很短，另一些政策可能会有较长的行动时滞。

(2) 外部时滞，是一种分布时滞，即一个行动被采取后其影响逐步扩散到经济的各个各方面（直至到达新的均衡）所需的时间。

外部时滞往往意味着政策不能矫枉过正：政策的效果会在其执行后的数个月乃至一到两年内逐步显现，如果在一开始就要求“完全纠正”扰动的影响，政策可能会过度。

就财政政策和货币政策而言，一般认为财政政策的内部时滞较长，外部时滞较短；货币政策则正好相反。

✎ 预期和反应

政府在制定经济政策时，需要对私人部门的反应做出预测——例如，当政府执行财政政策和货币政策时，需要对私人部门的边际消费倾向、边际投资倾向、货币需求函数、现金持有比率和商业银行超额准备金持有意愿等做出预测——以此为基础，才能估计政策的效果。

私人部门面对一定的经济环境，也会对政府将会采取的政策做出预测——例如，政府将会如何调整各种税收、转移支付和社会福利计划，中央银行将执行怎样的货币政策，等等。以此为基础，才能决定自己的最优选择。

意识到私人部门对于政府政策的反应机制是十分重要的——尽管直到目前为止，我们还没有真正对其做出考虑——这意味着消费函数、投资函数、货币需求函数等，本身会对政策做出反应。

并且，政府对于私人部门反应的预测，以及私人部门对于政府政策的预测，都是在知道对方将对自己的行动做出预测的基础上做出的……所有这些问题中所包含的复杂性、长期性和不确定性，决定了预测常常是不准确的（表 4－17 和图 4－9）。

表 4－17　美国真实 GDP 增长率和美国国会预算委员会、政府和 Blue Chip 公司的预测值（1993—2004 年）（%）

年份	实际值	美国国会预算委员会的预测值	政府的预测值	Blue Chip 公司的预测值
1993—1994	3.3	2.9	2.9	3.0
1994—1995	3.3	2.8	2.9	2.8
1995—1996	3.1	2.4	2.6	2.6
1996—1997	4.1	1.9	2.2	2.1
1997—1998	4.3	2.1	2.1	2.2
1998—1999	4.3	2.3	2.2	2.4
1999—2000	4.1	2.0	2.2	2.3
2000—2001	2.2	3.2	3.0	3.3
2001—2002	1.2	2.9	3.2	3.0
2002—2003	2.2	2.4	2.2	2.2
2003—2004	3.5	3.0	3.2	3.2

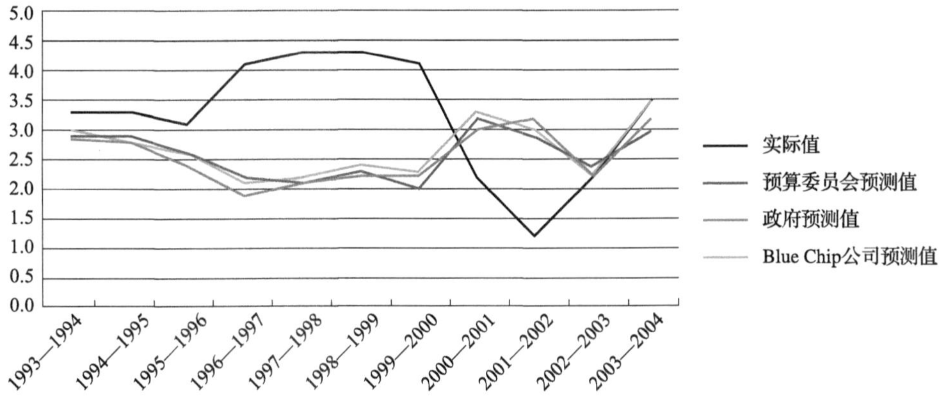

图 4－9　美国真实 GDP 增长率和美国国会预算委员会、政府和 Blue Chip 公司的预测值

一般认为，预测不准确会给经济调整带来额外的成本。因此，政府需要建立自己政策的声誉和可信性——这需要长期地贯彻某种政策法则——只有这样，政府才能比较准确地对政策效果做出预测。

二、RBC 模型（初步）

✎ 要点

一个真实商业周期（Real Business Cycle，RBC）模型，一般具有以下三个方面的基本特征：

（1）厂商选择最优的投资（资本要素投入）和雇佣（劳动要素投入）方案；

（2）个人做出最优的消费和劳动供给选择；

（3）所有选择都在动态的和不确定的环境中做出。

前两方面的特征使得 RBC 模型与传统的 Keynes 模型相比有着更加明确的微观基础，最后一个特征使得 RBC 模型更加贴近现实环境。我们可以这样概括 RBC 模型的要点：微观化、动态化并考虑不确定性因素、定量化。

✎ 一个简化的设定

在此我们仅通过 RBC 模型的一个极端简化版本，介绍此类模型的基本要点。这里我们不考虑资本的形成过程及其对于总产出生产的作用，假设劳动是唯一的生产要素，因此我们重点关注的问题实际上只有一个：劳动的跨期替代问题，也就是，真实冲击怎样影响就业与产出。

假设在任意一个时期 t，代表性厂商购买劳动 l_t，用其生产产品 y_t：

$$y_t = a_t l_t$$

其中，a_t 是 t 时期劳动的边际产出，a_t 的变化是这一简化模型中真实冲击的根源。假设代表性厂商所在的市场是完全竞争的，因此 t 时期劳动的边际产出决定了 t 时期的工资率：

$$w_t = a_t$$

在每一期，代表性劳动者拥有的时间禀赋为 $\bar{l}$，因此其在第 t 期的“闲暇时间”（leisure time）等于其时间禀赋减去工作时间：

$$\bar{l} - l_t$$

在每个时期，代表性劳动者（也就是代表性消费者）通过闲暇 $\bar{l} - l_t$ 和消费 c_t 获得效用：

$$u(c_t, \bar{l} - l_t) = c_t^{\gamma}(\bar{l} - l_t)^{\beta}$$

代表性劳动者面临其一生的预算约束（这相当于假设劳动者能够自由地进行跨期借贷）：

$$\sum_{t=1}^{+\infty} c_t = \sum_{t=1}^{+\infty} w_t l_t$$

这里我们忽略了资金的跨期成本问题（相当于假设资金的跨期贴现率等于 1）。于是代表性劳动者的跨期最大化问题就是：

$$\max_{\{c_t, l_t\}\big|_{t=1}^{+\infty}} U = \sum_{t=1}^{+\infty} c_t^{\gamma}(\bar{l} - l_t)^{\beta}$$

$$\text{s. t.} \quad \sum_{t=1}^{+\infty} c_t = \sum_{t=1}^{+\infty} w_t l_t$$

构造 Lagrange 函数：

$$L(c_t, l_t; \gamma) = \sum_{t=1}^{+\infty} c_t^{\gamma}(\bar{l} - l_t)^{\beta} - \gamma \sum_{t=1}^{+\infty}(c_t - w_t l_t)$$

一阶条件（*F. O. C.*）：

$$\begin{cases} \partial L/\partial c_t = \gamma c_t^{\gamma-1}(\bar{l} - l_t)^{\beta} - \gamma = 0 \\ \partial L/\partial l_t = \beta c_t^{\gamma}(\bar{l} - l_t)^{\beta-1} + \gamma w_t = 0 \\ \partial L/\partial \gamma = \sum_{t=1}^{+\infty}(w_t l_t - c_t) = 0 \end{cases}$$

对于 $\forall t \in \{1, 2, \cdots, +\infty\}$。注意，这时代表性劳动者的最优化问题可以被视为由两个部分组成——在每一个期间的消费和闲暇之间的配置和跨期资源配置。

✎ 期间内最优和跨期最优

由一阶条件的第 1 个和第 2 个表达式，可以得到代表性劳动者最优化问题的第一个方面——在第 t 期，代表性劳动者消费和闲暇之间的配置必须满足：

$$\frac{\bar{l} - l_t}{c_t} = \frac{\beta}{\gamma w_t}$$

怎样得到代表性劳动者最优化问题的第二个方面，也就是其跨期闲暇替代或者消费替代的最优性条件？可以通过考虑任意相邻两期（第 t 期和第 $t+1$ 期）之间的权衡来回答这一问题，由于代表性劳动者能够自由地进行跨期借贷，因此其跨期预算约束满足：

（1）他在第 t 期减少消费 1 单位，就可以在第 $t+1$ 期增加消费 1 单位；

（2）他在第 t 期减少闲暇 1 单位，就可以在第 $t+1$ 期增加闲暇 w_t/w_{t+1} 单位。

而无论在哪一期，代表性劳动者消费和享受闲暇对于其一生总效用 U 的边际贡献都分别是：

$$MU^C = \gamma c_t^{\gamma-1}(\bar{l} - l_t)^\beta$$
$$MU^L = \beta c_t^{\gamma}(\bar{l} - l_t)^{\beta-1}$$

因此，代表性劳动者在第 t 期和第 $t+1$ 期的消费选择是最优的，意味着：

$$\frac{\gamma c_t^{\gamma-1}(\bar{l} - l_t)^\beta}{\gamma c_{t+1}^{\gamma-1}(\bar{l} - l_{t+1})^\beta} = 1$$

$\Leftrightarrow$

$$\left(\frac{c_t}{c_{t+1}}\right)^{\gamma-1}\left(\frac{\bar{l} - l_t}{\bar{l} - l_{t+1}}\right)^\beta = 1$$

在第 t 期和第 $t+1$ 期的闲暇选择是最优的，意味着：

$$\frac{\beta c_t^{\gamma}(\bar{l} - l_t)^{\beta-1}}{\beta c_{t+1}^{\gamma}(\bar{l} - l_{t+1})^{\beta-1}} = \frac{w_t}{w_{t+1}}$$

$\Leftrightarrow$

$$\left(\frac{c_t}{c_{t+1}}\right)^{\gamma}\left(\frac{\bar{l} - l_t}{\bar{l} - l_{t+1}}\right)^{\beta-1} = \frac{w_t}{w_{t+1}}$$

于是，代表性劳动者的全部最优性条件可以概括为上面的一个期间内最优性条件方程和两个跨期最优性条件方程，对于 $\forall t \in \{1, 2, \cdots, +\infty\}$，均有：

$$\begin{cases} \dfrac{\bar{l} - l_t}{c_t} = \dfrac{\beta}{\gamma w_t} \\ \left(\dfrac{c_t}{c_{t+1}}\right)^{\gamma-1}\left(\dfrac{\bar{l} - l_t}{\bar{l} - l_{t+1}}\right)^\beta = 1 \\ \left(\dfrac{c_t}{c_{t+1}}\right)^{\gamma}\left(\dfrac{\bar{l} - l_t}{\bar{l} - l_{t+1}}\right)^{\beta-1} = \dfrac{w_t}{w_{t+1}} \end{cases}$$

由其中第 1 式可得：

$$\frac{c_t}{c_{t+1}} = \frac{w_t}{w_{t+1}} \frac{\bar{l} - l_t}{\bar{l} - l_{t+1}}$$

代入第 2 式（或第 3 式），得：

$$\left(\frac{w_t}{w_{t+1}}\right)^{\gamma-1}\left(\frac{\bar{l} - l_t}{\bar{l} - l_{t+1}}\right)^{\beta+\gamma-1} = 1$$

$\Rightarrow$

$$\frac{\bar{l} - l_t}{\bar{l} - l_{t+1}} = \left(\frac{w_{t+1}}{w_t}\right)^{\frac{1-\gamma}{1-\beta-\gamma}}$$

这就是这一简化模型得到的关于代表性劳动者闲暇调整，也就是就业调整的关键方程。

✎ **真实冲击对于就业(产出)的短期影响**

对于上面得到的关键方程进行对数化，能够方便我们获得其对应的变化率的表示：

$$\ln(\bar{l}-l_t)-\ln(\bar{l}-l_{t+1})=\frac{1-\gamma}{1-\beta-\gamma}(\ln w_{t+1}-\ln w_t)$$

因此：

$$\frac{\mathrm{d}(\bar{l}-l_t)}{\bar{l}-l_t}-\frac{\mathrm{d}(\bar{l}-l_{t+1})}{(\bar{l}-l_{t+1})}=\frac{1-\gamma}{1-\beta-\gamma}\left(\frac{\mathrm{d}w_{t+1}}{w_{t+1}}-\frac{\mathrm{d}w_t}{w_t}\right)$$

这一表达式表明：如果其他各期工资保持不变，第 $t+1$ 期的工资增长 1 个百分点，第 $t+1$期的闲暇将减少 $(1-\gamma)/(1-\beta-\gamma)$ 个百分点。但是，由于我们不知道参数 γ 和 β 的确切取值，工资变动对于劳动者闲暇选择的影响可能很大也可能很小。

假设第 t 期以前经济保持平稳运行（也就是 a_t 稳定在某一水平），在第$t+1$期出现暂时性技术冲击，a_{t+1} 在原来水平上增长了 $\Delta a\%$，这将引起第 $t+1$ 期的就业（l_{t+1}）和产出（y_{t+1}）的怎样幅度的变化?

首先由

$$y_{t+1}=a_{t+1}l_{t+1}$$

$\Rightarrow$

$$\ln y_{t+1}=\ln a_{t+1}+\ln l_{t+1}$$

$\Rightarrow$

$$\frac{\mathrm{d}y_{t+1}}{y_{t+1}}=\frac{\mathrm{d}a_{t+1}}{y_{t+1}}+\frac{\mathrm{d}l_{t+1}}{y_{t+1}}$$

即总产出的增长率等于生产率进步率与就业增长率之和。而由上面的分析我们已知，a_{t+1}在原来水平上增长了 $\Delta a\%$，将会引起 $\bar{l}-l_{t+1}$减少：

$$\frac{1-\gamma}{1-\beta-\gamma}\Delta a\%$$

如果认为闲暇时间是工作时间的 3 倍（即平均每周工作 42 小时），那么第 $t+1$ 期工作时间的增加率就大约是：

$$\Delta l_{t+1}\%=\frac{3(1-\gamma)}{1-\beta-\gamma}\Delta a\%$$

因此第 $t+1$ 期总产出的增长率大约是：

$$\Delta y_{t+1}\%=\left[1+\frac{3(1-\gamma)}{1-\beta-\gamma}\right]\Delta a\%$$

✎ **永久性真实冲击的影响**

根据这一模型，工资的永久性变动（而非暂时性冲击）对于就业的影响会很小。例如原来的工资水平保持稳定，对于$\forall t \in \{1,2,\cdots,t_0\}$：

$$w_t = a_t = a$$

由之前得到的相关结果，这意味着各期消费和就业都等于常数，对于$\forall t \in \{1,2,\cdots,t_0\}$：

$$c_t = c^* = \frac{\gamma a}{\beta + \gamma}\bar{l}$$

$$l_t = l^* = \frac{\gamma}{\beta + \gamma}\bar{l}$$

注意到消费的表达式中含有 a，而就业的表达式中不含 a，意味着工资的永久性提升（可能是由技术进步引起的）将会提高代表性劳动者的各期消费（也就是整个消费路径），但不会影响长期就业。

✎ 动态随机一般均衡框架

今天，更高级的宏观经济学课程也许已经无法回避一个基本的分析框架——动态随机一般均衡（Dynamic Stochastic General Equilibrium，DSGE）框架——顾名思义，这一框架的3个基本构成要素就是：

（1）动态性。这类模型不仅考虑变量在不同均衡下的取值，还跟踪这些变量从一个均衡水平到另一个均衡水平的变化过程（时间路径）。

（2）随机性。这类模型引入了普遍的随机性，用来刻画经济生活本来的充满不确定性的现实。

（3）多市场一般均衡。这类模型一般考虑许多个市场的相互联系和相互影响。

就这些方面而言，这类模型是分析短期经济波动的先进模型，不足之处，是这类模型对于较高级数学方法的要求，以及对于数值解、函数形式和参数设定的依赖。2011年，Thomas J. Sargent 和 Christopher Sims 凭借在这一领域的开拓性研究（提供了基本框架和方法）获得诺贝尔经济学奖。

一个完整形态的 RBC 模型就是一种 DSGE 模型。今天称 DSGE 模型为“先进”的也许已经不再恰当，因为这一类模型的提出和基本设计早在20余年前就已完成，现今已成为主流方法。

第五章

通货膨胀与失业

第一节 产出、就业与通货膨胀：从静态模型出发

就业、产出和通货膨胀也许是最重要和受到最普遍关注的宏观经济学问题。政策制定者希望实现高就业、高产出和低通胀，但现实中这样的目标往往无法实现——经济中的自发力量使得高就业、高产出总是与高通胀相伴，而低通胀则往往意味着就业和产出的下降。

一、产出、就业与通货膨胀：事实（以美国经济为例）与概念

✎ 美国经济的真实表现

表 5 - 1 是 1991—2012 年美国的失业率、真实 GDP 增长率和通货膨胀率（其中，2012 年的通货膨胀率为估计值）。

表 5 - 1 1991—2012 年美国的失业率、真实 GDP 增长率和通货膨胀率（%）

年份	失业率	真实 GDP 增长率	通货膨胀率
1991	7.3	-0.23	4.21
1992	7.4	3.39	3.01
1993	6.5	2.85	2.99
1994	5.5	4.07	2.56
1995	5.6	2.51	2.83
1996	5.4	3.74	2.95
1997	4.7	4.46	2.29
1998	4.4	4.36	1.56
1999	4.0	4.83	2.21
2000	3.9	4.14	3.36
2001	5.7	1.08	2.85
2002	6.0	1.81	1.58

续表

年份	失业率	真实 GDP 增长率	通货膨胀率
2003	5.7	2.49	2.28
2004	5.4	3.57	2.66
2005	4.9	3.05	3.39
2006	4.4	2.67	3.23
2007	5.0	1.95	2.85
2008	7.3	1.10	3.84
2009	9.9	-2.63	-0.36
2010	9.4	2.85	1.64
2011	8.6	1.70	2.80
2012	7.7	2.20	2.50
潜在水平（其中，失业率和通货膨胀率取算术平均，GDP 增长率取几何平均）	6.1	2.53	2.60

这些数据是否反映出了某种基本规律或者相关关系（图 5-1）？

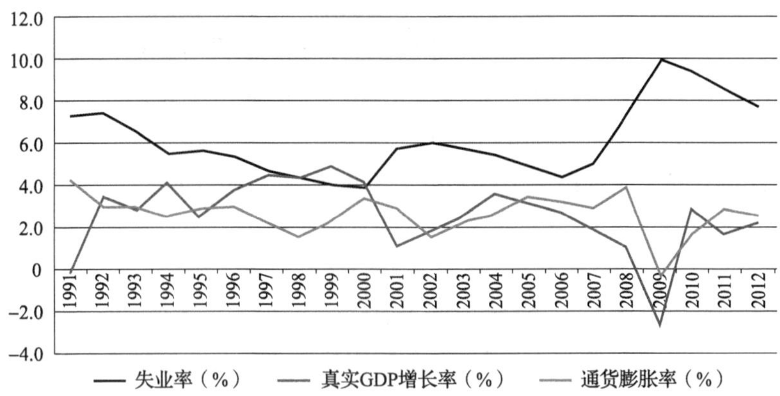

图 5-1　1991—2012 年美国的失业率、真实 GDP 增长率和通货膨胀率

✎ 失业：概念与类型

失业是指劳动力没有工作的状态。失业率是指某一特定试点，失业劳动力在劳动力总量中所占比例。

失业可以分为不同的类型：

（1）自愿失业，是指劳动力因为工资未达到满意水平而自愿选择不就业，也就是即使在劳动力市场出清的情况下也会存在的非就业劳动力（图 5-2）。

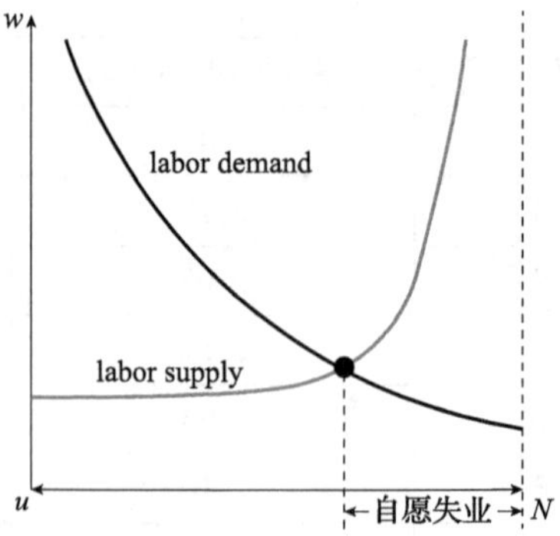

图 5-2 自愿失业

(2) 非自愿失业，是指愿意接受劳动力市场的现行工资，却在一段时间内仍然无法找到工作的情况。这种失业可以理解为由于劳动力市场的某种失灵导致（也就是无法在图 5-2 中得到表述）的失业。非自愿失业又可以分为 3 种：

(a) 摩擦性失业——劳动力市场总是存在各种摩擦，信息传递的不畅、劳动力流动受到限制，都会使得原本能够实现的就业无法实现；

(b) 结构性失业——当经济结构处于调整变化之中时，一些从衰退产业中退出的劳动力无法立即适应新兴产业，因而会形成失业；

(c) 周期性失业——随着经济的周期性波动而增加或者减少的失业，政府稳定性宏观经济政策的一个重要目标，正是要在经济低迷和衰退中减少周期性失业。

在所有对于市场完备性的质疑中，对于劳动力市场的质疑可能是最重要的——既然市场总是能够自动出清，为什么会存在（非自愿）失业？劳动力市场不能及时出清之所以备受关注，是因为其直接的福利后果和政治影响。

实际上，这也是整个宏观经济学所要回答的和解决的首要问题。

✎ 自然失业率

关于失业的一个重要概念是"自然失业率"(natural rate of unemployment)，也叫"充分就业失业率"或者"长期均衡失业率"，等于摩擦性失业率及结构性失业率之和。自然失业率也被视为一个"不会造成通胀的失业率"(non-accelerating inflation rate of unemployment, NAIRU)。

自然失业率究竟是多少？

不同的经济有着不同的自然失业率：一个经济的结构越稳定（并不处于产业结构、人口结构和社会结构的大调整中）、对于劳动力（及其家人）流动的限制越少、就业服务体系越完善，自然失业率越低；另外，社会保障体系、就业观念、家庭结构等，都会影响自然失业率。

一般认为，第二次世界大战后美国的自然失业率在 4% ~7%。

二、通货膨胀的类型与影响：从静态模型出发

✎ 通货膨胀的概念与类型：基于静态模型

经济中的通货膨胀可能来自需求方面因素和供给方面因素——以此为标准，可以将通货膨胀分为“需求拉动型”通货膨胀和“成本推动型”通货膨胀。运用第二章、第三章所学静态模型，我们可以初步地了解通货膨胀。

（1）需求拉动型通货膨胀（demand-pull inflation）。

我们已经知道，在决定 IS 曲线和 LM 曲线的各种因素之中，任意一个方面的扩张——边际消费倾向的增加、自发需求的增长、财政扩张和货币扩张——都会导致总需求曲线的外移（或者上移）（图 5－3）。

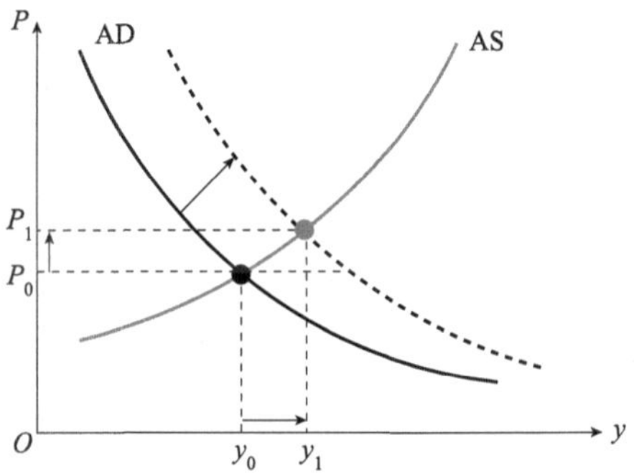

图 5－3 需求拉动型通货膨胀

在短期，经济的总供给是价格水平的增函数，因此需求扩张意味着总产出的增长（失业率下降）和价格水平的上升（通货膨胀）；反之，如果总需求出现收缩，在短期意味着总产出的下降（失业率上升）和价格水平的下降（通货紧缩）。

在我们已知的静态 AS-AD 模型中，需求拉动型通货膨胀影响经济供给方面的机制是：需求扩张引起价格上涨，由于价格粘性和货币幻觉等因素，短期总供给扩张，直至达到新的（短期）总供求平衡。

（2）成本推动型通货膨胀（cost-push inflation）。

通货膨胀也可能产生于总供给曲线的上移（或者内移），这种变化可能产生于重要原材料（例如粮食、石油）价格的突然上涨、重大灾难、不利的预期等，这些原因均可被视为不利的供给冲击。

不利的供给冲击导致总产出的下降（失业率上升）和价格水平的上升（通货膨胀）；反之，如果出现有利的供给冲击，将导致总产出的上升（失业率下降）和价格水平的下降（通货紧缩）。

在静态 AS-AD 模型中，成本推动型通货膨胀影响经济需求方面的机制是：不利的供给冲击引起价格上涨，（在名义货币供给不变的情况下）减少了经济中的流动性，总需求收缩，直至达到新的（短期）总供求平衡（图 5－4）。

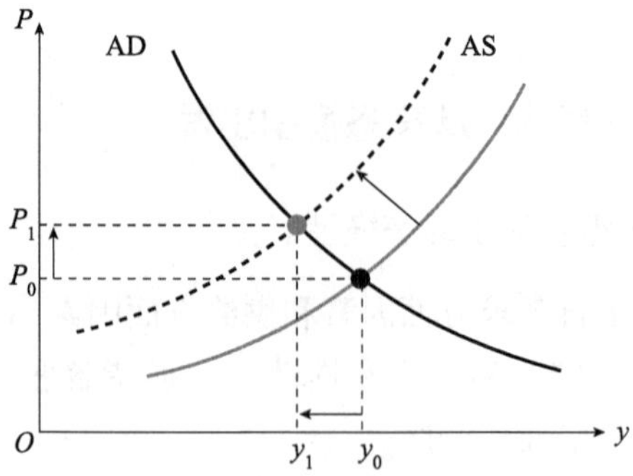

图 5－4 成本推动型通货膨胀

✎ 通货膨胀的类型与影响

通货膨胀是基于需求拉动的还是成本推动的，决定了通货膨胀对产出和就业的短期影响的不同。

如上所述，需求拉动型通货膨胀和成本推动型通货膨胀对于短期产出的影响恰好相反：前者使得短期总产出增长，后者使得短期总产出下降。

需求拉动型通货膨胀对于就业的影响也是清楚的——由于我们假设这时的供给条件（也就是总生产函数）没有发生改变，因此以真实工资表示的劳动力供给曲线（$w=f(N)$）和需求曲线（$w=g(N)$）均不发生移动，需求拉动型通货膨胀（基于货币幻觉）对于劳动力市场的短期影响是确定的：

如图 5－5 所示，伴随需求拉动型通货膨胀，短期均衡就业上升，失业率下降。

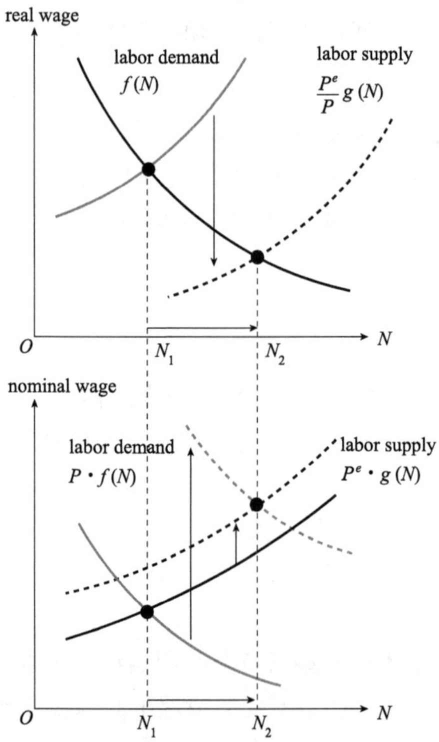

图 5－5 需求拉动型通货膨胀与就业

成本推动型通货膨胀对于就业的影响相对复杂，原因是这时的供给条件（也就是总生产函数）发生了变化，因此以真实工资表示的劳动力需求曲线（$w=g(N)$）可能会发生移动。假设经济中发生了能源价格上涨的不利供给冲击，不妨用 E 表示能源供给条件，当发生不利的能源价格冲击时，$E<0$，这时通货膨胀影响就业的具体情况取决于供给冲击影响总生产函数的形式。

（1）如果这一冲击影响总生产函数的形式是：

$$y=F(N)+E$$

那么，这一供给冲击对于总产出和总供给只有总量水平上的影响，没有边际影响，也就是 E 的变化不会影响以真实工资表示的劳动需求：

$$w=f(N)=F'(N)$$

注意：这一设定实际上相当于假设一个经济的生产技术决定了在其生产过程之中，劳动和能源之间没有相互替代的能力（而这显然是不符合现实的）。这时成本推动型通货膨胀对于就业的影响与需求拉动型通货膨胀对于就业的影响完全相同：伴随通货膨胀，短期均衡就业上升，失业率下降（图 5－6）。

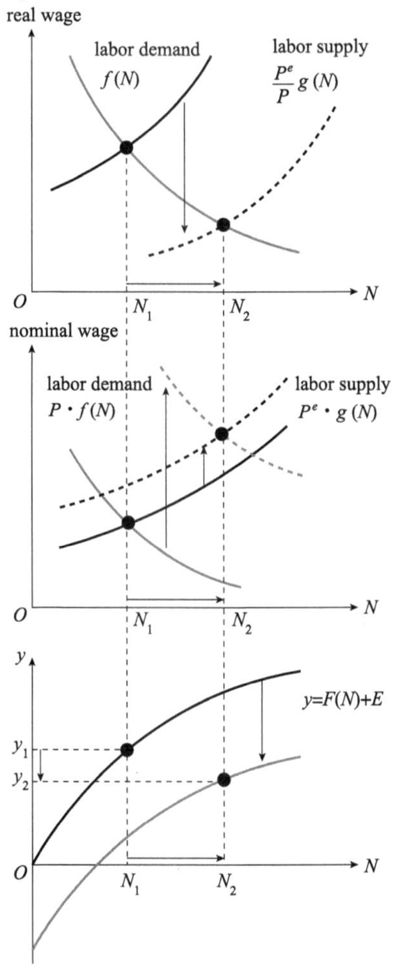

图 5－6　需求拉动型通货膨胀与就业、总产出

（2）如果这一冲击影响总生产函数的形式是：

$$y = F(N,\ E)$$

那么，这一供给冲击对于总产出和总供给既有总量水平上的影响，又有边际影响，也就是 E 的变化会影响以真实工资表示的劳动需求：

$$w = f(N,\ E) = \frac{\partial F(N,\ E)}{\partial N}$$

这一设定反映了一个经济在其生产过程之中，劳动和能源之间具有相互替代的能力。一般地，我们认为在生产过程中劳动和能源表现出某种“合作性”——当能源投入减少时，劳动的边际产出下降：

$$\frac{\mathrm{d}w}{\mathrm{d}E} = \frac{\partial f(N,\ E)}{\partial E} = \frac{\partial^2 F(N,\ E)}{\partial N \partial E} > 0$$

如图 5－7 所示，在这种类型的总生产函数下，伴随成本推动型通货膨胀，短期失业率可能下降也可能上升，具体情况取决于供给冲击对于劳动边际产出的影响程度。

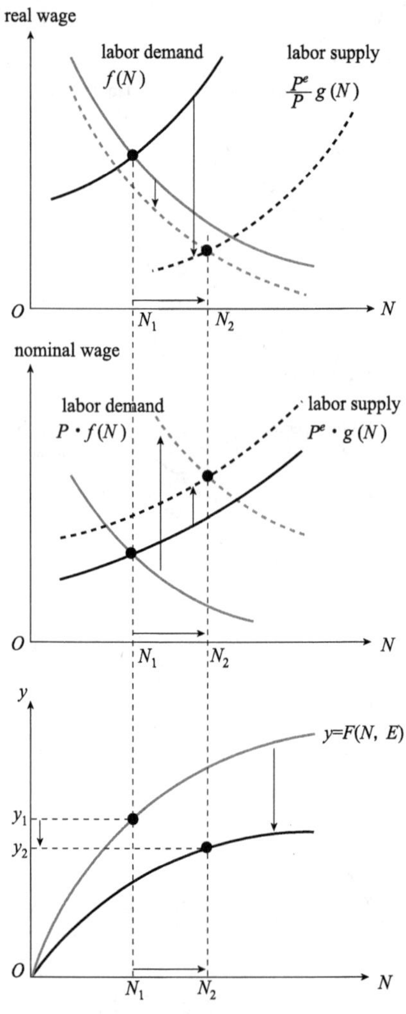

图 5－7 成本推动型通货膨胀与就业、产出

如何判断一轮通货膨胀是基于需求拉动的还是成本推动的？一个判别方法是依据工资的上涨和总体价格水平的上涨哪一个先发生：如果工资的上涨推动了总体价格水平的上涨，则认为通货膨胀是成本推动的；如果是总体价格水平的上涨拉动了工资的上涨，则认为通货膨胀是需求拉动的。

然而，现实中凡通货膨胀时期，工资和价格往往呈现螺旋式上涨——要区分现实中的通货膨胀是基于需求拉动的还是成本推动的，常常并不容易。

三、产出、就业与通货膨胀的关系：经验法则

✎ 失业与通货膨胀的短期替代，滞涨

现代宏观经济学的一个（也许是最重要的）基本认识是失业（也包括产出缺口）与通货膨胀在短期的替代关系——随着经济的周期性波动，低通胀往往意味着高失业，高就业又往往意味着高通胀——失业与通货膨胀之间的短期替代关系也被称为 Phillips 曲线，我们在后面会重点关注 Phillips 曲线的含义及其背后的机制。

在长期，失业与通货膨胀之间的替代关系不复存在，经济有可能在某一个阶段处于“高就业（产出）、低通货膨胀”的状态，有时则会处于“低就业、高通货膨胀”的状态——后一情况有时被称作“停滞性通货膨胀”，也就是既停滞又通胀，即“滞胀”（stagflation）。

接下来，我们将在本章讨论的内容包括：

（1）Phillips 曲线为什么在长期不再有效？

（2）面对各种需求的和供给的冲击，经济的长期动态调整机制是什么？

（3）面对失业与通货膨胀之间的短期替代关系，政府应该如何制定宏观经济政策？

（4）为什么会出现“滞胀”？

✎ 产出与就业：Okun 定律

一般地，随着经济的周期性波动，产出与就业总是呈现正向相关关系：当经济高涨和繁荣（甚至过热）时，就业总是高于充分就业水平（或者说失业率低于自然失业率）；当经济低迷和衰退（甚至萧条）时，就业总是低于充分就业水平（或者说失业率高于自然失业率）。

基于对美国经济的经验研究，美国经济学家 Okun（约翰逊总统经济顾问委员会主席）在 1962 年提出一个近似地描述失业率和实际 GDP 之间的交替关系的等式：失业率每高于自然失业率 1 个百分点，真实 GDP 便低于潜在水平 2 个百分点，也就是：

$$\frac{y_t-\bar{y}}{\bar{y}}=\frac{-2(u_t-\bar{u})}{\bar{u}}$$

其中，y 和 $\bar{y}$ 分别表示真实总产出的实际水平和潜在水平（更确切地，真实总产出的潜在水平也应该包含时间下标，即表示为 $\bar{y}_t$，此处略），$\bar{u}$ 和 u 分别表示自然失业率和实际失

业率——因此，$y_t - \bar{y}$ 可以称为第 t 期的“（负）产出缺口（production gap）”，$u_t - \bar{u}$ 可以称为第 t 期的“失业缺口”（unemployment gap）。这一等式后来被称为“Okun 定律”（Okun's law）。

Okun 定律对于美国经济现实的拟合程度较好，图 5-8 是基于 1991—2012 年美国经济数据的散点图（其中，横轴表示失业率，纵轴表示真实 GDP 增长率。注意：这一表述与原版的 Okun 定律有所不同）。

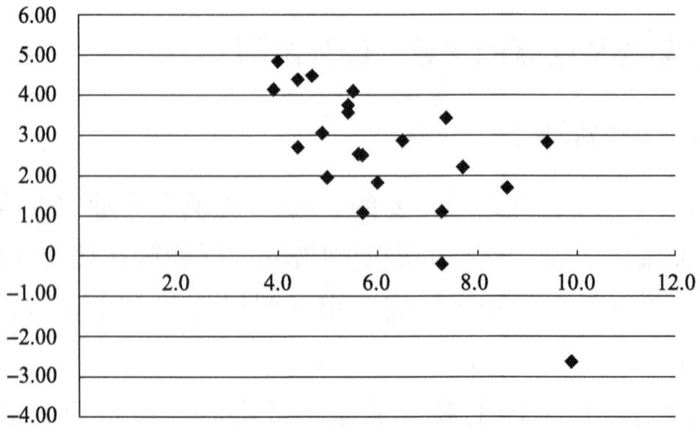

图 5-8　失业率与 GDP 增长率

如果我们认为经济增长率对于就业的影响具有一定的滞后性，并且以此为理由，考查经济增长率与滞后一年的失业率之间的关系，其拟合程度更好（图 5-9）。

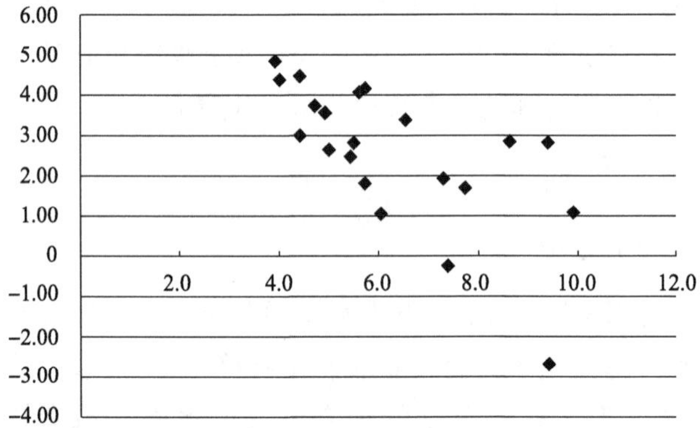

图 5-9　经济增长率与滞后一年的失业率

Okun 定律的成立需要一定的条件，主要包括两个方面：①人口和经济结构保持稳定；②经济在充分就业水平附近运行。在我国，Okun 定律表现得并不十分显著，也许可以从这两个方面寻找答案。

✎ 就业与通货膨胀：Phillips 曲线

在对英国经济 1861—1957 年表现做出综合研究的基础上，新西兰经济学家 Phillips（1958）发现了货币工资增长率和失业率之间的负向相关关系：

$$g_W \equiv \frac{W_{t+1} - W_t}{W_t} = -\eta \cdot (u_t - \bar{u})$$

其中，W_t 和 W_{t+1} 分别表示第 t 期和第 $t+1$ 期货币工资。这一关系被称为“Phillips 曲线”（Phillip Curve），有时也用通货膨胀率替代其中的货币工资增长率（仍称作 Phillips 曲线）：

$$\pi_t \equiv \frac{P_{t+1} - P_t}{P_t} = -\eta \cdot (u_t - \bar{u})$$

一些对于美国经济的估计认为，通货膨胀率和失业率之间的替代比例（即 η）大约是1:2.5，也就是通货膨胀率每下降（或上升）1 个百分点，失业率上升（或下降）2.5 个百分点。

结合 Okun 定律和 Phillips 曲线，我们可以得到“牺牲比”（Sacrifice Ratio）：为使通货膨胀率下降 1 个百分点所必须承受的 GDP 损失（的百分比）——一些估计认为美国经济的牺牲比大约等于 5，即为使通货膨胀率下降 1 个百分点，必须损失美国一年 GDP 的 5%。

作为一个小结，我们可以得到关于就业、产出和通货膨胀之间的关系链（图 5－10）。

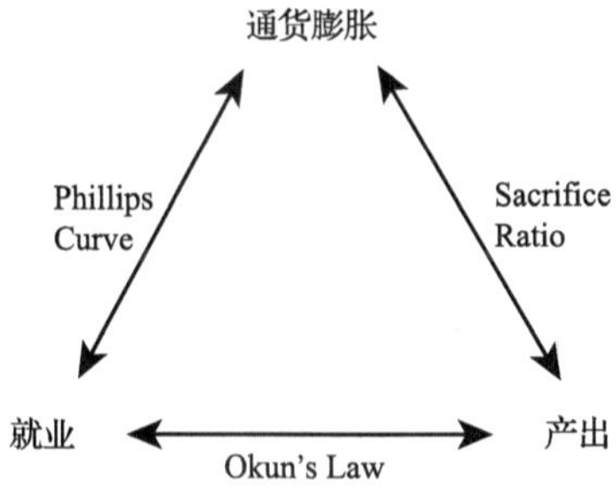

图 5－10　就业、产出和通货膨胀

四、Phillips 曲线的应用和扩展

✎ Phillips 曲线的应用和“失灵”

在 Phillips 发现上述经验关系的年代，这一关系在一些时期表现得十分显著。一个典型的例子是 20 世纪 60 年代（1961—1967 年）的美国经济（表 5－2）。

表 5－2　1961—1967 年美国失业率和通胀率（%）

年份	失业率	通货膨胀率
1961	5.64	1.01
1962	5.28	1.14
1963	4.65	1.19
1964	3.85	1.34
1965	3.82	1.71
1966	3.63	2.85
1967	3.48	2.90

图 5－11 是散点图（其中，横轴表示失业率，纵轴表示通货膨胀率）。

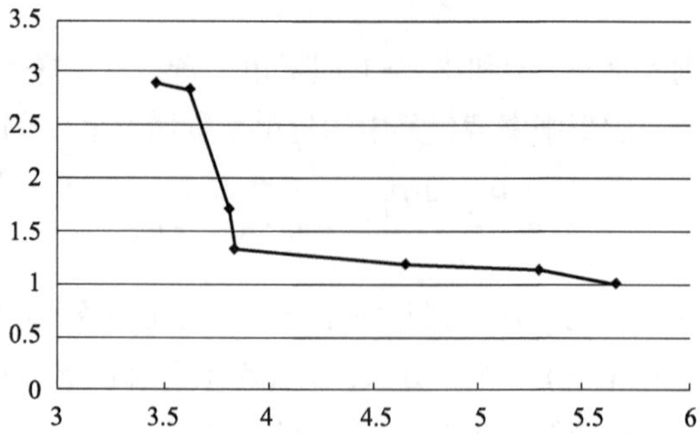

图 5－11 1961—1967 年美国失业率与通胀率

但是，在其后的一些年，无论是英国还是美国（或者其他国家），通货膨胀率（或者货币工资增长率）和失业率之间的关系在很多时候看上去显得模糊不清。图 5－12 是基于 1991—2012 年美国经济数据的散点图（其中，横轴表示失业率，纵轴表示通货膨胀率）。

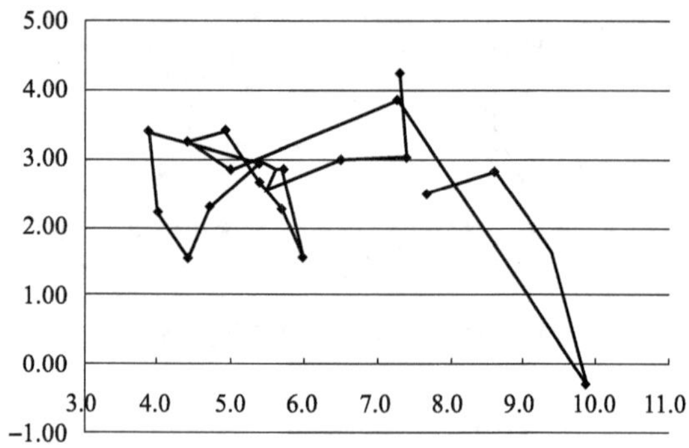

图 5－12 1991—2012 年美国失业率与通胀率

即使依据经济的周期性扩张和收缩将整段时期分为 5 个阶段——1991—2000 年（扩张）、2000—2002 年（收缩）、2002—2006（扩张）、2006—2009 年（收缩）、2009—2012 年（扩张）——每个阶段的 Phillips 曲线关系也并不显著（图 5－13）。

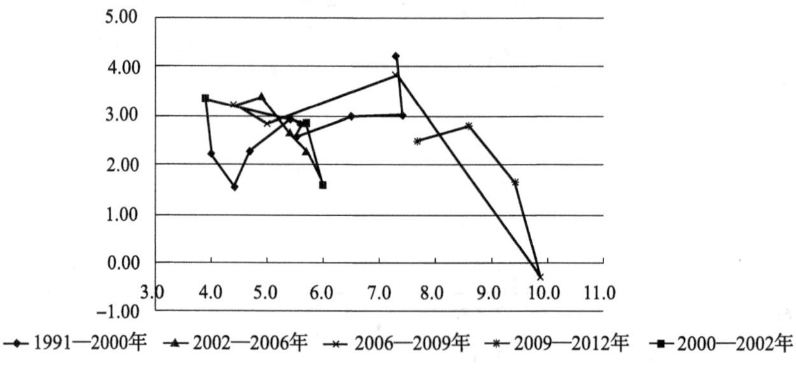

图 5－13 美国五阶段 Phillips 曲线

不仅如此，如果我们分别以 1991—2012 年美国经济的平均通货膨胀率和失业率（如图 5－14所示分别等于2.6%和6.1%）作为这一期间美国经济的“长期均衡”通货膨胀率和自然失业率（当然，未必如此），那么可以认为在 1991—1993 年、2008 年和 2011 年，美国经济均处于滞胀（通货膨胀率高于“长期均衡”通货膨胀率，失业率也高于自然失业率）状态。

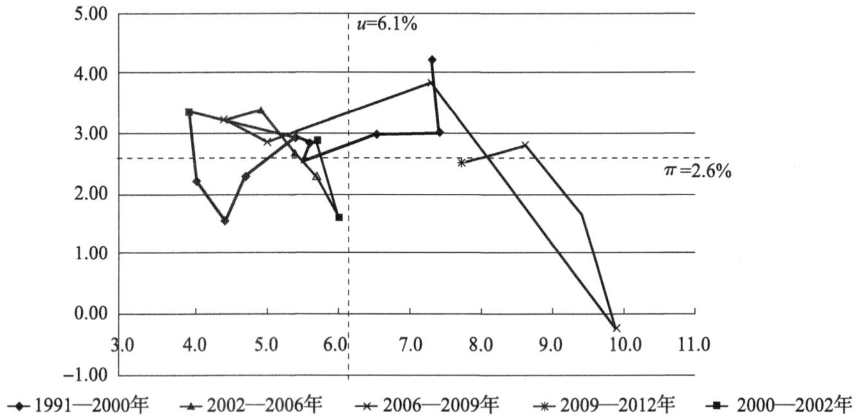

图 5－14　滞胀与 Phillips 曲线

理解 Phillips 曲线的上述“失灵”，需要认识到以下 3 点（其中前两点本质上是一致的）：

（1）Phillips 曲线刻画的只是通货膨胀率和失业率之间的短期权衡关系——在长期，无论通货膨胀率是多少，失业率不能过分偏离自然失业率水平，二者之间不存在权衡关系。

（2）仅仅认为要素的就业会受到通货膨胀的误导（因为货币幻觉）是不恰当的，人们只可能因为“未预期到的通货膨胀”而产生货币幻觉，从而改变就业决策。

（3）现实经济中总是充满了各种不确定性，对通货膨胀率和失业率形成干扰。

✎ 附加预期的 Phillips 曲线

基于上述几点原因，经济学家在“原版”Phillips 曲线的基础上进行了一定的修正和补充，其中最重要的修正就是考虑了通货膨胀预期的影响（这一将被证明是十分关键的扩展，主要来自 Milton Friedman 和 Edmund Phelps），形成了“附加预期的 Phillips 曲线”（Expectation-augmented Phillips Curve），也被称为“现代的 Phillips 曲线”：

$$\pi_t - E_{t-1}\pi_t = -\eta \cdot (u_t - \bar{u}) + \varepsilon_t$$

其中，ε_t 表示第 t 期发生的影响通货膨胀水平的外生冲击，称为“供给冲击”，满足：

$$E_{t-1}\varepsilon_t = 0$$

注意：附加预期的 Phillips 曲线蕴含了以下两个方面的含义：

（1）如果人们对于通货膨胀的预期等于实际的通货膨胀，即 $\pi_t = E_{t-1}\pi_t$，那么失业率（的期望）等于自然失业率，即 $u_t = \bar{u}$。换言之，只有人们意料之外的扩张或者冲击才能影响总产出。

(2) 人们在第 $t-1$ 期（或更早）形成的对于第 t 期通货膨胀的预期，$E_{t-1}\pi_t$，实际上来自于第 $t-1$ 期（或更早）实际的通货膨胀，π_{t-1}。依据这一点，我们有望建立递归关系。

Phillips 曲线用十分直接的形式表现了失业和通货膨胀之间的（短期）权衡关系，它明确地告诉政策制定者：要想将通货膨胀率降低到一定的程度必须要承受多大的就业和产出损失，或者，要实现一定的就业和产出扩张将会引起多大程度的通货膨胀（图 5－15）。

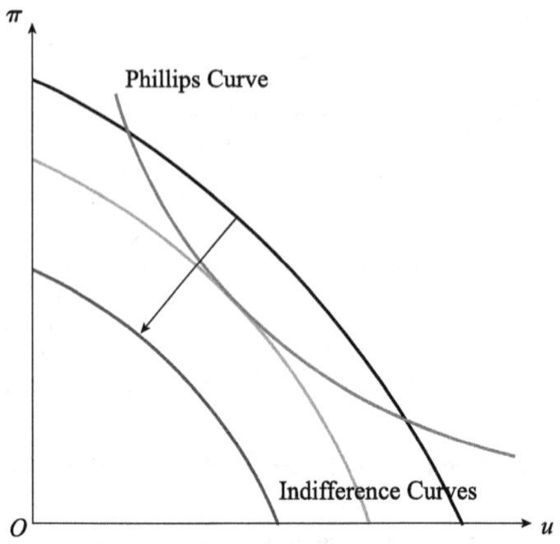

图 5－15　Phillips 曲线与无差异曲线

可以说，Phillips 曲线是（20 世纪 70 年代以后）数十年来宏观经济政策分析的基石。

Phillips 曲线所刻画的关系最初虽然来自经验总结，但在理论上完全可以证明——通过将 AS-AD 模型动态化并考虑预期的作用，我们将会看到（附加预期的）Phillips 曲线的实质就是动态化了的 AS 曲线。

第二节　AS-AD 模型的动态化

一、Fisher 方程与动态 AD 曲线

✎ Fisher 方程和动态 IS 曲线

在静态模型中，我们并未区分影响产品市场的利率和影响货币市场的利率——实际上，利率影响产品市场是通过影响投资需求，因此这里的利率是真实利率（Real Interest Rate）；而利率影响货币市场是通过影响持有货币的（机会）成本，因此这里的利率是名义利率（Nominal Interest Rate）。

在一个动态模型中，通货膨胀预期起到关键作用，因此需要区分真实利率与名义利率。

在任何一个时点，无论是进行投资将获得的真实报酬率还是持有货币将付出的机会成

本，都只能在未来一段期间实现，而两者之差则是该段时间的通货膨胀率预期。Fisher 方程，是关于真实利率、名义利率和预期通货膨胀率之间关系的等式（注意除了此处的 Fisher 方程，还有另一个 Fisher 方程，是著名的货币数量方程）：

$$r_t = \tilde{r}_t - E_t\pi_{t+1}$$

其中，r_t 表示第 t 期的真实利率；$\tilde{r}_t$ 表示第 t 期的名义利率；$E_t\pi_{t+1}$表示人们在第 t 期形成的对于第 $t+1$ 期通货膨胀的预期。

在第 t 期，静态的产品市场均衡条件即 IS 曲线（暂不考虑外需）是：

$$y_t = c_t(y_t^D) + i_t(r_t) + g_t = a + b(1-\tau)\cdot y_t + d - e\cdot r_t + g_t$$

注意：这里我们直接给每个变量加上了时间下标。假设经济在第 t 期：潜在产出水平（或者充分就业产出水平）为 $\bar{y}_t$；与这一潜在产出水平相对应的真实利率，称为“自然利率”（Natural Rate of Interest），表示为 ρ；政府购买的稳定水平为 $\bar{g}_t$。显然，潜在产出水平与自然利率之间也满足：

$$\bar{y}_t = a + b(1-\tau)\cdot\bar{y}_t + d - e\cdot\rho + \bar{g}_t$$

将实际的产品市场均衡条件与潜在产出水平和自然利率下的产品市场均衡条件相减，得到：

$$y_t - \bar{y}_t = b(1-\tau)\cdot(y_t - \bar{y}_t) - e\cdot(r_t - \rho) + (g_t - \bar{g}_t)$$

$\Rightarrow$

$$\begin{aligned} y_t &= \bar{y}_t - \frac{e}{1-b(1-\tau)}(r_t - \rho) + \frac{1}{1-b(1-\tau)}(g_t - \bar{g}_t) \\ &= \bar{y}_t - \beta(r_t - \rho) + \kappa_t \end{aligned}$$

其中，$\beta = e/(1-b(1-\tau))$，$\kappa_t = g_t - \bar{g}_t$ 直接含义是政府的财政扩张，也可以视为表示来自产品市场的一切（政策的和自发的，确定的和随机的）需求冲击。将 Fisher 方程带入上述（用真实利率表示的）IS 曲线表达式，得到用名利利率表示的 IS 曲线：

$$y_t = \bar{y}_t - \beta(\tilde{r}_t - \rho) + \beta E_t\pi_{t+1} + \kappa_t$$

✎ Taylor 法则和动态 LM 曲线

在第 t 期，静态的货币市场均衡条件（即 LM 曲线）是：

$$\frac{M_t}{P_t} = L_t(y_t,\ \tilde{r}_t)$$

通货膨胀如何影响货币市场均衡？显然，如果货币政策已经确定，也就是（M_t，$\tilde{r}_t$）给定，那么上式意味着真实产出 y_t 的变化量和价格水平 P_t 的变化量（也就是通货膨胀率）之间的关系。直接导出相关表达式相对繁琐，但至少在直观上容易理解下面的关系：

$$\tilde{r}_t = E_t\pi_{t+1} + \rho + \theta_\pi(\pi_t - \bar{\pi}_t) + \theta_y(y_t - \bar{y}_t)$$

其中，θ_π 和 θ_y 分别表示通货膨胀和产出对于货币政策的敏感程度，$\bar{\pi}_t$ 表示中央银行目标通货膨胀率（其他符号含义同上）。这一表达式实际上就是 Taylor 法则，如果我们将其中

的货币政策变量 $\tilde{r}_t$ 视为给定的，这一表达式也就可以被理解为货币市场均衡条件，即动态 LM 曲线。

✎ 考虑通货膨胀预期的 IS-LM 模型：动态 AD 曲线

在考虑通货膨胀和通货膨胀预期的情况下，联立动态 IS 曲线和动态 LM 曲线：

$$\begin{cases} y_t = \bar{y}_t - \beta(\tilde{r}_t - \rho) + \beta E_t\pi_{t+1} + \kappa_t \\ \tilde{r}_t = E_t\pi_{t+1} + \rho + \theta_\pi(\pi_t - \bar{\pi}_t) + \theta_y(y_t - \bar{y}_t) \end{cases}$$

$\Rightarrow$

$$y_t - \bar{y}_t = -\frac{\beta\theta_\pi}{1+\beta\theta_y}(\pi_t - \bar{\pi}_t) + \frac{1}{1+\beta\theta_y}\kappa_t$$

$$\Updownarrow$$

$$\pi_t - \bar{\pi}_t = -\frac{1+\beta\theta_y}{\beta\theta_\pi}(y_t - \bar{y}_t) + \frac{1}{\beta\theta_\pi}\kappa_t$$

这就是动态 AD 曲线，记为 DAD 曲线，与静态的 AD 曲线相比，主要的不同表现在用价格变化（通货膨胀）与产出之间的关系取代了价格与产出之间的关系（图 5－16）。

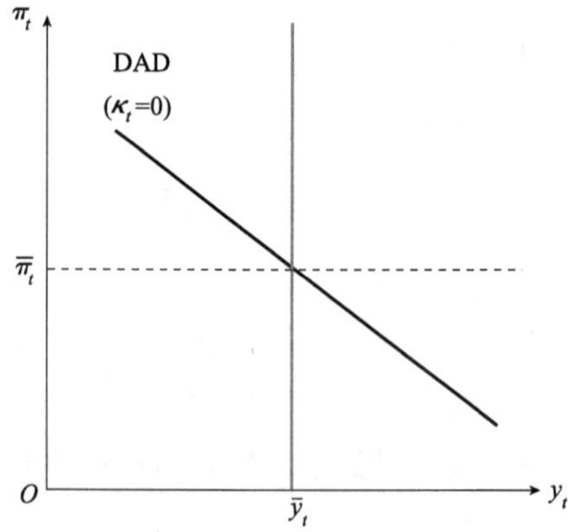

图 5－16 DAD 曲线

注意理解 DAD 曲线所表达含义的关键之一，在于理解各期潜在产出水平 $\bar{y}_t$、目标通货膨胀水平 $\bar{\pi}_t$ 和需求冲击 κ_t 的含义和作用。

DAD 曲线表达式蕴含第 t 期的总需求 y_t 受到三个方面因素的影响：潜在产出水平 $\bar{y}_t$、目标通货膨胀水平 $\bar{\pi}_t$ 和需求冲击 κ_t。在第 t 期，如果没有需求冲击（$\kappa_t=0$），那么当实际通货膨胀水平等于目标通货膨胀水平时（$\pi_t=\bar{\pi}_t$），真实产出的实际水平等于潜在水平（$y_t=\bar{y}_t$）。

表面上看，DAD 曲线与 AD 曲线只是在纵坐标上有所区别，而这种表面区别的实质，在于 DAD 曲线考虑了货币政策的主动调整，AD 曲线背后的货币供应量则是给定的（回顾用 Taylor 法则替代 LM 曲线方程）。

因此，DAD 曲线的负斜率所蕴含的机制是：当实际通货膨胀率 π_t 高于中央银行目标水

平 $\overline{\pi}_t$ 时，（在一定的货币政策规则下）中央银行将执行紧缩货币政策，提高名义利率 $\tilde{r}_t$，从而提高真实利率 $r_t = \tilde{r}_t - E_t\pi_{t+1}$，使得私人部门投资需求 i_t 减少，从而总需求 y_t 减少。

✎ DAD 曲线的移动

由 DAD 曲线方程：

$$y_t - \overline{y}_t = -\frac{\beta\theta_\pi}{1+\beta\theta_y}(\pi_t - \overline{\pi}_t) + \frac{1}{1+\beta\theta_y}\kappa_t$$

可知 DAD 曲线的移动源自其中三个外生变量的变化。具体地，在第 t 期，如果：

(1) 潜在产出水平 $\overline{y}_t$ 越高，或者

(2) 中央银行的目标通货膨胀率 $\overline{\pi}_t$ 越高，或者

(3) 来自产品市场的需求冲击（其中包含了财政政策的影响）κ_t 越大，

则第 t 期的 DAD 曲线的位置越会向右（上）移动（图 5－17）。

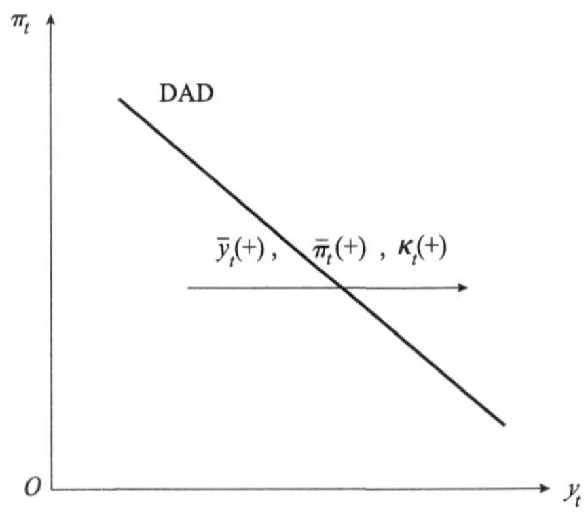

图 5－17 第 t 期的 DAD 曲线向右（上）移动

这里值得特别注意的是：由 $\overline{\pi}_t$ 的变化和 κ_t 的变化引起的 DAD 曲线的移动，二者分别代表了货币政策和财政政策的影响，我们会在下一小节做详细的介绍。

二、通货膨胀预期、Phillips 曲线与动态 AS 曲线

✎ 通货膨胀预期对于总供给的影响

回顾我们在第三章得到的静态 AS 曲线：

$$P = EP + \frac{\alpha\gamma}{1-\gamma}(y - \overline{y}) + \alpha E(y - \overline{y})$$

对相关变量加上时间下标，并且令 $Ey = E\,\overline{y} = \overline{y}$，得到：

$$P_t = E_{t-1}P_t + \frac{\alpha\gamma}{1-\gamma}(y_t - \overline{y}_t) = E_{t-1}P_t + \varphi \cdot (y_t - \overline{y}_t)$$

其中，$\varphi = \alpha\gamma/(1-\gamma)$。这一表达式表示了总供给与价格水平之间的关系：由于货币幻

觉或者价格粘性，如果实际价格水平 P_t 高于预期价格水平 EP_t，则总供给 y_t 高于潜在产出水平 $\bar{y}_t$。

显然，真正可能在短期影响总供给的不是“价格的变化（即通货膨胀）”，而是“预计之外的通货膨胀”。实际上，上述表达式是关于“预计之外的价格水平变化”与总供给的关系，已经蕴含了“预计之外的通货膨胀”与总供给的关系。

✎（附加预期的）Phillips 曲线的导出：动态 AS 曲线

回顾我们在前面介绍的 Phillips 曲线：

$$\pi_t - E_{t-1}\pi_t = -\eta \cdot (u_t - \bar{u}) + \varepsilon_t$$

Phillips 曲线原本来自对经验的总结，实际上，这一关系也可以由上述总供给曲线导出。从第 t 期的总供给曲线出发：

$$P_t = E_{t-1}P_t + \varphi \cdot (y_t - \bar{y}_t)$$

等式两端同时减去第 $t-1$ 期的价格水平，P_{t-1}，得到：

$$P_t - P_{t-1} = E_{t-1}P_t - P_{t-1} + \varphi \cdot (y_t - \bar{y}_t)$$

即第 t 期的动态 AS（DAS）曲线：

$$\pi_t = E_{t-1}\pi_t + \varphi \cdot (y_t - \bar{y}_t)$$

产出和就业（无论是实际水平还是潜在水平）存在正向联系，因此产出和失业（无论是实际水平还是潜在水平）存在负向联系——简单起见，假设这种联系是线性的：

$$y_t = -\frac{\eta}{\varphi}u_t,\ \bar{y}_t = -\frac{\eta}{\varphi}\bar{u}_t$$

代入前式并考虑随机冲击 ε_t，就得到第 t 期的短期（附加预期的）Phillips 曲线：

$$\pi_t = E_{t-1}\pi_t - \eta \cdot (u_t - \bar{u}_t) + \varepsilon_t$$

Phillips 曲线是对于经济供给方面的刻画——实际上，（附加预期的）Phillips 曲线也可以被直接视为动态的 AS 曲线，二者的区别只在于用产出表示还是就业（失业）表示（图 5－18）。

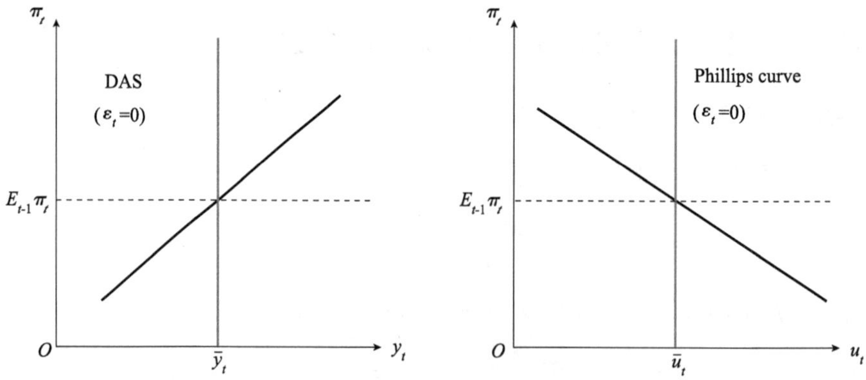

图 5－18　（附加预期的）Phillip 曲线和动态的 AS 曲线

由于短期（附加预期的）Phillips 曲线与 DAD 曲线本质上是一致的，以下若无特殊必要，我们一般通用两个表述，不再拘泥于使用产出还是就业来表示真实变量。

✎ 短期 Phillips 曲线（DAS 曲线）的移动

考虑第 t 期的 *DAS* 曲线（注意：若严格依照此前符号。其中的随机冲击项不应再用 ε_t 表示，这里我们忽略这一符号的滥用）：

$$\pi_t = E_{t-1}\pi_t + \varphi \cdot (y_t - \bar{y}_t) + \varepsilon_t$$

一般地，我们认为潜在产出水平 $\bar{y}_t$ 是给定的，由供给方面决定的第 t 期通货膨胀率，也就是反映要素提供者和生产者要求的报酬变化的通货膨胀率 π_t，于是受到 3 个方面因素的影响：第 t 期通货膨胀率的预期 $E_{t-1}\pi_t$、第 t 期的（负）产出缺口 $y_t - \bar{y}_t$，以及第 t 期的供给冲击 ε_t（提问：其中前两个因素的作用机制是什么?）。

DAS 曲线中所有外生变量的改变都会移动 DAS 曲线，在第 t 期：

（1）潜在产出 $\bar{y}_t$ 越高，或者

（2）供给冲击 ε_t 越小（注意：这里定义的供给冲击是对于价格水平的冲击），或者

（3）通货膨胀率的预期 $E_{t-1}\pi_t$ 越高。

第 t 期的 DAS 曲线的位置越靠右（下）方移动（图 5 - 19）。

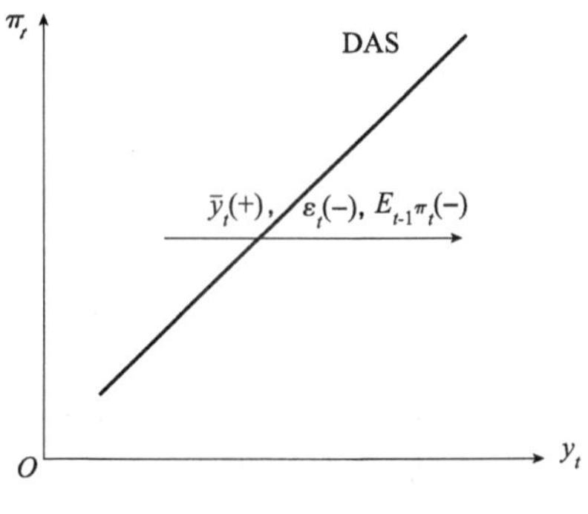

图 5 - 19　第 t 期的 DAS 曲线的位置越靠右（下）方移动

✎ 预期的适应与 DAS 曲线的移动

这里的通货膨胀预期 $E_{t-1}\pi_t$ 显然有着尤其重要的影响：如果人们在第 t 期到来之前（在本例中，就是第 $t-1$ 期）已经完全预期到了第 t 期的通货膨胀率，即 $E_{t-1}\pi_t = \pi_t$，并且没有供给冲击发生，那么第 t 期的总供给就等于该期的潜在产出水平：

$$y_t = \bar{y}_t$$

换言之，所有偏离潜在产出水平的供给，都来自对与通货膨胀率预期的偏差和随机冲击。更重要的是，DAD 曲线本身就蕴含着一种自我移动能力，其背后的机制正是预期的适应。不妨设在第 t 期到来之前，人们低估了第 t 期的通货膨胀率，即 $E_{t-1}\pi_t < \pi_t$，因此第 t 期的总供给高于潜在产出水平：

$$y_t > \bar{y}_t = \bar{y}$$

这里为了简单起见，假设在考察期内各期的潜在产出保持不变：

$$\bar{y}_t = \bar{y}_{t+1} = \bar{y}$$

那么在第 t 期到来时，发现了第 t 期实际通货膨胀率（并且认识到自己预期错误）的人们将如何调整对于下一期通货膨胀率的预期 $E_t\pi_{t+1}$？我们不妨假设人们将直接预期下一期的通货膨胀率等于本期的通货膨胀率（当然，未必如此）：

$$E_t\pi_{t+1} = \pi_t$$

于是第 $t+1$ 期的 DAS 曲线就是（暂时忽略随机冲击项）：

$$\pi_{t+1} = E_{t+1}\pi_t + \varphi \cdot (y_{t+1} - \bar{y}) = \pi_t + \varphi \cdot (y_{t+1} - \bar{y})$$

用图像表示，也就是相对于第 t 期的 DAS 曲线，第 $t+1$ 期的 DAS 曲线将会（由于人们预期的调整）向上移动（图 5－20）。

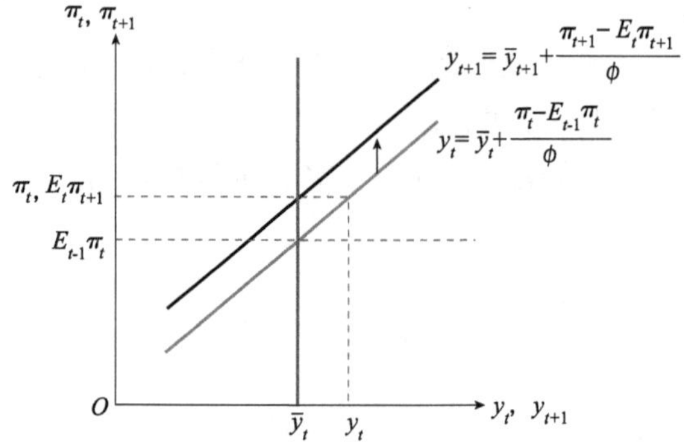

图 5－20　第 $t+1$ 期的 DAS 曲线向上移动

在第 $t+2$ 期，DAS 曲线（相对于第 $t+1$ 期的 DAD 曲线）是否会继续移动？这取决于人们在第 $t+1$ 期形成的对于在第 $t+2$ 期的通货膨胀的预期（$E_{t+1}\pi_{t+2}$），是否与人们在第 t 期形成的对于在第 $t+1$ 期的通货膨胀的预期（$E_t\pi_{t+1}$）相等。

第三节 | 动态 AS-AD 模型的应用和政策含义

一、DAS-DAD 模型的均衡：短期与长期

✎ DAS-DAD 模型的短期均衡

联立 DAS 曲线和 DAD 曲线：

$$\begin{cases}\pi_t = \overline{\pi}_t - \dfrac{1+\beta\theta_y}{\beta\theta_\pi}(y_t - \overline{y}_t) + \dfrac{1}{\beta\theta_\pi}\kappa_t \\ \pi_t = E_{t-1}\pi_t + \varphi \cdot (y_t - \overline{y}_t) + \varepsilon_t\end{cases}$$

注意：这时的内生变量只有两个（列）：第 t 期的产出 y_t 和通货膨胀率 π_t；第 t 期的潜在产出 $\overline{y}_t$、中央银行目标通货膨胀率 $\overline{\pi}_t$、需求冲击 κ_t、供给冲击 ε_t，以及人们在第 $t-1$ 期形成的对于第 t 期通货膨胀率的预期 $E_{t-1}\pi_t$，都是外生变量。

容易解出有这一系统决定的第 t 期的均衡产出 y_t 和通货膨胀率 π_t：

$$\begin{cases}y_t = \overline{y}_t + \dfrac{\beta\theta_\pi}{\varphi\beta\theta_\pi + 1 + \beta\theta_y}(\overline{\pi}_t - E_{t-1}\pi_t) + \dfrac{1}{\varphi\beta\theta_\pi + 1 + \beta\theta_y}\kappa_t - \dfrac{\beta\theta_\pi}{\varphi\beta\theta_\pi + 1 + \beta\theta_y}\varepsilon_t \\ \pi_t = \dfrac{1+\beta\theta_y}{\varphi\beta\theta_\pi + 1 + \beta\theta_y}E_{t-1}\pi_t + \dfrac{\varphi\beta\theta_\pi}{\varphi\beta\theta_\pi + 1 + \beta\theta_y}\overline{\pi}_t + \dfrac{\varphi}{\varphi\beta\theta_\pi + 1 + \beta\theta_y}\kappa_t + \dfrac{1+\beta\theta_y}{\varphi\beta\theta_\pi + 1 + \beta\theta_y}\varepsilon_t\end{cases}$$

令

$$\sigma = \frac{\beta\theta_\pi}{\varphi\beta\theta_\pi + 1 + \beta\theta_y},\ \lambda = \frac{1}{\varphi\beta\theta_\pi + 1 + \beta\theta_y}$$

则均衡产出 y_t 和通货膨胀率 π_t 可以表示成：

$$\begin{cases}y_t = \overline{y}_t + \sigma(\overline{\pi}_t - E_{t-1}\pi_t) + \lambda\kappa_t - \sigma\varepsilon_t \\ \pi_t = (1-\sigma)E_{t-1}\pi_t + \overline{\varphi\sigma\pi}_t + \varphi\lambda\kappa_t + (1-\sigma)\varepsilon_t\end{cases}$$

注意：这时，第 t 期产出和通货膨胀的均衡水平依赖于人们在第 $t-1$ 期形成的对于第 t 期通货膨胀的预期，$E_{t-1}\pi_t$——由于只考虑第 t 期的经济，这里我们暂时忽略 $E_{t-1}\pi_t$ 是如何（依据之前的经济历史）形成的，只将其当作一个已知的外生变量。

通过上面的短期均衡结果，我们知道经济在第 t 期的（短期）实际产出水平 y_t 越高，如果：

（1）第 t 期的潜在产出水平 $\overline{y}_t$ 越高，或者

（2）中央银行对于第 t 期通货膨胀的目标水平 $\overline{\pi}_t$ 越高，或者

（3）人们在第 $t-1$ 期形成的对于第 t 期通货膨胀的预期 $E_{t-1}\pi_t$ 越低，或者

（4）第 t 期来自产品市场的需求冲击 κ_t 越大，或者

（5）第 t 期发生的供给冲击 ε_t 越小。

经济在第 t 期的实际通货膨胀率 π_t 越高，如果：

（1）中央银行对于第 t 期通货膨胀的目标水平 $\overline{\pi}_t$ 越高，或者

（2）人们在第 $t-1$ 期形成的对于第 t 期通货膨胀的预期 $E_{t-1}\pi_t$ 越高，或者

（3）第 t 期来自产品市场的需求冲击 κ_t 越大，或者

（4）第 t 期发生的供给冲击 ε_t 越大。

注意：你必须能够回答以上每种因素影响经济在第 t 期的（短期）实际产出水平 y_t 和通货膨胀率 π_t 的机制。

✎ 预期调整与DAS-DAD模型中的长期均衡

DAS-DAD模型的关键，不是对于一个给定的第 t 期的短期均衡的刻画，而在于对期间调整过程的刻画。从第 t 期的（短期）均衡点出发，经济在第 $t+1$ 期将向何方运动？在DAS-DAD模型中，这取决于：

（1）中央银行在第 $t+1$ 期的货币政策，用 $\overline{\pi}_{t+1}$ 表示；

（2）第 $t+1$ 期的财政政策，反映在 κ_{t+1} 中；

（3）第 $t+1$ 期的需求冲击，反映在 κ_{t+1} 中；

（4）第 $t+1$ 期的供给冲击，反映在 κ_{t+1} 中；

（5）人们在第 t 期形成的对于第 $t+1$ 期通货膨胀的预期，$E_t\pi_{t+1}$。

其中：第 $t+1$ 期的需求冲击和供给冲击被认为是在第 $t+1$ 期由外生因素随机产生的，货币政策和财政政策亦是由第 $t+1$ 期的外生政策变量决定——只有人们在第 t 期形成的对于第 $t+1$ 期通货膨胀的预期，$E_t\pi_{t+1}$，是由某种内生机制产生的。在DAS-DAD模型中，这一内生地产生通货膨胀预期的机制，构成了经济动态自我调节的基础。

因此，要得到均衡，还需要一个明确的预期形成机制：

$$E_{t-1}\pi_t = E_{t-1}\pi_t(\pi_0,\ \pi_1,\ \cdots,\ \pi_{t-1})$$

即在第 $t-1$ 期，人们是如何依据第 $t-1$ 期以前的通货膨胀率来预期第 t 期的通货膨胀率的。简单起见，假设：

$$E_{t-1}\pi_t = \pi_{t-1}$$

则DAS-DAD系统可以表示成：

$$\begin{cases}\pi_t = \overline{\pi}_t - \dfrac{1+\beta\theta_y}{\beta\theta_\pi}(y_t - \overline{y}_t) + \dfrac{1}{\beta\theta_\pi}\kappa_t \\ \pi_t = \pi_{t-1} + \varphi\cdot(y_t - \overline{y}_t) + \varepsilon_t\end{cases}$$

$\Rightarrow$

$$\begin{cases}y_t = \overline{y}_t + \sigma(\overline{\pi}_t - \pi_{t-1}) + \lambda\kappa_t - \sigma\varepsilon_t \\ \pi_t = (1-\sigma)\ \pi_{t-1} + \overline{\varphi\sigma\pi}_t + \varphi\lambda\kappa_t + (1-\sigma)\varepsilon_t\end{cases}$$

这仍然是经济在第 t 期的短期均衡产出和通货膨胀——与之前短期均衡的表达式相比，在形式上，此处只是用 π_{t-1} 替代了 $E_{t-1}\pi_t$。这一替代是基于预期形成机制 $E_{t-1}\pi_t = \pi_{t-1}$（也就是期望变量和实际变量之间的关系），而据此我们获得了：

（1）完全基于实际变量的第 t 期短期均衡产出和通货膨胀的均衡水平；

（2）任意两期实际变量之间的递推关系。

于是，在已得到的短期均衡的基础上，我们可以进一步回答两个（相关的）问题：

（1）一个任意给定的短期均衡，能否也是一个长期均衡——换言之，该短期均衡是否能够保持稳定？注意：这里我们不考虑任何外生扰动（否则，均衡当然无法保持稳定）。

以图5－21所示的情形为例：由第 t 期的DAD曲线和DAS曲线的交点确定的短期均衡点是否也是一个长期均衡？简单起见，这里我们假设在整个考查期间内，经济的潜在产出水平和（中央银行）目标通货膨胀率保持不变，同时我们不考虑任何外生扰动和政策影响，这意味着：

$$\bar{y}_t = \bar{y},\ \bar{\pi}_t = \bar{\pi},\ \kappa_t = \varepsilon_t = 0$$

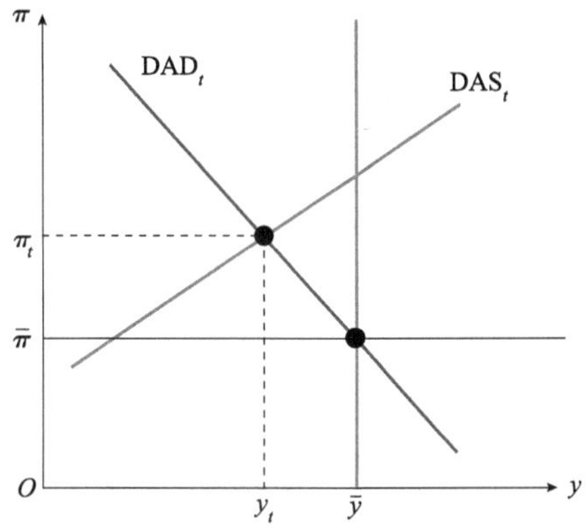

图 5－21　DAD 曲线和 DAS 曲线：短期与长期均衡

对于∀t，于是，经济的 DAS-DAD 系统可以表示为：

$$\begin{cases}\pi_t = \bar{\pi} - \dfrac{1+\beta\theta_y}{\beta\theta_\pi}(y_t - \bar{y}), & \text{DAD}\\ \pi_t = \pi_{t-1} + \varphi \cdot (y_t - \bar{y}), & \text{DAS}\end{cases}$$

注意：到这时的经济处于衰退状态——实际产出水平低于潜在水平，实际通货膨胀率 π_t 高于目标水平 $\bar{\pi}$。由上述 DAS-DAD 系统表达式可知，（与第 t 期相比）在第 $t+1$ 期，DAD 曲线保持不变（注意：在这一过程中，我们假设中央银行不会因经济形势的变化而调整目标通货膨胀率，同时政府也不对财政政策做出改变），而 DAS 曲线：

$$\pi_{t+1} = \pi_t + \varphi \cdot (y_{t+1} - \bar{y})$$

将向下移动（图 5－22），这是因为：

$$\pi_t - \pi_{t-1} = \varphi \cdot (y_t - \bar{y}) < 0$$

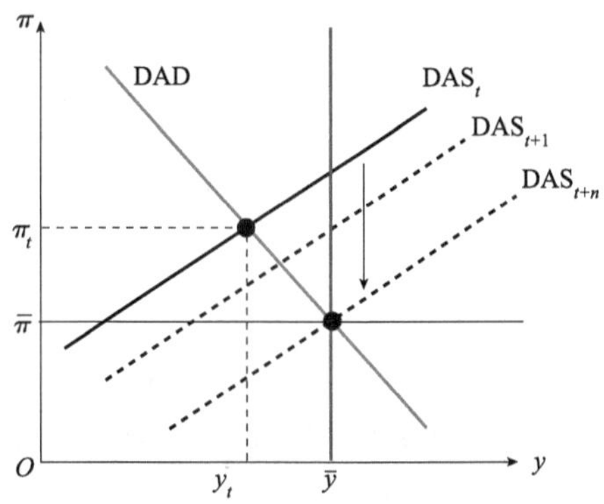

图 5－22　DAS 曲线向右下方移动

在任意一个时期 t，只要实际产出水平低于潜在产出水平，就意味着该期的通货膨胀率 π_t 低于上一时期的通货膨胀率 π_{t-1}，因此下一期的 DAS 曲线的位置就会低于该期的 DAS 曲线的位置。

(2) 从动态的观点看，经济的长期均衡应该满足怎样的性质？

基于 DAS 曲线的自动移动机制，经济在一段时期 T 内处于长期均衡状态，如果对于 $\forall t \in T$，均有：

$$\begin{cases} y_t = \bar{y}_t \\ \pi_t = E_{t-1}\pi_t = \bar{\pi}_t \end{cases}$$

注意：这里的潜在产出 $\bar{y}_t$ 和目标通货膨胀率 $\bar{\pi}_t$ 在整个期间 T 内都是可以变化的，但在 DAS-DAD 模型中我们视其为外生的（图 5－23）。

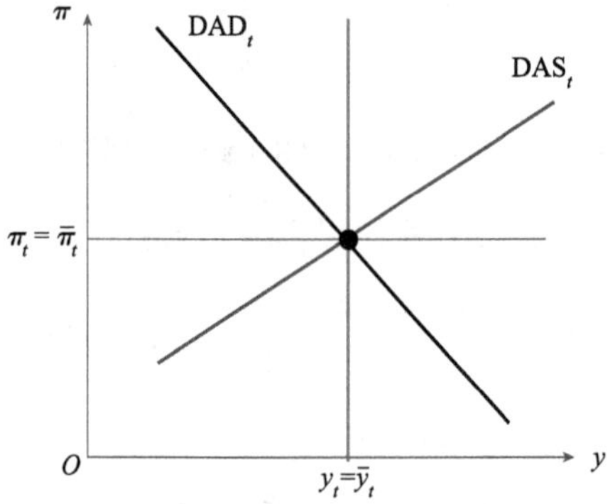

图 5－23　DAS 曲线和 DAD 曲线的长期均衡点

注意：

(1) 既可以认为 DAS－DAD 模型所关注的内生经济变量包括总产出 y_t、通货膨胀率 π_t、预期通货膨胀率 $E_{t-1}\pi_t$ 和名义利率 $\tilde{r}_t$，也可以认为只包括前两个，在此基础上再加上预期形成机制和 Fisher 方程。

(2) 此处的长期均衡，代表上述经济变量在长期所围绕的水平，既有可能是一个稳定的水平（例如就业和真实利率），也有可能是一条潜在路径（例如产出水平）。

(3) 在经济处于长期均衡水平时，所有真实变量——产出 y_t、就业 N_t 和真实利率 r_t——均等于其自然水平（称为古典二分法或者“自然律假说”(natural rate hypothesis))，所有名义变量——实际通货膨胀率 π_t、预期通货膨胀率 $E_{t-1}\pi_t$ 和目标通货膨胀率 $\bar{\pi}_t$——均保持一致。

(4) DAS-DAD 模型是一个用于分析经济波动而非经济增长的模型，因此在上述分析中我们假设在整个考查期间内，经济的潜在产出水平保持不变。但这一模型并不排斥经济增长，假设在 $t \in \{0, 1, \cdots, T\}$ 期间经济的潜在产出水平为 $\{\bar{y}_t\} t \in \{0, 1, \cdots, T\}$，那么每期的 *DAS* 曲线和 *DAD* 曲线会根据当期的潜在产出水平自动移动（图 5－24）：

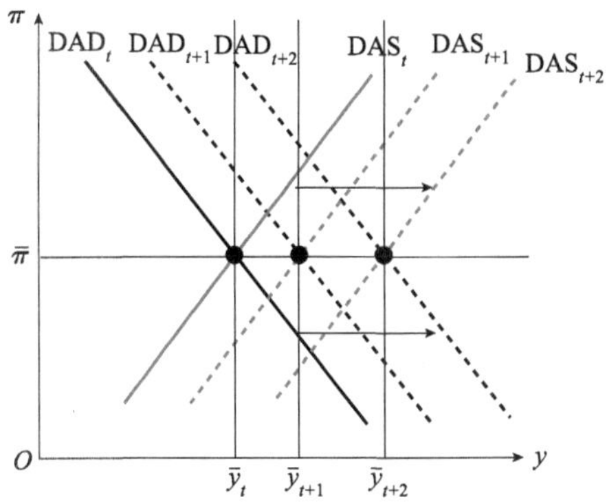

图 5－24　DAS 曲线和 DAD 曲线的变化

这里，我们假设中央银行的目标通货膨胀率在整个 $t \in \{0, 1, \cdots, T\}$ 期间内保持不变。

二、DAS-DAD 模型中的财政政策

✎ 财政政策的作用：短期、长期和动态过程

在 DAS-DAD 模型中，第 t 期的来自产品市场的冲击（包括政策冲击）完全表现在 κ_t 中：

$$\pi_t = \bar{\pi}_t - \frac{1+\beta\theta_y}{\beta\theta_\pi}(y_t - \bar{y}_t) + \frac{1}{\beta\theta_\pi}\kappa_t$$

第 t 期的财政扩张表现为 $\kappa_t > 0$，财政收缩表现为 $\kappa_t < 0$——用图像表示，分别对应 DAD 向右移动和向左移动（相对于 $\kappa_t = 0$ 时的情形，注意此处我们假设 $E_{t-1}\pi_t = \pi_t$）（图 5－25）。

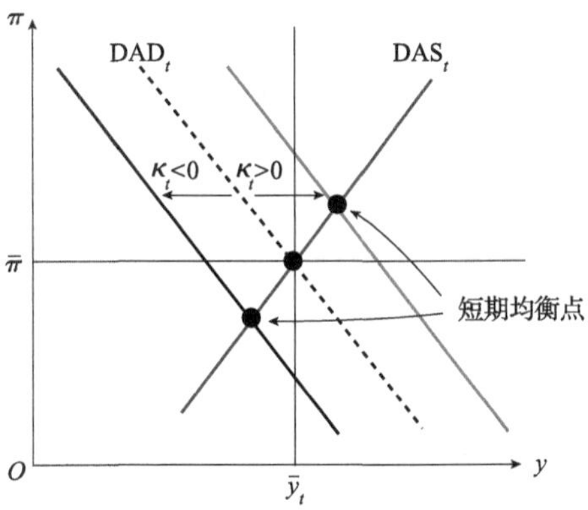

图 5－25　t 期：财政扩张政策

也就是，如果政府在第 t 期采取财政扩张政策，则经济第 t 期的真实产出将高于潜在水平，通货膨胀率将高于目标水平；如果政府在第 t 期采取财政紧缩政策，则经济第 t 期的真实产出将低于潜在水平，通货膨胀率将低于目标水平。

由于预期的调整和 DAS 曲线的移动，图 5－25 所示的短期均衡点不会保持稳定。假设经济在第 t 期及以前一直处于长期均衡点，即 $\kappa_\tau=0$，$y_\tau=\bar{y}$，$\pi_\tau=\bar{\pi}$，$\forall\tau\leqslant t$。政府在第 $t+1$ 期采取财政扩张政策，即：

$$\kappa_{t+1}>0$$

并在第 $t+2$ 期及以后恢复到“正常”水平，即 $\kappa_\tau=0$，$\forall\tau\geqslant t+2$（图 5－26）。

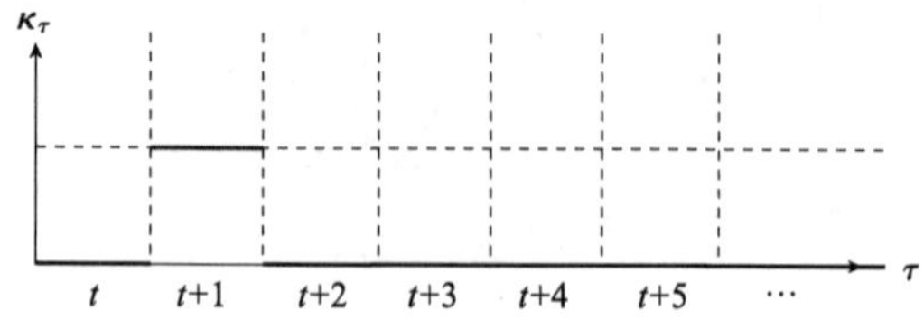

图 5－26　$t+1$ 期财政扩张

以下我们考虑这一暂时性财政扩张（而我们将不再讨论类似的财政紧缩）对于经济的长期影响和动态过程（之所以只考虑暂时性财政扩张，是因为有着预算约束，从而一般而言财政扩张不能是永久的）——简单起见，假设在整个考查期间内潜在产出水平稳定在 $\bar{y}$，目标通货膨胀率稳定在 $\bar{\pi}$。在第 $t+1$ 期，DAD-DAS 系统是：

$$\begin{cases}\pi_{t+1}=\bar{\pi}-\dfrac{1+\beta\theta_y}{\beta\theta_\pi}(y_{t+1}-\bar{y})+\dfrac{1}{\beta\theta_\pi}\kappa_{t+1}, & \text{DAD}\\ \pi_{t+1}=\pi_t+\varphi\cdot(y_{t+1}-\bar{y}), & \text{DAS}\end{cases}$$

用图像表示，意味着与第 t 期相比，在第 $t+1$ 期 DAS 曲线不移动（因为 $\pi_t=\pi_{t-1}=\bar{\pi}$），DAD 曲线向右移动 $\kappa_{t+1}/(1+\beta\theta_y)$（图 5－27）。

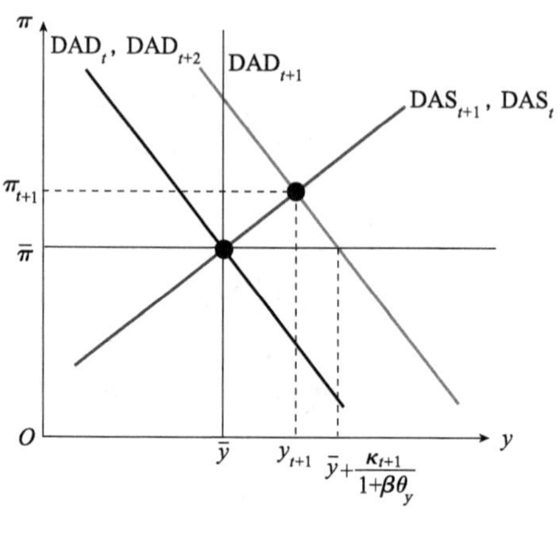

图 5－27　$t+1$ 期 DAD 曲线右移

注意：经济在第 $t+1$ 期的短期均衡满足：

$$y_{t+1}>\bar{y},\ \pi_{t+1}>\bar{\pi}$$

在第 $t+2$ 期，DAD-DAS 系统是：

$$\begin{cases}\pi_{t+2}=\overline{\pi}-\dfrac{1+\beta\theta_y}{\beta\theta_\pi}(y_{t+2}-\overline{y}), & \text{DAD}\\ \pi_{t+2}=\pi_{t+1}+\varphi\cdot(y_{t+2}-\overline{y}), & \text{DAS}\end{cases}$$

用图像表示，意味着与第 $t+1$ 期相比，在第 $t+2$ 期 DAS 曲线向上移动（因为 $\pi_{t+1}>\pi_t=\overline{\pi}$），DAD 曲线则向左移回到第 t 期所在的位置（图 5－28）。

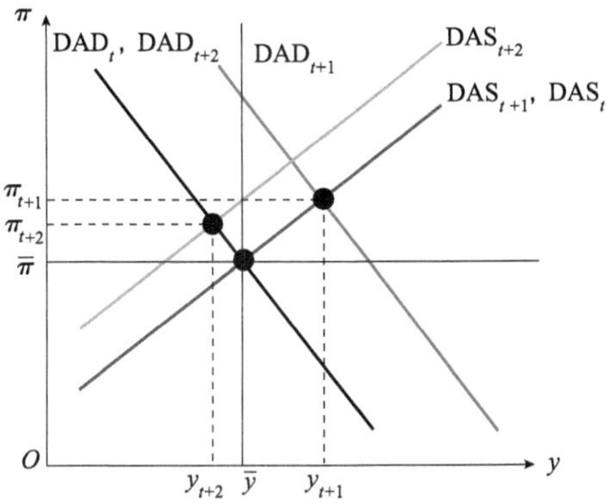

图 5－28　$t+2$ 期 DAS 曲线上移

注意：经济在第 $t+2$ 期的短期均衡满足：

$$y_{t+2}<\overline{y},\ \pi_{t+1}>\pi_{t+2}>\overline{\pi}$$

在第 $t+3$ 期（及以后），经济将如何变化？DAD 曲线将不再移动，DAS 曲线将进一步向下移动（因为 $\pi_{t+1}>\pi_{t+2}$），直至（在某个 $t+n$ 期）回到长期均衡的产出和通货膨胀水平：

$$y_{t+n}=\overline{y},\ \pi_{t+n}=\overline{\pi}$$

✎ 经济调整的时间路径

通过与上面类似的方法，我们也可以得到暂时性财政收缩的短期影响和长期动态影响。可以将暂时性财政扩张和财政收缩后经济经过动态调整到达新的长期均衡状态（实际上也就是原长期均衡状态）的过程表示为图 5－29。

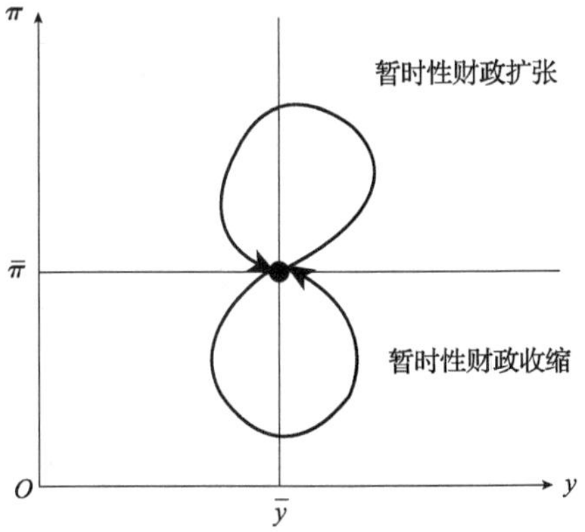

图 5－29　财政政策与长期均衡

也可以表示为产出和通货膨胀随时间的变化过程（仅以财政扩张为例），如图 5－30 所示。

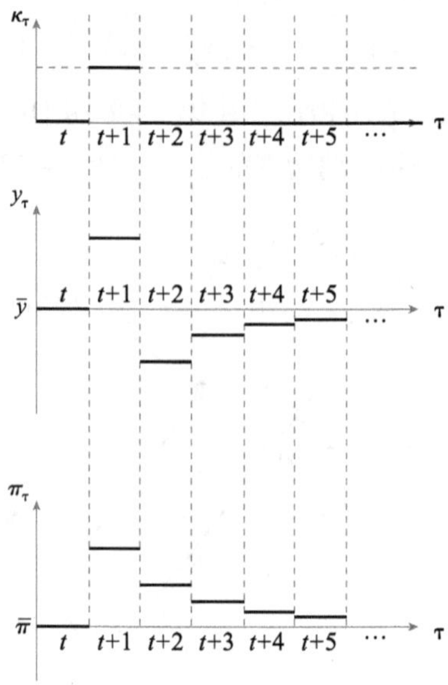

图 5－30　财政扩张与产出、通货膨胀

三、DAS-DAD 模型中的货币政策

✎ 货币扩张的作用：短期、长期和动态过程

在 DAS-DAD 模型中，第 t 期的来自货币市场的冲击只有货币政策，并且完全表现在 $\bar{\pi}_t$ 中：

$$\pi_t = \bar{\pi}_t - \frac{1+\beta\theta_y}{\beta\theta_\pi}(y_t - \bar{y}_t)$$

第 t 期的货币扩张表现为 $\bar{\pi}_t > \bar{\pi}_{t-1}$，货币收缩表现为 $\bar{\pi}_t < \bar{\pi}_{t-1}$——用图像表示，分别对应 DAD 向右移动和向左移动（相对于 $\bar{\pi}_t = \bar{\pi}_{t-1}$ 时的情形（图 5－31），注意此处我们忽略整个考查期间内来自产品市场的需求冲击，即令 $\kappa_\tau = 0$，$\forall\tau$）。

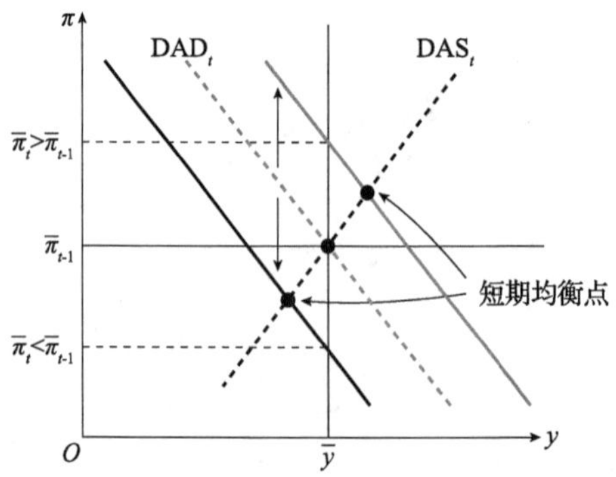

图 5－31　t 期货币扩张政策

如果政府在第 t 期采取货币扩张政策，则经济第 t 期的真实产出将高于潜在水平，通货膨胀率将上升；如果政府在第 t 期采取货币紧缩政策，则经济第 t 期的真实产出将低于潜在水平，通货膨胀率将下降。

由于预期的调整和 DAS 曲线的移动，图 5－31 所示的短期均衡点不会保持稳定。假设经济在第 t 期及以前一直处于长期均衡点，即 $\kappa_\tau=0$，$y_\tau=\bar{y}$，$\pi_\tau=\bar{\pi}$，$\forall\tau\leqslant t$。政府在第 $t+1$ 期采取货币扩张政策，即：

$$\bar{\pi}_{t+1}=\bar{\pi}'>\bar{\pi}_t=\bar{\pi}$$

与考虑财政扩张时的一个不同是，在考虑货币扩张时需要区分“永久性货币扩张”和“暂时性货币扩张”——永久性货币扩张（Permanent Monetary Expansion）是指货币政策在第 $t+1$ 期做出调整后，其后各期的目标通货膨胀率都保持在新的水平上，如图 5－32 所示。

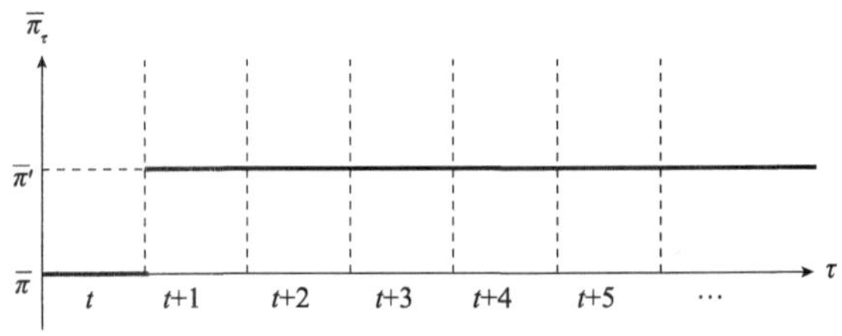

图 5－32　$t+1$ 期货币永久扩张

暂时性货币扩张（Transitory Monetary Expansion）是指货币政策在第 $t+1$ 期做出调整后，在第 $t+2$ 期及以后恢复到从前水平，即 $\bar{\pi}_\tau=\bar{\pi}$，$\forall\tau\geqslant t+2$，如图 5－33 所示。

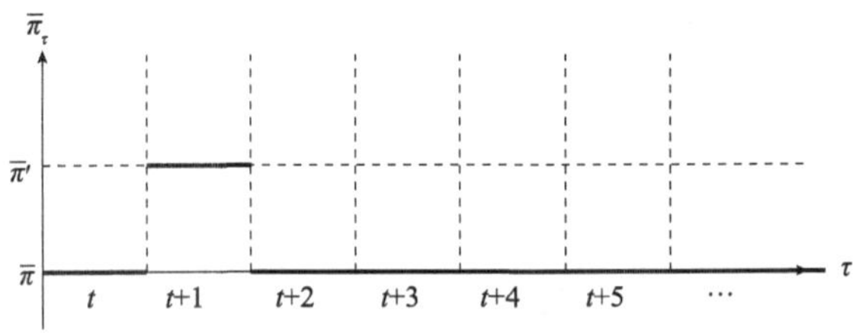

图 5－33　$t+1$ 期货币暂时扩张

如果第 $t+1$ 期的货币扩张是永久性的，那么从第 $t+1$ 期开始 DAD 曲线的位置将永久地上移——也就是对于 $\forall\tau\geqslant t+1$，DAD 曲线的表达式均为：

$$\pi_\tau=\bar{\pi}'-\frac{1+\beta\theta_y}{\beta\theta_\pi}(y_\tau-\bar{y})$$

由于 $\pi_t=\bar{\pi}$，第 $t+1$ 期的 DAS 曲线不会移动，在之后各期的移动如图 5－34 所示：

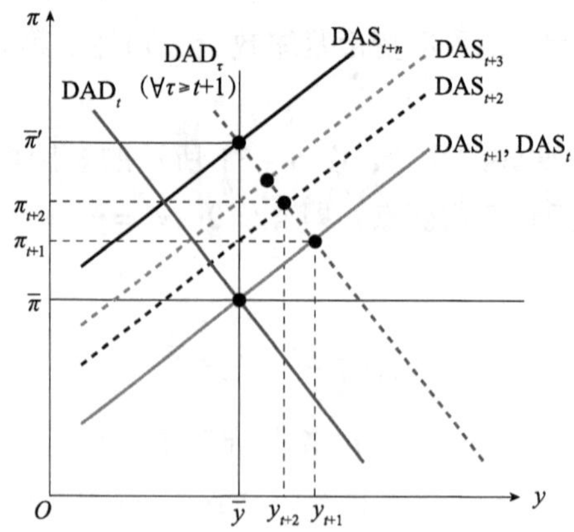

图 5－34　永久性货币扩张

在之后各期（由于前期通货膨胀率的上升）DAS 曲线会逐渐向上移动，直至（在某个 $t+n$ 期）到达新的长期均衡的产出和通货膨胀水平：

$$y_{t+n}=\bar{y},\ \pi_{t+n}=\bar{\pi}'$$

如果第 $t+1$ 期的货币扩张是暂时性的，那么在第 $t+1$ 期开始 DAD 曲线的位置上移：

$$\pi_{t+1}=\bar{\pi}'-\frac{1+\beta\theta_y}{\beta\theta_\pi}(y_{t+1}-\bar{y})$$

对于 $\forall\tau\geqslant t+2$，DAD 曲线则回到第 t 期（及以前）的位置：

$$\pi_\tau=\bar{\pi}-\frac{1+\beta\theta_y}{\beta\theta_\pi}(y_\tau-\bar{y})$$

这样一种暂时性货币扩张对于经济的动态影响类似于暂时性财政扩张的影响（图 5－35）。

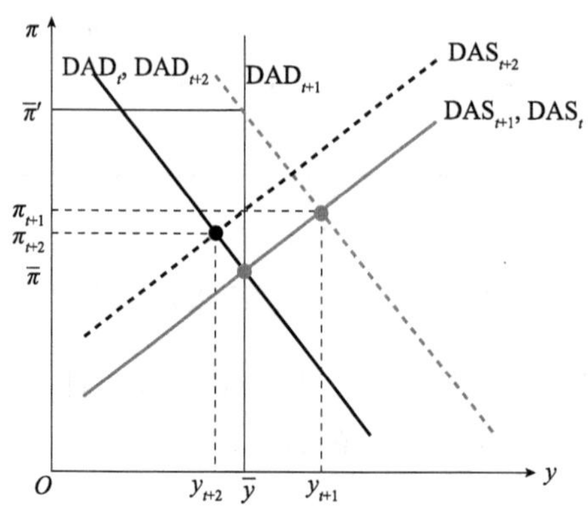

图 5－35　暂时性货币扩张

在之后各期（由于前期通货膨胀率的上升）DAS 曲线会逐渐向上移动，直至（在某个 $t+n$ 期）回到原长期均衡的产出和通货膨胀水平：

$$y_{t+n}=\bar{y},\ \pi_{t+n}=\bar{\pi}$$

✎ 经济调整的时间路径

通过与上面类似的方法，可以将永久性和暂时性货币扩张和货币收缩后经济经过动态调整到达新的长期均衡状态的过程如图 5－36 所示。

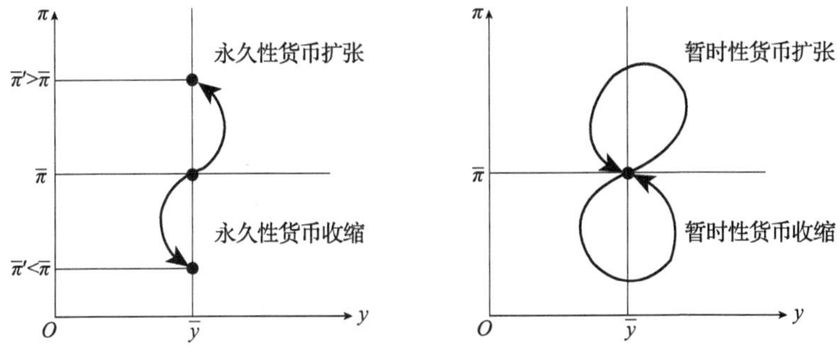

图 5－36 永久性货币政策和暂时性货币政策的长期均衡

也可以表示为产出和通货膨胀随时间的变化过程（仅以货币扩张为例）：

（1）永久性货币扩张（图 5－37）。

（2）暂时性货币扩张（图 5－38）。

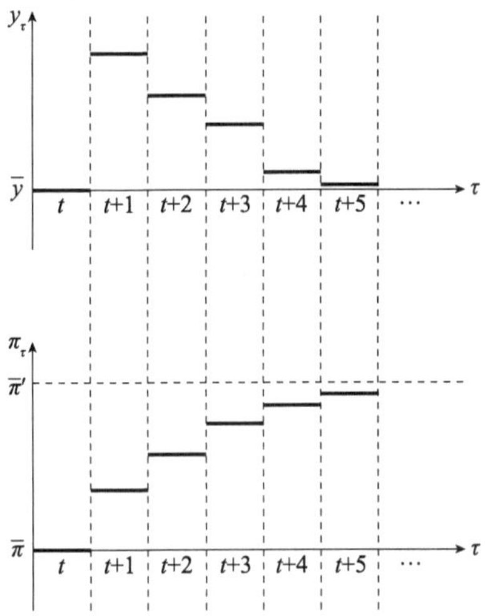

图 5－37 永久性货币扩张的产出和通货膨胀

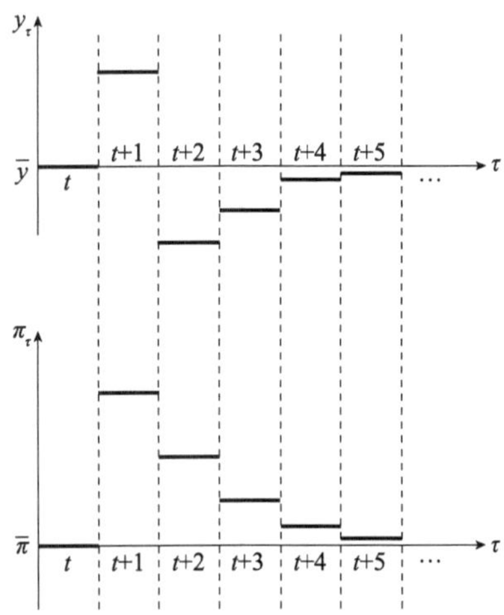

图 5－38 暂时性货币扩张的产出和通货膨胀

四、DAS-DAD 模型中的供给冲击

✎ 供给冲击的影响：短期、长期和动态过程

在 DAS-DAD 模型中，永久性供给冲击相当于潜在产出 $\bar{y}$ 的改变，其影响相对简单。第 t 期的暂时性供给冲击表现在 ε_t 上：如果发生不利的供给冲击，则 $\varepsilon_t>0$；如果发生有利的供

给冲击，则 $\varepsilon_t<0$。

供给冲击的短期影响如图 5－39 所示（在图中令 $\varepsilon_t>0$）：

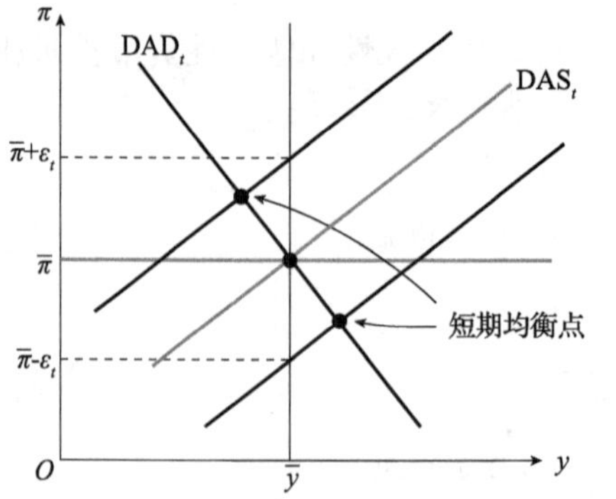

图 5－39　供给冲击的短期影响

简单起见，假设在整个考查期间内经济的潜在产出水平和中央银行的目标通货膨胀率均保持不变，并且经济中没有来自需求方面的任何冲击：

$$\kappa_\tau=0,\ y_\tau=\bar{y},\ \pi_\tau=\bar{\pi},\ \ \forall\tau$$

同样，由于预期的调整上述短期均衡在长期不会保持稳定。假设经济在第 t 期及以前一直处于长期均衡点，即 $\varepsilon_\tau=0$，$\forall\tau\leqslant t$。在第 $t+1$ 期发生不利供给冲击，即 $\varepsilon_{t+1}>0$；并且这一冲击是暂时性的——从第 $t+2$ 期开始，经济的供给方面恢复到"正常"水平，即 $\varepsilon_\tau=0$，$\forall\tau\geqslant t+2$。这一暂时性供给冲击对经济的动态影响如图 5－40 所示。

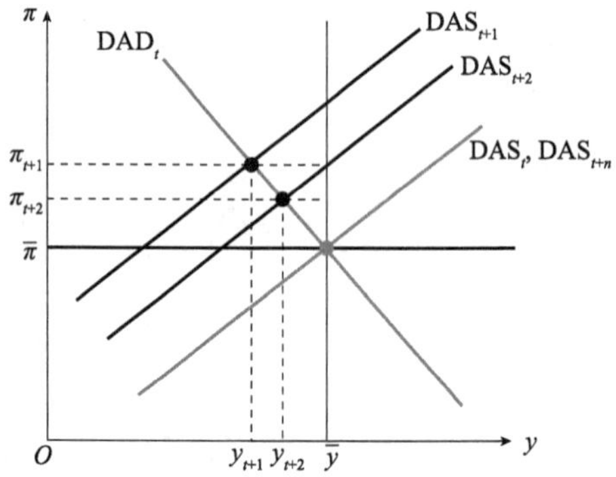

图 5－40　暂时性供给冲击的动态影响

在第 $t+1$ 期的 DAS 曲线为：

$$\pi_{t+1}=\pi_t+\varphi\cdot(y_{t+1}-\bar{y})+\varepsilon_{t+1}$$

这一曲线的位置相当于第 t 期的 DAS 曲线上移 ε_{t+1}，由于 DAD 曲线始终保持不变，第 $t+1$期的均衡产出低于潜在水平，均衡通货膨胀率高于目标水平（但低于 ε_{t+1}）：

$$y_{t+1}<\bar{y},\ \varepsilon_{t+1}>\pi_{t+1}>\bar{\pi}$$

在第 $t+2$ 期，DAS 曲线为：

$$\pi_{t+2}=\pi_{t+1}+\varphi\cdot(y_{t+2}-\overline{y})$$

尽管总供给冲击的来源已经消失，即 $\varepsilon_{t+2}=0$，但是由于这时人们的预期已经受到之前冲击的干扰，$\pi_{t+1}\in(\overline{\pi},\ \varepsilon_{t+1})$，因此 DAS 曲线的位置仍然位于第 t 期的 DAS 曲线之上，但位于第 $t+1$ 期的 DAS 曲线之下。在以后各期，DAS 曲线将一直向下移动，直至回到原长期均衡位置：

$$y_{t+n}=\overline{y},\ \pi_{t+n}=\overline{\pi}$$

✎ 供给冲击：是否进行需求管理政策的适应？

上述过程显示了供给冲击（对于产出、就业和通货膨胀）造成的短期影响，以及这种影响在长期的回复过程。从中我们可以看到，尽管一次暂时性的供给冲击不会对长期的产出和就业造成影响，但调整和回复的过程需要时间，也就必然意味着要付出产出（和就业）损失的调整成本。

那么，是否有必要采取需求管理政策，即财政政策和货币政策，作为对暂时性供给冲击进行的适应，以减少（甚至消除）经济自法调整所要求的成本？

例如，如果在第 $t+1$ 期发生不利的供给冲击 $\varepsilon_{t+1}>0$，从而 DAS 曲线向上移动时，可以通过货币扩张（将目标通货膨胀率提高到 $\overline{\pi}'=\overline{\pi}+\varepsilon_{t+1}$）政策将 DAD 曲线同等程度地推高——在理论上，采取此种适应性的需求管理政策，能够完全消除供给冲击对于产出（和就业）的影响（图 5－41）。

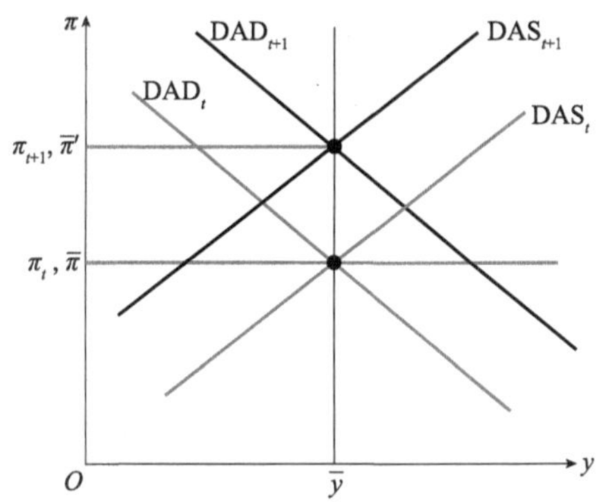

图 5－41　货币扩张消除供给冲击对产出的影响

于是，第 $t+1$ 期实际的通货膨胀率与目标通货膨胀率相等，二者都等于原通货膨胀率加上供给冲击：

$$\pi_{t+1}=\overline{\pi}'=\pi_t+\varepsilon_{t+1}$$

实际产出继续等于潜在产出水平：

$$y_{t+1}=y_t=\overline{y}$$

在第 $t+2$ 期经济将发生怎样的变化？

(1) 如果货币政策不做新的调整（即维持高通货膨胀目标），那么 DAD 曲线和 DAS 曲线都不会再移动，经济将一直稳定在（$\bar{y}$，$\bar{\pi}'$）的水平——这相当于以一种永久地承认更高的通货膨胀率的方式，化解了暂时性供给冲击在短期对于经济（产出和就业）带来的不利影响。

(2) 如果货币政策进行收缩，那么相当于在第 $t+1$ 期所代表的长期均衡的基础上，执行货币紧缩的影响——经济会沿着某一条弯曲的路径，经过一段时间后到达新的长期均衡位置。

第四节 针对通货膨胀和失业的现实政策

一、通货膨胀的成本

在基于价格粘性和货币幻觉影响总供给的机制之外，通货膨胀也会以其他方式对经济产生影响，并且这些影响都会降低经济的运行效率，增加经济运行的摩擦和成本。

✎ 通货膨胀与财富分配

通货膨胀会对经济中不同个人的收入分配产生影响，可以从两个方面理解这一点：

(1) 货币幻觉本身就具有收入分配方面的含义——当实际的通货膨胀超出劳动者预期的通货膨胀时，劳动者实际上只获得了较低的真实工资，而准确地预期了通货膨胀的生产者在这一过程中无疑获得了更多的收入。

(2) 如果考虑经济中普遍存在的债权债务关系，通货膨胀会对资产负债结构不同的个人产生重要影响，在下面的例子中，A、B 两人在初始状态下有着相同的净资产（均为 100 000 元）（表 5－3）。

表 5－3 A、B 两人的资产负债表

A		B	
资产	负债	资产	负债
货币资产：30 000 元	货币负债：80 000 元	货币资产：90 000 元	货币负债：0 元
真实资产：150 000 元		真实资产：10 000 元	

注意这里将资产简化为两类——货币资产和“真实资产”。前者指以货币价值衡量其价值的资产，例如现金和银行存款；后者指不以货币价值衡量其价值的资产，例如房产、股票等。一段时间以后，经济的整体价格水平上升了 1 倍，意味着所有真实资产的价值变为原来的两倍，而货币资产与负债的价值不变，于是 A 和 B 的资产状况如表 5－4 所示。

表 5 -4　价格水平上升一倍的情况

A		B	
资产	负债	资产	负债
货币资产：30 000 元	货币负债：80 000 元	货币资产：90 000 元	货币负债：0 元
真实资产：300 000 元		真实资产：20 000 元	

可见，这时 A 的净资产等于 250 000 元，B 的净资产等于 110 000 元——分别相当于通货膨胀前的 125 000 元和 55 000 元。

✎ 通货膨胀税

一般来说，政府是通货膨胀的受益人。通货膨胀税（inflation tax）并非一个严格的概念，它是指通货膨胀常常具有隐性地增加政府真实收入的作用，大体上来源于两个方面：一方面是因为政府一般是净债务人；另一方面是因为基于居民名义收入的累进所得税制度。

注意：通货膨胀税不同于货币发行收入（即铸币税）：在现代中央银行体系下，货币发行收入永远存在；通货膨胀税则只在出现未预料到的通货膨胀时存在，相应地，如果出现未预料到的通货紧缩，则会隐性地减少政府真实收入。

最后，并非通货膨胀率 π 越高，政府部门获得的通货膨胀税收入 T 也越高，二者的关系如图 5 -42 所示。

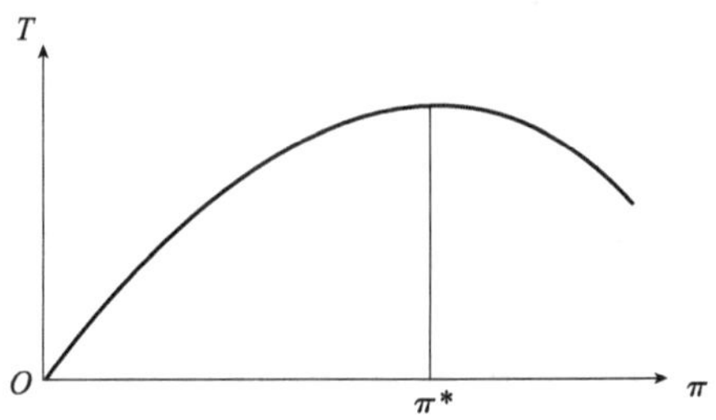

图 5 -42　通货膨胀和政府通货膨胀税收入

随着通货膨胀率的上升，政府部门获得的通货膨胀税收入先增长后降低——当通货膨胀率较低时，更高的通货膨胀率意味着政府部门既有的货币债务以更快的速度缩水，同时居民必须为一定的真实收入（对应更高的名义收入）上缴更高的所得税；但是，政府部门获得通货膨胀税是以居民对于真实货币余额的持有为前提的，当通货膨胀率已经很高时，公众会发现持有货币资产的机会成本过大，经济中居民持有的真实货币余额 M/P 会减少，通货膨胀税收入也就会减少。

✎ 通货膨胀与投资需求

通货膨胀不只影响经济的供给方面，也会影响经济的需求方面，特别是投资需求（主要是意愿投资需求）。这是因为投资一般是一项持续性活动，具有期限结构。

对于厂房和设备的投资，企业在税前可以计提折旧（从而减少应税收入）。计提依据并非重置成本，而是历史成本——在通货膨胀时期，历史成本低于重置成本，企业投资的真实成本被低估，应税利润被高估，会削弱企业的投资激励。

对于存货的投资和消耗，有“先进先出法”和“后进先出法”两种会计处理办法。在通货膨胀时期，企业如果采用先进先出法，利润会被高估；如果采用后进先出法，利润就会被低估。

✎ 通货膨胀与交易成本

通货膨胀至少会在三个方面增加经济的交易成本，降低经济运行的效率：

（1）通货膨胀一般会增加经济中的不确定性，降低人们达成协议的概率；

（2）通货膨胀一般会使人们倾向于短期契约，不利于长期合作关系的建立；

（3）通货膨胀会使得人们减少对于真实货币余额的持有，从而削弱货币对于经济交易的润滑作用。

二、通货膨胀的应对

✎ 指数化

如果通货膨胀率很高，那么将很难再以名义价格签订长期合同，这时一般采取指数化合同（Indexed Contract）的方法，例如在劳动合同中加入“生活成本调整”（Cost-of-living Adjustment）条款，以及在借贷合同中加入“通货膨胀调整”（Inflation Adjustment）条款。

尽管理论上指数化能够消除通货膨胀的影响，但在实际的政策选择中，只有那些通货膨胀率已经极高，以至于不指数化已经基本无法签订合同的经济（例如巴西和阿根廷）中，指数化才被真正应用，而在大多数国家，指数化并没有得到普遍的实行。

为什么？因为指数化并非没有成本：

第一，指数化本身是一种僵化机制，会抑制价格的灵活调整；

第二，指数化存在技术上的复杂性；

第三，指数化有可能会削弱政府部门抑制通货膨胀的决心。

✎ 工资—价格指导线

工资和价格往往表现出交替上涨，因此一个重要问题是：在制定工资合同时应该如何参考价格变化因素，使得工资既反映价格变化，又不使通货膨胀恶化——这就是有关“工资-价格指导线”（Wage-price Guideposts）的政策。

由名义工资表示的劳动需求函数：

$$W = P \cdot f(N) \Rightarrow P = \frac{f(N)}{W}$$

意味着如果名义工资 W 和劳动的边际生产率 $f(N)$ 同比增长，则均衡价格水平 P 不变——这一点通过对数形式更加明显：

$$W = P \cdot f(N)$$

⇒

$$\ln W = \ln P + \ln f(N)$$

⇒

$$\dot{P} = \dot{W} - \dot{f}$$

这里我们引入了一种新的表达方式——对于任意的变量 x，$\dot{x}$ 表示其时间变化率：

$$\dot{x} \equiv \frac{\mathrm{d}x/\mathrm{d}t}{x}$$

类似地，由 $w = W/P$ 可得：

$$\dot{w} = \dot{W} - \dot{P}$$

于是：

$$\dot{w} = \dot{f}$$

也就是，一个“非通胀的工资法则”（Non-inflationary Rule for Wage）可以表述为：应该保持真实工资的增长率与经济整体的劳动边际生产率的增长率一致——这就是工资－价格指导线的理论基础。

工资－价格指导线要求各个产业的工资和物价保持相对一致的增长速度，以保持整个经济的工资和物价稳定。这意味着：在那些生产率增长快于经济整体水平的产业，产品价格应适度下降；在那些生产率增长慢于经济整体水平的产业，产品价格应适度上升。

✎ 通货膨胀的原因与控制：不同的观点

应该怎样应对通货膨胀，取决于如何认识通货膨胀的原因。这里一个最接近本质的问题是：是否应该将通货膨胀视为一种“货币现象”（即本质上是由货币供给的增加引起的）？

支持通货膨胀是（或者基本上是）一种“货币现象”的理论派别包括古典主义、货币主义、理性预期学派和供给学派：

（1）古典主义坚持最彻底的二分法和货币数量论，认为货币流动速度基本稳定，引起通货膨胀的唯一原因是名义货币供给的增加。因此，古典主义认为只要没有过度的货币供给，就不会有通货膨胀。

（2）货币主义在对通货膨胀的看法上十分接近古典主义，但也承认名义货币供给增加在短期对于真实产出和通货膨胀的双重作用。在货币政策方面，货币主义主张规则的货币政策（Regular Monetary Policy，即不被经济波动左右的货币政策）。

（3）理性预期学派强调经济中个体理性的作用，也认为通货膨胀是一种货币现象——只要是被预见到了的货币政策（或者任何扰动），就不会对真实经济产生影响。因此，控制通货膨胀的要点在于公开透明的政策。

（4）供给学派也认为通货膨胀是一种货币现象，因此也支持通过控制货币供给来控制通货膨胀。不同的是，供给学派强调经济供给方面的因素，在考虑通货膨胀问题时也是如此——因此供给学派对于控制通货膨胀的一个特别主张是增加总供给，例如减税。

认为不能将通货膨胀简单地视为一种货币现象的是 Keynes 主义，本质上，这是由于传统的 Keynes 主义强调萧条和短期分析。Keynes 认为：尽管没有货币的增加就没有通货膨胀，但增加货币供给也未必引起（严重的）通货膨胀，这是因为经济原本可能存在大量的失业和未实现的交易，这时增加货币供给的一大部分结果会反映为产出和就业的增加而非通货膨胀。

对于产生于大萧条并且主要为分析如何应对萧条的（传统）Keynes 主义而言，通货膨胀本就非其研究的重点（除非是滞胀）——如果要考虑应对通货膨胀的问题，Keynes 主义的主张是综合运用财政政策和货币政策。现代的 Keynes 主义，也叫“新 Keynes 主义”，基本上已经承认通货膨胀本质上是一种货币现象。

关于通货膨胀的原因及其应对，最后需要补充两点：

第一，垄断因素（例如厂商对于原材料、技术、中间产品和最终产品的垄断，工会对于劳动力的垄断，等等）也是在考虑通货膨胀时无法回避的问题。但是，垄断因素对于通货膨胀的影响主要体现在“过程”上——就经济中的垄断因素对与通货膨胀率的最终影响而言，结果是不明确的。

第二，此前介绍的需求拉动型通货膨胀和成本推动型通货膨胀，不仅在现实中常常紧密联系在一起，同时即使是成本推动型通货膨胀，如果没有货币供给扩张对其进行“最终确认”，在长期也会回落。

三、失业的成本及应对

✎ 失业的成本：远非只是总产出

除了意味着总产出的损失，失业也意味着失业者失去了收入——一个重要的问题是，失业并非在所有人群中均匀分布的：对于属于不同种族、年龄、性别、劳动技能、教育背景、收入等人群的个体，失业的可能性往往显著的不同。例如：

（1）在美国失业率每增加 1 个百分点，黑人失业率可能会增加 2 个百分点；

（2）经济不景气时，高劳动技能者（一般也是高收入者）很可能只是由每周工作 100 小时变为每周工作 40 小时，低劳动技能者则很可能彻底失去工作岗位；

（3）一个经济平均而言，每个劳动者可能每 3 年会发生一次工作间断或者调整，平均每次间隔 1 个月，但实际（而非平均）的情况也许是其中一部分人每 3 个月发生一次工作间断，每次间断 3 个月；

（4）经济结构发生变化时，如果一个衰退产业的中青年劳动者被辞退的可能性是 20%，该产业中的中老年劳动者被辞退的可能性也许是 50%，并且后者一旦被辞退，可能就会成为永久的失业者。

失业的成本是什么？

对于个人而言，失业不仅意味着失去收入的来源，也意味着失去对社会的参与。

对于社会而言，可以认为越是发生在低收入和弱势群体身上的失业，成本越高。

✎ 降低非周期性失业

除了通过综合运用各种稳定性政策减少周期性失业，怎样降低一个经济中的自然失业（摩擦性失业和结构性失业）？可以分为两个方面来考虑——怎样减少摩擦性失业和怎样减少结构性失业。

（1）减少摩擦性失业——采取各种降低搜寻成本的措施，例如通过提供青年技术培训（学徒制），加速新进入劳动力市场者就业；通过提供劳动者和职位信息平台等就业中介信息服务，降低搜寻成本，缩短搜寻周期，加速就业存量的调整和再匹配。

（2）减少结构性失业——在经济结构（甚至社会结构）经历调整的时期，采取加强职业教育和在职教育等方式，提高劳动者应对职业变化的能力；资助培养一般性人才的大学教育，提高就业者的适应能力。

自然失业被称为经济中的刚性失业和核心失业，其降低往往是比较困难的。

✎ 社会保障与失业

现代经济减少失业成本的措施之一是包括失业救济和失业保险在内的各种社会保障——这一针对失业人群的制度也会对就业产生许多方面的影响。

（1）第一个重要的概念是"替代率"（Replacement Ratio）——失业时的税后收入与就业时的税后收入之比——替代率越高，保留工资（Reserve Wage，使得劳动者愿意工作的最低工资）越高；

（2）社会保障在减少单个失业者所承担的成本的同时，也有增加（自然）失业总量的作用，这也许有助于解释欧洲的自然失业率长期高于美国；

（3）社会保障使得用人单位解雇员工时的顾虑减小，也会使得自然失业率上升。

因此，在通过各种社会保障减轻失业者所承受的成本与不公平和降低自然失业率之间，政府需要做出权衡。

四、需求管理政策的力度与成本

✎ 政策的力度：激进还是渐进

理论上，应对（周期性）通货膨胀和失业的政策是比较清楚的：

（1）在短期，暂时性冲击和需求管理政策都会引起就业、产出和通货膨胀率的改变；

（2）在长期，尽管存在各种暂时性的扰动，经济中（供给方面）的自发力量会将就业和真实产出稳定在潜在水平附近，通货膨胀率维持在中央银行的目标通货膨胀率附近。

而在现实经济中，关键的问题是：在短期的扰动（也包括政策扰动）出现后，经济向新的长期均衡的回复需要多长时间、付出多大成本？是否可以采取一定的政策加速经济的回复和减少成本？如果可以，应采取何种政策？

这里仅举一例。假设直到第 t 期，经济一直处于长期均衡状态：

$$y=\bar{y},\ \pi=\bar{\pi}$$

但这时的长期通货膨涨率仍然偏高（例如，10%），因此中央银行决定从第 $t+1$ 期开始，将其目标通货膨胀率（从而降低长期通货膨胀率）下降到 $\bar{\pi}'<\bar{\pi}$（例如，5%——当然，降低通货膨涨率必定要付出产出和就业成本），这一政策的执行可以有“渐进式”和“激进式”两种方式（图 5－43）。

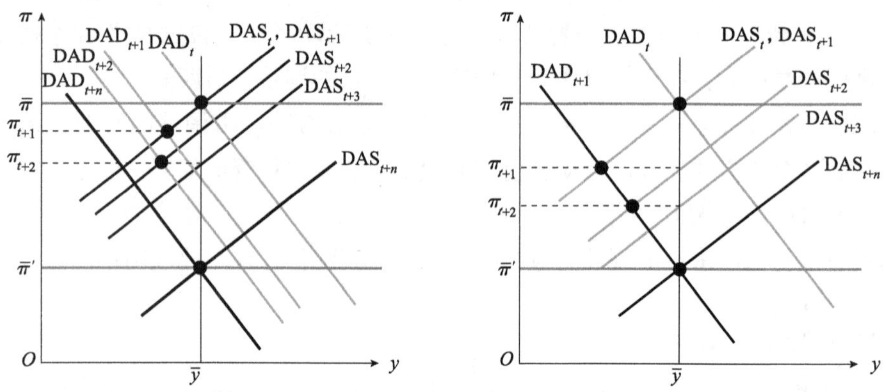

图 5－43　渐进式和激进式反通胀策略

图 5－43（a）描述了渐进式的反通胀政策：

（1）在第 $t+1$ 期，中央银行将目标通货膨胀率“适度下调”，并不直接将下调到最终目标水平 $\bar{\pi}'<\bar{\pi}$，使得第 $t+1$ 期的实际通货膨胀率和产出均不发生过于剧烈的波动（降低）；

（2）于是人们的预期在第 $t+1$ 期不至受到过于剧烈的冲击，第 $t+2$ 期的 DAS 曲线因而不会过于剧烈的下降，同时中央银行在第 $t+2$ 期进一步适度下调目标通货膨胀率，使得第 $t+2$ 期的实际通货膨胀率仍然只是适度下降（注意：从第 $t+1$ 期到第 $t+2$ 期产出未必下降）；

（3）在之后各期，中央银行始终根据经济的实际情况缓慢下调目标通货膨胀率，以保证在每一期人们的预期均不受到过大冲击，从而 DAS 曲线在下一期不会大幅下降……直到最终达到新的长期均衡。

图 5－43（b）描述了激进式的反通胀政策：

（1）在第 $t+1$ 期，中央银行将目标通货膨胀率直接下调到最终目标水平 $\bar{\pi}'<\bar{\pi}$，并在之后各期保持不变，这将使得第 $t+1$ 期的实际通货膨胀率和产出发生较为剧烈的波动（降低），从而人们的通货膨胀预期受到较大冲击；

（2）在之后各期，随着前期的预期调整，DAS 曲线逐步下降，直到最终达到新的长期均衡。

对比渐进式政策和激进式政策，前者引起产出和就业和波动较小，但是经济达到新的长期均衡（实现最终的反通胀目标）所需的时间较长；后者必须在短期承受更大的产出和就业损失，但是能够更快地实现反通胀目标。

✎ 理性预期条件下的反通胀

在上述过程中，反通胀政策引起产出和就业损失的唯一原因是这种政策（新的目标通货膨胀率）没有被人们充分地预期到——但是，为什么人们不能充分地预期到中央银行新的目标通货膨胀率?

如图 5－44 所示，如果第 t 期中央银行宣布，将从第 $t+1$ 期开始将目标通货膨胀率下调到 $\overline{\pi}'$并永远保持下去。只要人们相信中央银行确实会这样做，他们就有理由立刻直接预期到新的长期通货膨胀率，也就是：

$$E_t\pi_{t+1}=\overline{\pi}'$$

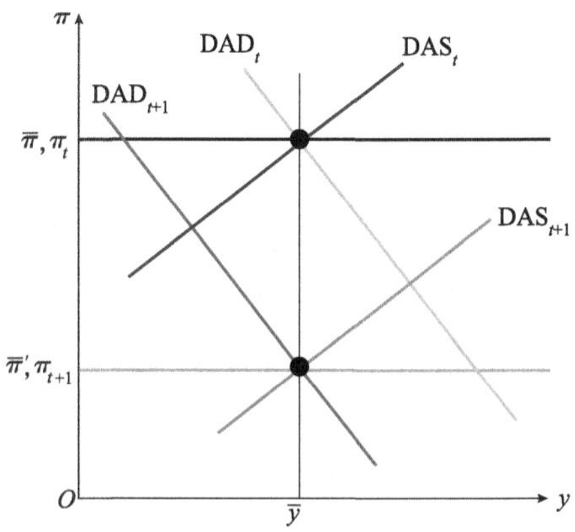

图 5－44　通货膨胀率的不可预期性

注意预期的形成机制的变化：这一通货膨胀预期完全来自中央银行公布的新的目标通货膨胀率，与之前的通货膨胀率无关。于是，DAS 曲线在下一期直接下移 $\overline{\pi}-\overline{\pi}'$，经济不必付出任何就业和产出的成本就实现了通货膨胀率的降低。

第六章

开放宏观经济学

第一节 开放经济与国际收支：事实与概念

一、产品与资本的国际流动

✎ 国际贸易联系

人类从事贸易活动的历史，几乎与人类从事经济活动的历史一样长；而人们对贸易问题的研究，至少与人们对于经济问题的研究一样早。正式的、经常性的和有计划的国际贸易，至少可以上溯到公元前5世纪的希腊城邦贸易和自公元前2世纪开始的“丝绸之路”。

今天，国际贸易已经体现在方方面面——如果考虑各种中间产品、技术和服务，那么我们今天的每一个人都很难离开国际贸易。各国的国际贸易总量有多大？表6－1是2011年全球货物贸易排名前十位的国家的情况。

表6－1 2011年全球货物贸易排名前十位的国家的情况

贸易总额排名	国家	进出口贸易总额（亿美元）	对外贸易依存度（%）
1	美国	3 745 830	23.52
2	中国	3 641 250	49.03
3	德国	2 722 576	82.36
4	日本	1 676 770	28.07
5	法国	1 308 152	51.19
6	荷兰	1 257 953	163.30
7	英国	1 109 208	49.11
8	韩国	1 080 968	109.60
9	意大利	1 079 202	53.33
10	比利时	936 804	—

表6－1中的“对外贸易依存度”（Degree of Dependence on Foreign Trade）是一个衡量一国与他国经济关联程度的指标是，又称“对外贸易系数”，是指一国的进出口总额占该国国民生产总值（GNP）或国内生产总值（GDP）的比重。

整个世界的“对外贸易依存度”是多少？—— 2011 年世界贸易总额 22.366 万亿美元（货物贸易总额 18.217 万亿美元，商业服务贸易额为 4.149 万亿美元），占当年全球 GDP 总量（69.66 万亿美元）的 32.11%（相当于 64.22% 的“对外贸易依存度”）。

✎ 国际金融联系

国际金融（International Finance）是指由于各国（地区）之间各种联系而产生的货币资金的支付、融通和核算。

国际金融是一个包含了国际收支、国际汇兑、国际结算、国际信用、国际投资和国际货币体系的复杂系统。几乎一切国内金融所要考虑的问题，都是国际金融需要考虑的问题，而除此之外，国际金融还需要：

（1）考虑国际政治和经济的相互联系和相互影响；

（2）了解各国的经济政策、货币政策和汇率制度；

（3）把握各国的经济结构和经济运行的基本态势；

（4）了解国际货币体系、国际贸易的支付方式、结算方式和国际金融市场上的各种工具；

（5）密切观察国际投资者的动向。

国际金融是一个与国际贸易密切相关，又不完全一致的问题——国际金融市场的规模之大，早已远远超出了国际贸易的规模。如今，外汇市场平均每天的交易额达 1.5 万亿 ~4.5 万亿美元——对比全球 GDP（约为 70 万亿美元）和年贸易额（约为 22 亿美元）。纽约、东京和伦敦是世界最大的国际金融和外汇交易中心。

✎ 国际收支

按照国际货币基金组织（International Monetary Fund，IMF）给出的定义，国际收支（International Payments）是指“在一定时期以内一国和其他国家之间的商品、债务和收益的交易以及债权债务的变化”。

一个国家因何会产生国际收支？国际贸易只是造成国际收支的一部分原因，一般地，一国的国际收入来自于外国对于该国产品的购买和对于该国资产的投资——无论是基于哪一种理由，都会形成外国货币对于该国货币的需求；一国的国际支出来自于该国对于外国产品的购买和对于外国资产的投资——无论是基于哪一种理由，都会形成该国货币对于外国货币的需求。

注意：

（1）国际收支是一个流量概念，一定要是“在一定时期内的”（因此，要注意区分国际收支与国际储备）；

（2）国际收支必须平衡——如果企业或者个人在某一时期内对于国外产品的购买和对于国外资产的投资超过了外国人对于其提供的产品和劳务的购买，那么他只有通过两种途径来获得用于支付的外币，向外国人出售资产或者负债，而这两项也会反映到国际收支中。

二、国际收支平衡表：经常项目与资本项目

✎ 国际收支平衡表

国际收支平衡表（Balance of International Payments）是反映一定时期一国同外国的全部经济往来的收支流量表。

国际收支平衡表是对一个国家与其他国家进行经济交流过程中所发生的贸易往来、资本流动以及储备资产的变化所作的系统记录。通过国际收支平衡表，可综合反映一国的国际收支平衡状况、收支结构及储备资产的增减变动情况。国际收支平衡表包括4个基本项目：

（1）经常项目（Current Account）；

（2）资本项目（Capital Account）；

（3）储备资产变化（Change in Reserve Assets）；

（4）净误差与遗漏（Net Errors &Omission）。

其中，最基本的前两项——经常账户和资本账户。在任何一个时期，一国国际收支平衡表的总净额（也就是以上4项净额之和）等于零。

国际收支平衡表的记账方法是：凡引起本国外汇收入的项目，记入贷方（+）；凡引起本国外汇支出的项目，记入借方（-）。表6-2是一个国际收支平衡表的例子。

表6-2　2010年中国国际收支平衡表　　单位：亿美元

项目	差额	贷方（+）	借方（-）
一、经常项目	3 054	19 468	16 414
A. 货物和服务	2 321	17 526	15 206
a. 货物	2 542	15 814	13 272
b. 服务	-221	1 712	1 933
1. 运输	-290	342	633
2. 旅游	-91	458	549
3. 通讯服务	1	12	11
4. 建筑服务	94	145	51
5. 保险服务	-140	17	158
6. 金融服务	-1	13	14
7. 计算机和信息服务	63	93	30
8. 专有权利使用费和特许费	-122	8	130
9. 咨询	77	228	151
10. 广告、宣传	8	29	20
11. 电影、音像	-2	1	4

续表

项目	差额	贷方（+）	借方（-）
12. 其他商业服务	184	356	172
13. 别处未提及的政府服务	-2	10	11
B. 收益	304	1 446	1 142
1. 职工报酬	122	136	15
2. 投资收益	182	1 310	1 128
C. 经常转移	429	495	66
1. 各级政府	-3	0	3
2. 其他部门	432	495	63
二、资本和金融项目	2 260	11 080	8 820
A. 资本项目	46	48	2
B. 金融项目	2 214	11 032	8 818
1. 直接投资	1 249	2 144	894
1.1 我国在外直接投资	-602	76	678
1.2 外国在华直接投资	1 851	2 068	217
2. 证券投资	240	636	395
2.1 资产	-76	268	345
2.1.1 股本证券	-84	115	199
2.1.2 债务证券	8	154	146
2.1.2.1（中）长期债券	19	128	110
2.1.2.2 货币市场工具	-11	25	36
2.2 负债	317	368	51
2.2.1 股本证券	314	345	32
2.2.2 债务证券	3	22	19
2.2.2.1（中）长期债券	3	22	19
2.2.2.2 货币市场工具	0	0	0
3. 其他投资	724	8 253	7 528
3.1 资产	-1 163	750	1 912
3.1.1 贸易信贷	-616	5	621
长期	-43	0	43
短期	-573	4	578
3.1.2 贷款	-210	197	407
长期	-277	0	277
短期	66	197	131

续表

项目	差额	贷方（+）	借方（-）
3.1.3 货币和存款	-580	303	883
3.1.4 其他资产	244	245	1
长期	0	0	0
短期	244	245	1
3.2 负债	1 887	7 503	5 616
3.2.1 贸易信贷	495	583	88
长期	35	41	6
短期	460	542	81
3.2.2 贷款	791	5 860	5 069
长期	100	264	163
短期	691	5 596	4 906
3.2.3 货币和存款	603	1 038	435
3.2.4 其他负债	-3	22	25
长期	-4	1	5
短期	1	22	20
三、储备资产	-4 717	0	4 717
3.1 货币黄金	0	0	0
3.2 特别提款权	-1	0	1
3.3 在基金组织的储备头寸	-21	0	21
3.4 外汇	-4 696	0	4 696
3.5 其他债权	0	0	0
四、净误差与遗漏	-597	0	597

三、汇率：决定与影响

✎ 汇率

汇率（Exchange Rate）是不同货币之间的比价。毫无疑问，汇率对于国际贸易和国际资本流动都会产生决定性影响，因而是国际经济学和国际经济政策所关心的核心变量（之一）。

两种货币（例如美元和人民币）之间的比价显然可以有两种表示方式——既可以用美元给人民币标价，也可以用人民币给美元标价——因此汇率的表示有所谓“直接标价法”和“间接标价法”之别。

如果一国使用直接标价法（Direct Quotation）表示汇率，是指该国使用其本国货币为每一单位的各种其他货币标价。我国人民币外汇牌价正是使用的这种方法，表6-3是2013年5月5日的人民币外汇牌价。

表 6－3　2013 年 5 月 5 日人民币外汇牌价（直接标价法）

项目	买入价	卖出价
美元	681.340 0	684.080 0
英镑	1 049.620 0	1 058.050 0
欧元	910.290 0	917.600 0
日元	7.213 9	7.271 8
加元	680.900 0	686.370 0

指定交易机构向个人或企业买入和卖出 100 单位某种货币，应依照表 6－3 中对应价格支付人民币。

如果一国使用间接标价法（Indirect Quotation）表示汇率，是指该国分别使用每一种其他货币为 1 单位本国货币标价。例如，表 6－3 中的人民币外汇牌价也可以用表 6－4 所示的形式（尽管实际上并没有采用这一形式）表示。

表 6－4　2013 年 5 月 5 日人民币外汇牌价（间接标价法）

项目	买入价	卖出价
美元	14.677 0	14.618 2
英镑	9.527 3	9.451 3
欧元	10.985 5	10.898 0
日元	1 386.21	1 375.18
加元	14.686 4	14.569 4

指定交易机构向个人或企业买入和卖出价值 100 单位人民币的某种货币，应依照表 6－4中对应价格支付该种货币。

理解了直接标价法和间接标价法的区别，就可以理解“一种货币的汇率上升”和“一种货币升值”是不同的说法：

（1）当采用直接标价法时，如果说“人民币兑美元的汇率由 681.5 上升到 691.5”，表示人民币对美元贬值了；

（2）当采用间接标价法时，如果说“人民币兑美元的汇率由 14.68 上升到 14.78”，表示人民币对美元升值了。

在理解了两种汇率表示方法的基础上，简单起见，在以下部分若无特别说明，我们将“汇率上升”等价于“货币升值”——这也相当于我们使用的是间接标价法。

除了直接标价法和间接标价法，一国当然也可以用任意一种“第三方货币”来给包括本国货币在内的所有货币标价。现实中能够作为这样一种“第三方货币”的一般是具有广泛影响力的世界货币，主要是美元。用美元给包括本国货币在内的所有货币标价的汇率表示方法称为“美元标价法”，例如，我们也可以把 2013 年 5 月 5 日的外汇牌价改为美元标价，如表 6－5 所示。

表 6 –5　2013 年 5 月 5 日人民币外汇牌价（美元标价法）

	买入价	卖出价
人民币	0.146 8	0.146 2
英镑	1.552 9	1.534 3
欧元	1.346 8	1.330 7
日元	0.010 67	0.010 55
加元	1.007 4	0.995 4

✎ 名义汇率与真实汇率

以上所说的“不同货币之间的比价”——例如，1 美元兑换 6.813 4 元人民币——实际上应该被称为“名义汇率”（Nominal Exchange Rate）。名义汇率只是两种货币的兑换率，而不是两国商品的交换率（相对价格）——如果名义汇率保持不变，中国国内所有商品的总体价格水平上涨 100%，与此同时美国国内所有商品价格不变，则与之前相比，同样的中国产品这时可以与两倍的美国产品交换。

以中国产品、人民币、美国产品和美元为例，图 6 –1 刻画了两种货币兑换率和两国产品交换率之间的联系（与差别）。其中，e 表示人民币兑美元的汇率；P^C 表示中国国内产品的价格水平；P^U 表示美国国内产品的价格水平。

中国产品 $\xleftrightarrow{P^C}$ 人民币 $\xleftrightarrow{e}$ 美元 $\xleftrightarrow{P^U}$ 美国产品

图 6 –1　两种货币兑换率和两国产品交换率之间的联系

我们引入“真实汇率”（Real Exchange Rate）的概念，用以表示两国产品之间的交换率（相对价格）。沿用上面的例子，如果人民币对美元的名义汇率（间接标价法）是 e，中国国内产品的价格水平是 P^C，美国国内产品的价格水平是 P^U，那么中国产品和美国产品的交换比率，也就是中美两国产品的真实汇率是：

$$\varepsilon = \frac{e \cdot P^C}{P^U}$$

注意：

(1) 名义汇率是货币汇率，真实汇率不再是货币汇率（而是“产品汇率”）；

(2) 名义汇率有单位——人民币对美元的名义汇率（间接标价法）的单位是“美元/人民币”；而真实汇率没有单位。

✎ 汇率的决定

汇率由什么因素决定？许多因素（例如预期变化和随机冲击）都会影响汇率，但最基本的汇率决定理论有两个：“购买力平价理论”和“利率平价理论”。

(1) 购买力平价（Perchase Power Parity，PPP）强调：同样价值（因而可以进行等价交换）的货币应该能够购买相同的产品，因此两国货币的名义汇率主要由两国货币的购买力决定。依据购买力平价理论，如果一批同样的产品在中国售价 100 元人民币，在美国售价 50 美元，那么人民币兑美元的名义汇率就应该是 0.5 美元/人民币。

自由贸易是实现购买力平价的机制——如果经过在 A 国采购产品、卖往 B 国、收到 B 国货币、兑换成 A 国货币的过程，可以得到超过开始在 A 国采购产品所需花费的 A 国货币，那么任何一名商人又有什么理由不周而复始地进行这样的操作呢？

依照购买力平价理论，任意两种货币之间的名义汇率应该调整到使得任意两国产品之间的真实汇率等于 1：

$$\varepsilon^{AB}=\frac{e^{AB}\cdot P^{A}}{P^{B}}=1$$

⇒

$$e^{AB}=\frac{P^{B}}{P^{A}}$$

因此，对于两种货币名义汇率的变化，购买力评价理论将其解释为两国通货膨胀率差异的表现。也就是：

$$\ln e^{AB}=\ln P^{B}-\ln P^{A}$$

⇒

$$\dot{e}^{AB}=\dot{P}^{B}-\dot{P}^{A}=\pi^{B}-\pi^{A}$$

（2）利率平价（Interest Rate Parity）强调：同样价值（因而可以进行等价交换）的货币投资于不同国家（地区），应该能够获得相同的回报率，因此两国货币的名义汇率由两国的利率水平决定。依据利率平价理论，如果一笔货币投资于中国资产在未来一年的名义回报率是 10%，投资于美国资产在未来一年的名义回报率是 5%，那么在未来一年人民币兑美元的名义汇率应该升值（大约）5%（这里我们忽略投资的风险，或者假设投资于两国资产的风险相同）。

外汇市场上的套利行为是实现利率平价的机制——如果通过将一笔货币以 A 国货币的形式投资于 A 国资产、经过一定时间得到一笔 A 国货币回报、将其兑换成 B 国货币的过程，可以得到超过将该笔货币以 B 国货币的形式投资于 B 国资产所获得的 B 国货币回报，那么显然不会有人（无论是 A 国人还是 B 国人）投资 B 国资产。

假设在第 0 期 A 国货币和 B 国货币间的名义汇率是 e_0^{AB}，在第 1 期 A 国货币和 B 国货币间的名义汇率是 e_1^{AB}；从第 0 期到第 1 期投资于 A 国货币的回报率是 r^A，投资于 B 国货币的回报率是 r^B。利率平价来自“无套利条件”（Non-arbitrage Condition），即不存在套利机会，这要求：

$$\frac{e_0^{AB}}{e_1^{AB}}\left(1+r^{B}\right)=1+r^{A}$$

⇒

$$\frac{e_0^{AB}}{e_1^{AB}}=\frac{1+r^{A}}{1+r^{B}}$$

⇒

$$\frac{e_0^{AB}-e_1^{AB}}{e_1^{AB}}=\frac{r^A-r^B}{1+r^B}\approx r^A-r^B$$

因此，依照利率平价理论，在一定期间任意两种货币资产的报酬率（利率）之差，应该恰好等于这两种货币之间的名义汇率在该期间的变化（率）。

应该如何认识购买力平价理论与汇率平价理论？

（1）两种理论都是合理的：人们显然既会寻找贸易盈利的机会，使得汇率向着购买力平价水平变化，也会寻找投资套利的机会，使得汇率向着利率平价水平变化。

（2）两种理论并不冲突：现实中的汇率变化，往往是两种作用的叠加。

（3）两种理论各有侧重：一般地，购买力平价更适合用来解释名义汇率的长期变化，利率平价更适合用来解释名义汇率的短期变化。

（4）两种理论都不是绝对有效的：现实中存在各种贸易成本和资本流动的限制，通过国际贸易盈利和通过外汇市场套利都存在限度。

✎ 汇率的影响

汇率（的变化）会影响什么？——会影响到经济的各个方面（各种产品市场、货币市场、要素市场，等等），但宏观经济学认为其最基本的影响在于对产品市场和货币市场的影响。

在产品市场上，一国货币汇率的变化影响该国产品的净出口：

$$nx=nx(e)\text{，}\ \mathrm{d}nx/\mathrm{d}e<0$$

后一表达式表示一国货币相对于其他货币的比价（即汇率）越高（注意：这里的 e 应指实际汇率，如果我们假设两国的价格水平均不变，则实际汇率与名义汇率一一对应），该国产品的净出口就会越低。但是，这一影响是长期的，通过外国对本国生产产品的真实需求的减少（有时称之为汇率变化的“数量效应”）实现。

在短期，由于贸易合同合同难以立即调整，汇率不能马上影响真实贸易流，但可能会立即增加本国购买一定数量的外国产品所需的本币支付（如果合同要求以一定的外币支付），或者立即减少本国向外国销售一定数量的本国产品所获得的本币收入（如果合同要求以一定的外币支付），从而恶化以本币表示的贸易收支（这一影响有时被称为汇率变化的“价格效应”）。在长期，随着数量效应逐渐显现，贸易收支状况才得到改善。

汇率下降造成的这种使得本国贸易余额先下降后上升的影响，有时被称为“J 曲线效应”（J-curve Effect）（图 6－2）。

在货币市场上，汇率的变化产生怎样的影响，取决于一国执行怎样的汇率政策（及如何应对汇率变化）。这一点我们在下一节会有所涉及。

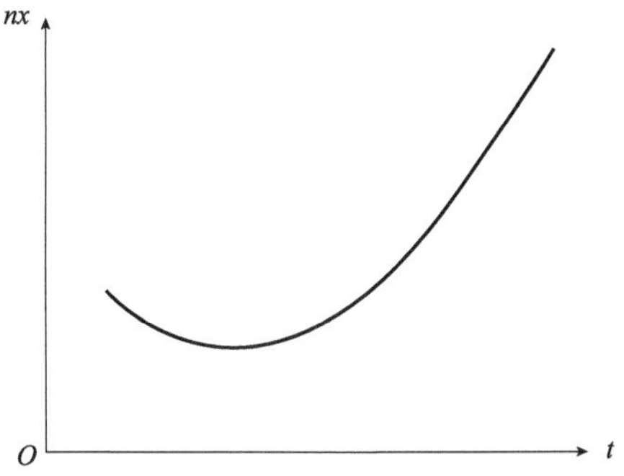

图 6－2　J 曲线效应

四、国际金融体系

国际金融体系的概念

国际金融体系（International Financial System）是指调节各国货币在国际支付、结算、汇兑与转移等方面所确定的规则、惯例、政策、机制和组织机构安排的总称，它构成了国际金融活动的总体框架。

（1）工具——支付工具、结算工具、各种国际金融产品和风险管理工具。

（2）规则——各国金融和货币政策、汇率政策、交易制度、国际结算方法、国际货币制度、国际储备。

（3）机构——各种商业性金融机构、各国政策性金融机构和金融监管部门、国际金融机构。

国际金融体系庞大，包含了与各国货币汇率安排、国际资本流动、国际收支调节、国际支付与结算、国际储备等有关的所有问题，但其核心是国际货币体系。

国际货币体系

国际货币体系（International Monetary System，IMS，也称 International Currency System）是指各国政府为适应国际贸易与国际支付的需要，对货币在国际范围内发挥世界货币职能所确定的原则、采取的措施和建立的组织形式的总称。该体系包括汇率制度、结算方式和一系列协调机制。

迄今为止，世界货币史上经历了 3 代国际货币体系：金本位体系、布雷顿森林体系和牙买加体系。

（1）金本位体系（Gold Standard System），是以一定成色及重量的黄金为本位的货币制度（即要求货币必须有法定含金量），是历史上第一个国际货币制度。它的持续时间大约自 19 世纪初到第一次世界大战前后（金块本位制—金币本位制—金汇兑本位制，英镑—美元—法郎三大货币区）。

（2）布雷顿森林体系（Bretton Woods System），是美元与黄金挂钩（即美元必须有法定含金量）、各国货币与美元挂钩（及各国货币必须保持与美元的一定兑换比率）的“双挂钩”体系，是以美元为中心的国际金汇兑本位制。持续时间为“二战”后（1944 年）到 1973 年。

(3) 牙买加体系（Jamaica System），布雷顿森林体系瓦解后，IMF 于 1976 年通过《牙买加协定》，确认了布雷顿森林体系崩溃后浮动汇率的合法性，同时也实现了黄金的彻底非货币化，维持全球多边自由支付原则。

✎ 固定汇率制与浮动汇率制

汇率制度可以分为两种基本类型：固定汇率制与浮动汇率制。

(1) 固定汇率制。

就单个经济的汇率制度而言，固定汇率制（Fixed Exchange Rates）是货币当局把本国货币对其他货币的汇率基本固定，波动幅度限制在一定的范围之内，保证汇率的稳定。

就国际货币体系而言，固定汇率制是指汇率的制定以货币的含金量为基础，形成汇率之间的固定比值，也就是各种形式的金本位制（包括布雷顿森林体系）。

固定汇率制的优点是显然的：方便核算，有利于国际贸易的发展，有利于国际金融市场的稳定，从而有利于世界经济的发展。

但固定汇率制也有其缺点，就是僵化的汇率安排常常不能及时反映世界经济关系和货币关系的发展变化，不能有效发挥价格机制的作用。

(2) 浮动汇率制。

浮动汇率制（Floating Exchange Rates）是指汇率基本由市场的供求决定，政府原则上不加干预的汇率制度。

各国对浮动汇率的管理方式和宽松程度不一样，浮动汇率制又分诸多类型：

(a) 自由浮动——政府任凭外汇市场供求状况决定本国货币同外国货币的兑换比率，不采取任何措施。

(b) 有管理的浮动——政府采取一定的干预措施，引导汇率向在某个“目标区域内”浮动。

(c) 联合浮动（Joint / Linked / Group Floating）——指国家集团对成员国内部货币实行固定汇率，对集团外货币则实行联合的浮动汇率。

1976 年（布雷顿森林体系崩溃）以后，国际货币体系从总体上讲进入浮动汇率时代，因为再无作为“货币最终依据”的黄金存在。但是，仍然有许多一种货币盯住另一种货币的情况，例如港币长期盯住美元，但这种“盯住”从本质上不同于布雷顿森林体系下的“挂钩”。

第二节 国际经济联系

一、开放经济下的国际经济联系

✎ 开放经济与产品市场

回顾国民收入核算恒等式——也就是产品市场均衡条件——总支出等于总需求：

$$y^P = c + i + nx + g$$

在此前的讨论中我们只考虑了封闭经济，因此净出口 $nx = 0$。在考虑开放经济的情况下，净出口是总需求之中一个必须要考虑的部分，这部分需求由什么因素决定？

一般认为，三个主要宏观经济变量——真实汇率 ε、本国真实产出 y 和外国真实产出 y^f—— 会影响一国的净出口：

$$nx = nx(\varepsilon,\ y,\ y^f)$$

其中：

$$\partial nx/\partial\varepsilon < 0,\ \partial nx/\partial y < 0,\ \partial nx/\partial y^f > 0$$

也就是，如果其他条件不变，那么一国的真实汇率越低，真实产出水平越低，或者外国的真实产出水平越高，该国的净出口越高。由于：

$$\varepsilon = \frac{e \cdot P}{P^f}$$

因此净出口方程也可以表示成：

$$nx = nx(e,\ P,\ P^f,\ y,\ y^f)$$

其中：

$$\frac{\partial nx}{\partial e} < 0,\ \frac{\partial nx}{\partial P} < 0,\ \frac{\partial nx}{\partial P^f} > 0,\ \frac{\partial nx}{\partial y} < 0,\ \frac{\partial nx}{\partial y^f} > 0$$

注意：上述表达式建立了“总产出—汇率—国际收支”关系。

✎ 开放经济与货币（资本）市场

开放经济对于货币（资本）市场产生的影响显得相对简单，这时一国利率不只被本国投资者所面对，也被外国投资者面对；同时，这时本国投资者不只面对本国利率，也面对外国利率，一般被抽象为一个“世界利率”。资本净流入（用 cf 表示）则取决于本国利率 r 与世界利率 r^* 之差：

$$cf = cf(r - r^*)$$

也就是，给定世界利率 r^*，一国的利率水平越高，越会引起世界资本更多地向该国流入。

二、开放经济条件下的内外部平衡

✎ 经常账户收支平衡与资本账户收支平衡

这里我们将经常账户收支余额近似地等于净出口。我们已经知道，真实净出口 nx 是本国真实产出 y、外国真实产出 y^f、本国价格水平 P、外国价格水平 P^f 和汇率 e 的函数：

$$nx = nx(y,\ y^f,\ P,\ P^f,\ e)$$

当考虑开放经济条件下的需求管理政策和经济内、外部均衡的实现（相当于开放经济条件下的短期分析）时，我们暂时假设外国真实产出、两国的价格水平和汇率都不变。这时净出口唯一决定于本国真实产出：

$$nx = nx(y)$$

一般地，我们认为：

$$\mathrm{d}nx/\mathrm{d}y < 0$$

即给定其他条件不变，一国真实产出水平越高，其净出口越少。因此，经常账户均衡条件（Balance of Current Acccount），nx（y）$=0$，在 $r-y$ 空间内表示为一条竖直线，有时被称为“CA 曲线”（图 6－3）。

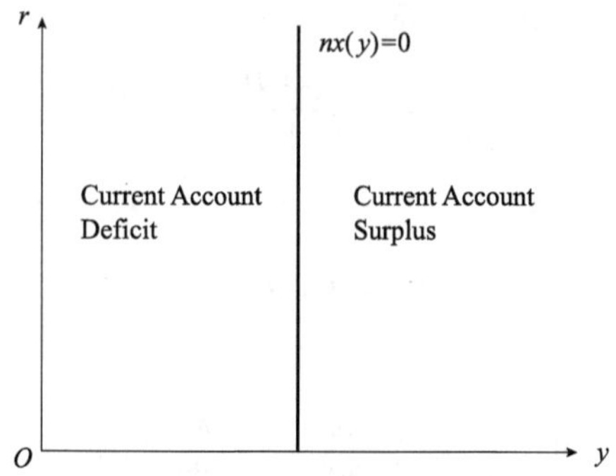

图 6－3　CA 曲线

资本净流入 cf 则取决于本国利率 r 与“世界利率” r^* 之差：

$$cf = cf(r - r^*)$$

一般地，我们认为：

$$\mathrm{d}cf/\mathrm{d}r > 0$$

即给定其他条件不变，一国利率水平（相对于世界利率水平）越高，资本净流入越多。因此，资本账户均衡条件（Balance of Capital Acccount），$cf(r-r^*)=0$，在 $r-y$ 空间内表示为一条水平线（图 6－4）。

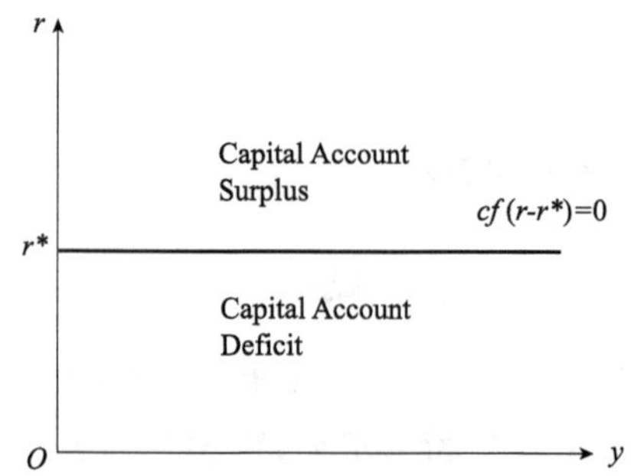

图 6－4　资本账户均衡条件

注意： 国际收支平衡不要求经常账户与资本账户分别平衡，只要两个账户的盈余与赤字正好相等。

✎ 国际收支平衡与 BP 曲线

将封闭经济扩展到开放经济，关键在于引入一个“国际收支平衡”（Balance of Payments，BP）条件，以之刻画一国产品市场和货币市场调整对于该国国际收支的影响。一般地，一国（在一定时期内）的国际收支（用 BP 表示）等于其净出口（相当于经常账户盈余）和资本净流入（相当于资本账户盈余）之和：

$$BP = nx + cf$$

注意： 此处我们忽略了“储备资产的变化”和“净误差与遗漏”。于是，“国际收支平衡条件”可以在 $r-y$ 空间内表示为一条“BP 曲线”：

$$BP = nx(y) + cf(r - r^*) = 0$$

其中：

$$\mathrm{d}nx/\mathrm{d}y < 0,\ \mathrm{d}cf/\mathrm{d}r > 0$$

因此，BP 曲线的斜率为正（图 6－5）：

$$(\mathrm{d}y/\mathrm{d}r)_{BP} = -\frac{\mathrm{d}cf/\mathrm{d}r}{\mathrm{d}nx/\mathrm{d}y} > 0$$

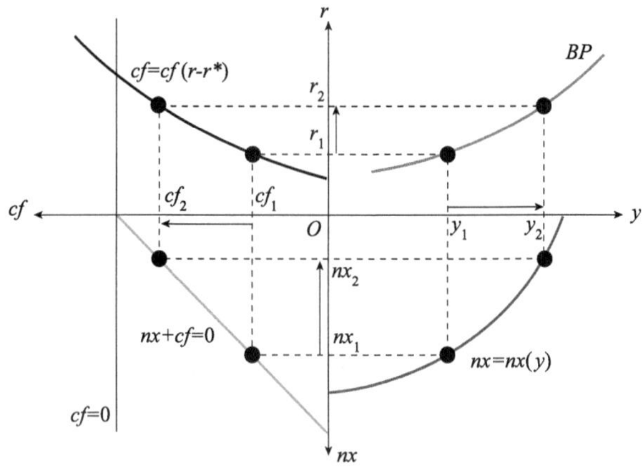

图 6－5　国际收支平衡和 BP 曲线

✎ 开放经济条件下的 IS 曲线

开放经济条件下的 IS 曲线来自（以真实变量表示的）国民收入核算恒等式（在考虑 IS 曲线表示的产品市场均衡条件时，假设汇率和国内外价格水平不变）：

$$y = c(y - t) + i(r) + nx(y) + g$$

其中：

$$0 < \mathrm{d}c/\mathrm{d}y < 1,\ \mathrm{d}i/\mathrm{d}r < 0,\ \mathrm{d}nx/\mathrm{d}y < 0$$

容易得到这时的 IS 曲线的斜率为：

$$(\mathrm{d}y/\mathrm{d}r)\Big|_{\mathrm{IS(Open)}}=\frac{i'}{1-c'-(\mathrm{d}nx/\mathrm{d}y)}$$

对比封闭经济条件下的 IS 曲线斜率：

$$(\mathrm{d}y/\mathrm{d}r)\Big|_{\mathrm{IS(Closed)}}=\frac{i'}{1-c'}$$

显然开放经济条件下的 IS 曲线的斜率（的绝对值）更大，如图 6－6 所示。

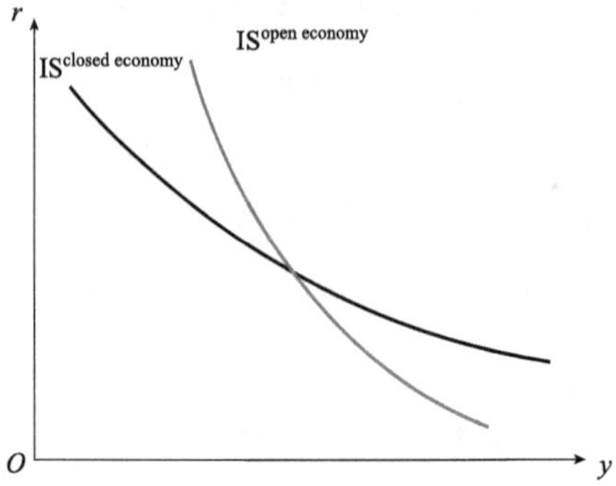

图 6－6　开放经济条件下的 IS 曲线

与封闭经济相比，当经济开放时，利率的下降同样能够通过引起投资需求 i 的增加，但这时总需求和总收入的任何增加，都意味着外国对于本国产品的净需求 nx 的减少。

在封闭经济条件下，IS 曲线会因政府购买和税收政策的改变而移动，在开放经济条件下仍然如此。不同的是，在开放经济条件下国内价格水平 P 和汇率 e 的变化也会引起 IS 曲线的移动（图 6－7）。

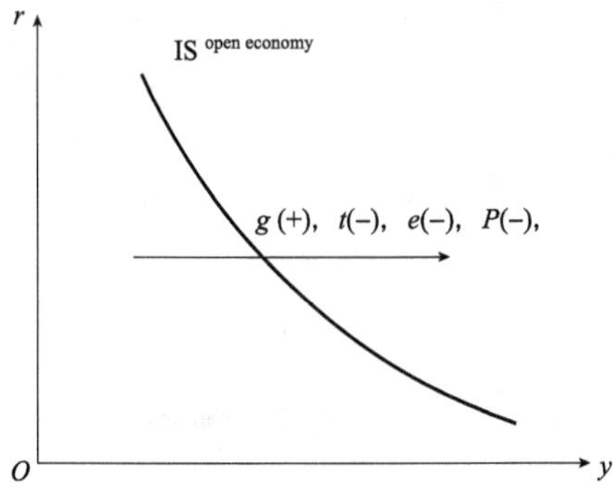

图 6－7　国内价格水平和汇率的变化引起 IS 曲线的移动

与封闭经济条件下的情况相比，这里的不同来自总需求的净出口部分会受到国内价格水平 P 和汇率 e 的影响：

$$nx=nx(\mathrm{e},\ P)$$

一国货币相对于外币的名义价值越高，或者一国国内价格水平越高，则该国真实净出口越低：

$$\mathrm{d}nx/\mathrm{d}e<0,\ \mathrm{d}nx/\mathrm{d}P<0$$

✎ 开放经济条件下的 LM 曲线

开放经济条件下的 LM 曲线仍然来自（在考虑 LM 曲线表示的产品市场均衡条件时，依然假设汇率和国内外价格水平不变）：

$$M/P=L(r,\ y)$$

其中：

$$\partial L/\partial y>0,\ \partial L/\partial r<0$$

在形式上，开放经济条件下和封闭经济条件下的 LM 曲线的斜率没有区别：

$$(\mathrm{d}y/\mathrm{d}r)_{\mathrm{LM(Open)}}=(\mathrm{d}y/\mathrm{d}r)_{\mathrm{LM(Closed)}}=-\frac{\partial L/\partial r}{\partial L/\partial y}$$

所不同的是，只要资本可以在国际间自由流动，本国利率就必须等于世界利率：

$$r=r^*$$

因此，开放经济条件下的 LM 曲线可以表示为：

$$M/P=L(r^*,\ y)$$

✎ 小型开放经济的国际收支平衡

作为对于开放经济（特别是开放经济条件下的政策）下宏观经济基本关系的介绍，我们特别关心一个极端但是简单的例子，即所谓的“小型开放经济”（Small Open Economy）——这样的经济受到世界市场的影响，而几乎不会对世界市场产生影响，例如，荷兰、加拿大、新加坡等。

对于一个小型开放经济而言，只要其本国利率 r 稍微高于世界利率 r^*，其国际资本净流入就会趋于“无穷大”，而世界利率不会受到小国利率的影响。也就是：

$$\mathrm{d}cf/\mathrm{d}r\rightarrow+\infty$$

因此：

$$(\mathrm{d}y/\mathrm{d}r)_{\mathrm{BP}}=-\frac{\mathrm{d}cf/\mathrm{d}r}{\mathrm{d}nx/\mathrm{d}y}\rightarrow+\infty$$

即小型开放经济的 BP 曲线是一条水平线（图 6－8）：

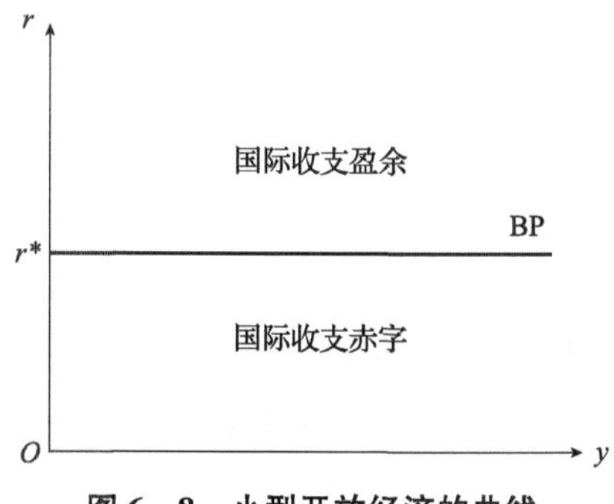

图 6－8　小型开放经济的曲线

✎ 经济的内部平衡与外部平衡

在考虑开放经济和国际经济联系的情况下，分析一个经济时必须同时考虑内部平衡（Internal Balence）问题和外部平衡（External Balence）问题——前者关于产出缺口 $y-\bar{y}$，后者关于国际收支缺口 $BP=nx+cf$ ——二者将 $r-y$ 空间分成了 4 个区间（图 6－9）。

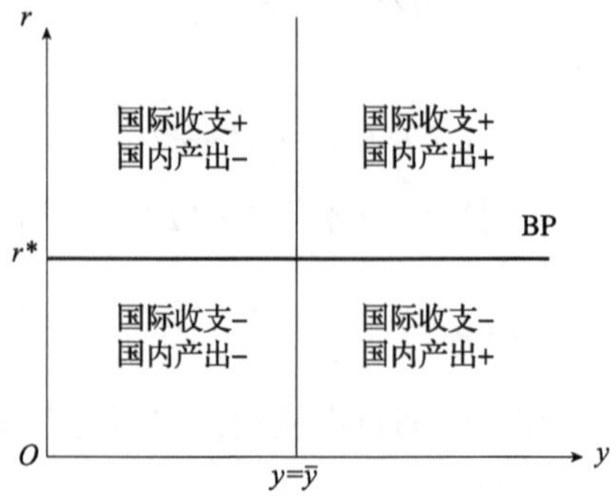

图 6－9　经济的内部平衡与外部平衡

无论是内部不平衡还是外部不平衡，在长期都是不可持续的，经济政策需要同时兼顾这两个方面。

三、开放经济条件下经济的调节机制

✎ 浮动汇率制：汇率调整与需求变化

在开放经济条件下，如果政府不对外汇市场和汇率进行干预，任由供求决定汇率，那么汇率的变化会成为经济自我调节、实现外部平衡的重要机制。

如图 6－10 所示，经济的初始状态 E_0 位于 BP 曲线上方，国际收支盈余将促使本币升值，减少本国经常账户盈余（或增加经常账户赤字），使得 IS 曲线向左移动。

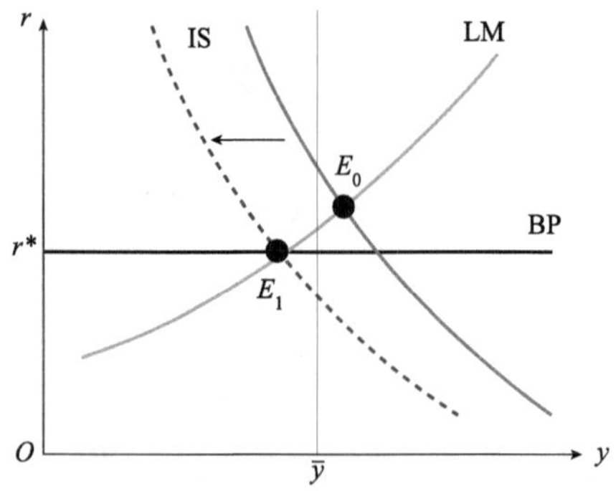

图 6－10　浮动汇率制：国际收支盈余

如果在这一过程中中央银行保持本币供给数量不变，LM 曲线位置保持不动，则利率的下降又会使得本国资本账户盈余减少。经常账户盈余和资本账户盈余的同时减少意味着国际收支盈余减少，这一过程将持续到 IS 曲线和 LM 曲线的交点回到 *BP* 曲线上，例如 E_1 位置。

但是，当经济位于 E_1 位置时，总产出低于潜在水平，经济中存在着过高的失业。为了使经济同时实现内部平衡（充分就业）和外部平衡，在浮动汇率制下，应首先通过调整货币政策将 LM 曲线移动到通过内、外部同时均衡点的位置（图 6 – 11 中 *E* 点），再由汇率调整让 IS 曲线移动到通过内、外部同时均衡点的位置。

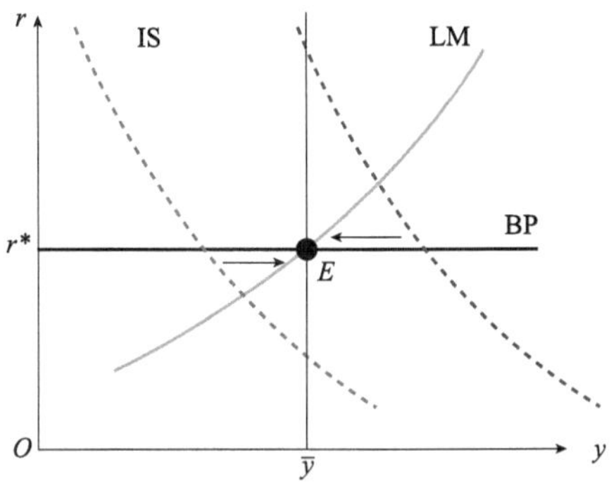

图 6 – 11　浮动汇率制：总产出低

✎ 固定汇率制：货币适应与需求变化

在开放经济条件下，如果一国政府实行固定汇率制，即通过保持对外汇市场的干预（前提是政府具有干预能力）使得汇率维持在一定的水平，则结果如下：

（1）外汇市场上只要出现外币对本币的超额需求，该国（中央银行）就必须提供对等的本币供给；

（2）只要出现外币对本币的超额供给，该国（中央银行）就必须提供对等的外汇、黄金或其他可被接受作为国际支付手段的资产，吸收这部分超额供给。

如图 6 – 12 所示，经济的初始状态 E_0 点位于 BP 曲线上方，表示存在国际收支盈余，如果中央银行不对外汇市场进行干预，本币将升值。

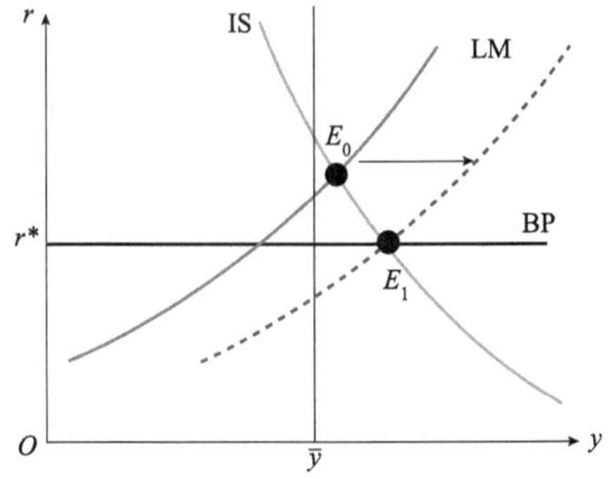

图 6 – 12　固定汇率制：国际收支盈余

如果中央银行想要维持现有汇率水平不变，就必须提供恰好足以抵消外币对本币超额需求的货币供给，在这一过程中 LM 曲线将会向右移动。如果在这一过程中 IS 曲线位置保持不动，则利率的下降会使得本国资本账户盈余和国际收支盈余减少，这一过程将持续到 IS 曲线和 LM 曲线的交点回到 BP 曲线上，例如图 6-13 中 E_1 点位置。

当经济位于 E_1 点位置时，总产出高于潜在水平，经济中存在着过度就业。因此，为了使经济同时实现内部平衡（充分就业）和外部平衡，在固定汇率制下，应首先通过调整财政政策或者汇率政策将 IS 曲线移动到通过内、外部同时均衡点的位置（图 6-13 中 E 点），再由货币政策调整让 LM 曲线移动到通过内、外部同时均衡点的位置。

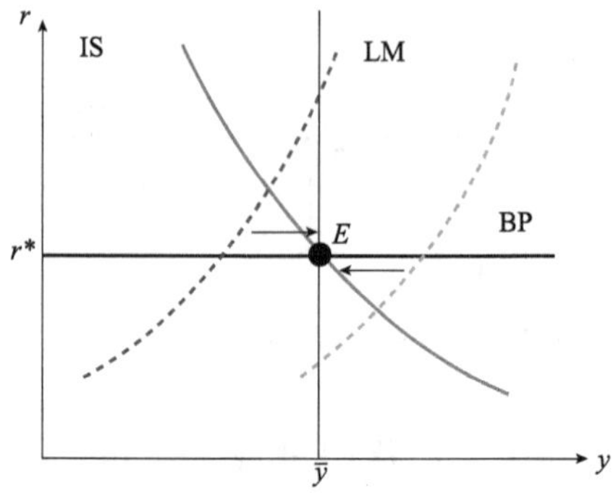

图 6-13 固定汇率制：总产出过高

注意：在固定汇率制下通过货币适应来进行经济调节，尽管最终能够使得经济回到内、外部平衡的状态，但在这一过程中已经发生了中央银行国际储备资产的增加或者减少。换言之，如果一国的财政政策和汇率政策不能保证 IS 曲线位于"恰当的位置"，以至于经常需要通过货币政策使得 LM 曲线向同一方向移动，那么这样的政策组合一般是不能或者不宜持久的。

价格调整机制

无论浮动汇率下的汇率调整机制还是固定汇率下的货币适应机制，以上分析均只涉及经济在短期的调整过程——价格水平被视为不变的（或者说忽略本国价格水平变化带来的影响），这相当于只考虑需求方面的反应，而不考虑供给方面的反应。

然而，由于一国的净出口 nx 是该国价格水平 P 的函数，一国国内价格水平的变化显然会影响该国的国际收支和经济的对外平衡。我们首先在 $P-y$ 空间内分析开放经济条件下的价格调整机制。简单起见，将这时的短期总供给曲线直接表示为：

$$y^S = y^S(P)$$

其中：

$$\mathrm{d}y^S/\mathrm{d}P > 0$$

实际上，开放经济显然对总供给方面产生复杂的影响——一国的进口产品可能成为本国产品的替代，导致本国国内产业的变化；国外产品（企业）的技术、工艺甚至管理方法都可能因为国际贸易和国际直接投资（FDI）溢出到本国（Spillover Effects）；在不同的汇率制度下企业有着不同的经营预期，从而生产经营行为会受到影响等。这里我们讨论的资本账户和经常账户均为开放经济对于总需求方面的影响，不会更多地考虑开放经济对于总供给方面。

总需求曲线得自于以下系统：

$$\begin{cases} y = c(y-t) + i(r^*) + g + nx(P, y) \\ M/P = L(r^*, y) \end{cases}$$

注意：这里总需求 y 与价格水平 P 的关系既可以由货币市场均衡条件唯一决定，又可以由产品市场均衡条件唯一决定：

(1) 只要名义货币供给 M 给定，则表达式 $M/P = L(r^*, y)$ 确定了唯一地决定了总需求 y 与价格水平 P 的关系——这实际上回到了古典情形。

(2) 考虑产品市场均衡条件，$y = c(y-t) + i(r^*) + g + nx(P, y)$，其中亦只有两个内生变量，总需求 y 与价格水平 P。

那么，由任一市场均衡条件得到的总需求 y 与价格水平 P 的关系，能否恰好使得另一市场均衡条件得到满足？—— 仅从上面的 IS-LM 系统来看，似乎是否定的。

原因在于，上面的产品市场均衡条件（IS 曲线方程）并没有明确地显示出汇率。实际上，这时的总需求系统应该被视为“国际收支平衡的”总需求系统，汇率隐含在了净出口的表达式中。

(1) 如果经济中实行的是浮动汇率制，那么汇率 e 的调整将保证产品市场的均衡——也就是汇率 e 将被内生决定；

(2) 如果经济中实行的是固定汇率制，那么名义货币供给 M 不能任意给定——也就是名义货币供给 M 将被内生决定。

因此，在开放经济条件下，总供给—总需求系统在 $P-y$ 空间中仍然表现为类似的形状（图 6－14）。

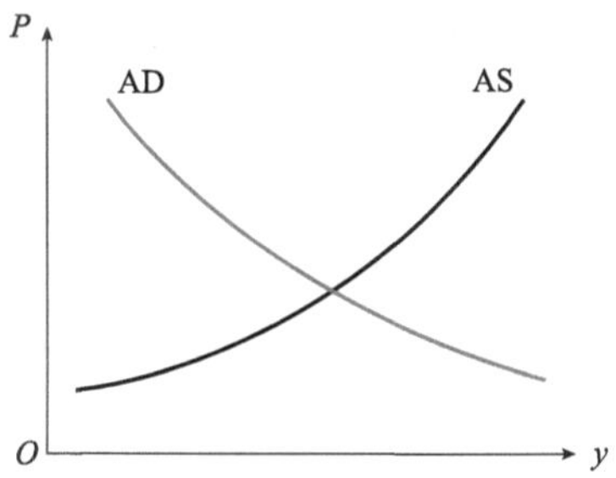

图 6－14　国际收支平衡的总供给和总需求曲线

整个经济系统可以表示为：

$$\begin{cases} y = c(y-t) + i(r) + g + nx(e, P, y) \\ M/P = L(r, y) \\ r = r^* \\ P = P^S(y) \end{cases}$$

但其中的“国际收支平衡的总需求曲线”具有更多的（在 $P-y$ 空间中无法直接表述的）含义。

（1）在浮动汇率制下，总需求曲线上每一点都对应一个不同的汇率水平，均衡汇率 e 由上述经济系统隐含地决定。上述经济系统的内生变量是：

$$P,\ e,\ y,\ r$$

外生变量是：

$$t,\ g,\ M,\ r^*$$

（2）在固定汇率制下，隐含地决定了名义货币供给 M，总需求曲线上每一点都对应一个不同的名义货币供给，均衡货币供给 M 由上述经济系统隐含地决定。上述经济系统的内生变量是：

$$P,\ M,\ y,\ r$$

外生变量是：

$$t,\ g,\ e,\ r^*$$

这也有助于我们理解为什么必须同时实现内部平衡和外部平衡：在长期，即使经济实现了外部平衡，只要内部平衡（充分就业）没有实现，价格水平一定会发生变化，随着 IS 曲线和 LM 曲线的移动，外部平衡也会被打破。

四、小国开放经济条件下需求管理政策的限制性：Mundell-Fleming 模型

在考虑开放经济的情况下，产品和资本能够在国际间自由流动，这时各国的产品市场和货币市场都不再是孤立的——一国（产品和货币）市场上发生的冲击，会影响到另一国（产品和货币）市场，一国的财政和货币政策，也不再只是影响本国经济。

Mundell（1963）和 Fleming（1962）分别独立地将 IS－LM 模型扩展到开放经济中，称为 Mundell-Fleming 模型，并以此来分析开放经济条件下各国的需求管理政策。

注意：这时我们进行的仍然是短期分析或者总需求分析，暂不考虑价格水平在长期的自动调整机制——这时相当于认为内部平衡在短期具有一定的“任意性”，重点考虑外部平衡。

✎ Mundell-Fleming 模型：固定汇率制下的需求管理政策

假设一国实行固定汇率制。

（1）财政扩张。

如果该国政府进行财政扩张，IS 曲线向右移动，将使得本国利率暂时上升到超过世界利率的水平（BP 曲线以上），引起世界资本向本国流动，同时净出口也增加（由于本国产出的增加），形成外币对本币的需求（图 6－15）。

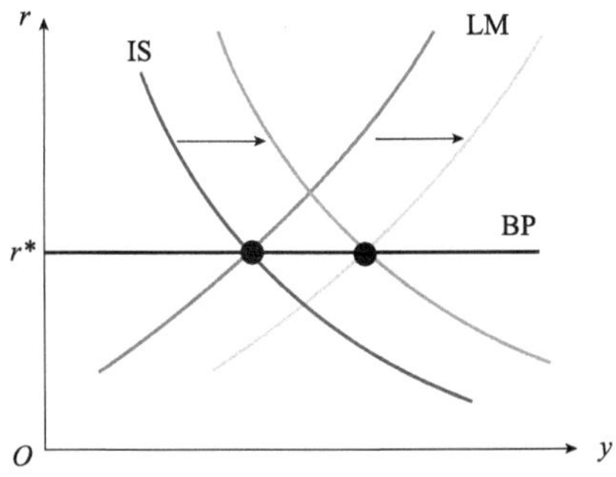

图 6-15 固定汇率制：财政扩张

面对资本项目和经常项目的顺差形成的本币升值压力，要维持固定汇率，必须要有相应的本币供给。这一本币供给只能通过中央银行增发货币实现——伴随这一过程，LM 曲线向右移动，直至本国利率回到世界利率水平，经济回到外部平衡。

(2) 货币扩张。

如果该国政府进行货币扩张，LM 曲线向右移动，将使得本国利率暂时下降到低于世界利率的水平（BP 曲线以下），引起本国资本向国外流动，同时净出口增加（图 6-16）。

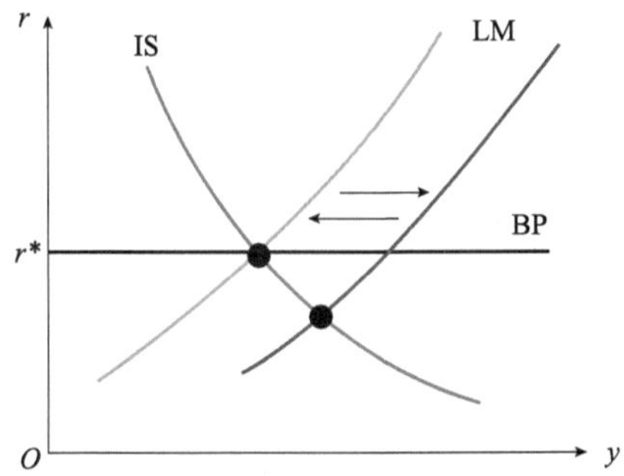

图 6-16 固定汇率制：货币扩张

资本项目的逆差一定超过经常项目的顺差，造成国际收支的逆差总体，形成的本币贬值压力。必须减少本币供给，才能维持固定汇率。伴随中央银行收回本币的过程，LM 曲线向左移动，直至本国利率回到世界利率水平，经济回到外部平衡。

✎ Mundell-Fleming 模型：浮动汇率制下的需求管理政策

假设一国实行浮动汇率制。

(1) 财政扩张。

如果该国政府进行财政扩张，IS 曲线向右移动，使得本国利率上升到超过世界利率的水平（BP 曲线以上），引起世界资本向本国流动，同时净出口也增加形成外币对本币的需求（图 6-17）。资本项目和经常项目的顺差推动本币升值。

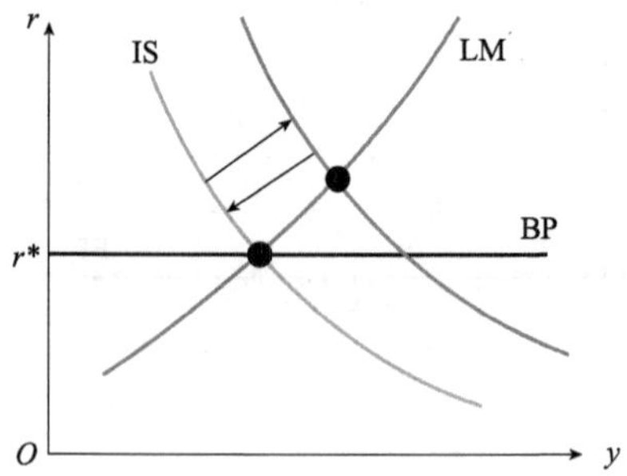

图 6－17 浮动汇率制：财政扩张

在浮动汇率制下，中央银行不必对本币汇率变化做出反应。伴随着本币的升值，本国经常项目盈余减少，IS 曲线向左移动；伴随这一过程的利率水平的下降，又会引起本国资本项目盈余的减少——最终，经常项目和资本项目分别恢复平衡。

（2）货币扩张。

如果该国政府进行货币扩张，LM 曲线向右移动，将利率压低到低于世界利率的水平（BP 曲线以上），这将造成经常项目盈余、资本项目赤字和国际收支赤字，推动本币贬值（图 6－18）。

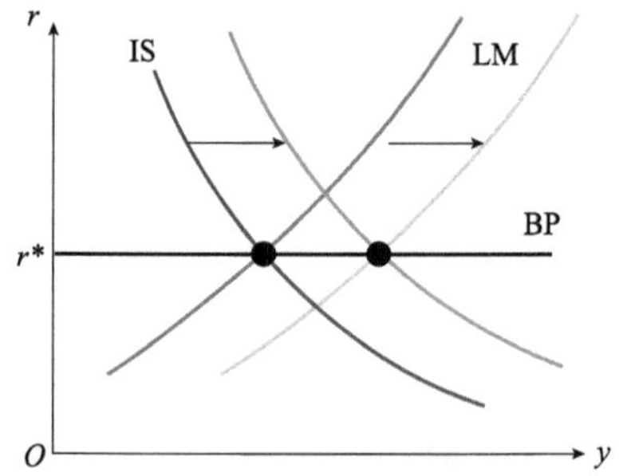

图 6－18 浮动汇率制：货币扩张

在浮动汇率制下，中央银行不必对本币汇率变化做出反应。伴随着本币的贬值，本国经常项目盈余增加，IS 曲线向右移动；伴随这一过程的利率水平的上升，又会引起本国资本项目赤字的减少——最终，经常项目和资本项目分别恢复平衡。

✎ 一个总结：平衡的实现，汇率调整还是货币适应

Mundell-Fleming 模型的基本结论可以被概括为：

（1）固定汇率制下的小型开放经济，货币政策无效，而财政政策（在短期）具有较好的效果；

（2）浮动汇率制下的小型开放经济，财政政策无效，而货币政策（在短期）具有较好的效果。

Mundell-Fleming 模型是 IS-LM 模型在开放经济中的扩展，我们在这里仍暂不考虑价格水

平变化的作用。这时，经济要实现外部平衡只能通过两种机制：汇率调整或者货币适应。

关于开放经济、需求管理政策和汇率政策的一个著名结论，是 Mundell-Fleming 三位一体不可能性/不相容性/不一致性（Unholy/Irreconcilable/Inconsistent Trinity），也叫 Mundell-Fleming 三元悖论（Mundell-Fleming Trilemma）：一个经济不可能同时实现资本自由流动、固定汇率和货币政策独立性。这一结论常被表示为下面的“不可能三角”（图 6 – 19）。

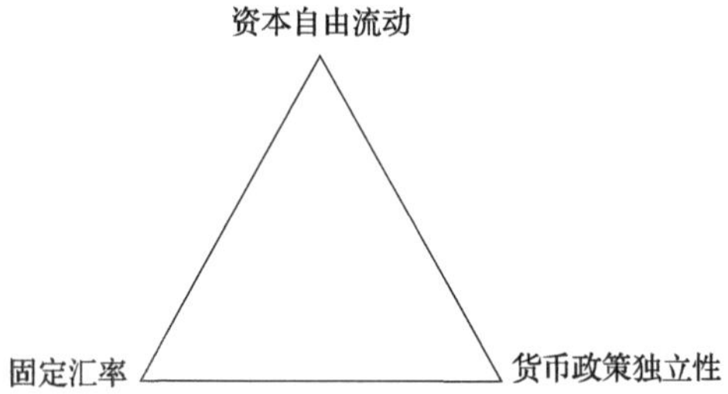

图 6 – 19 不可能三角

任何一个经济都必须放弃这一三角三个顶点之中的（至少）一个。上面介绍的 Mundell-Fleming 模型相当于在保证“资本自由流动”这一个顶点的前提下，只能在“固定汇率”和“货币政策独立性”两个顶点之间选择一个：

（1）如果选择“资本自由流动”和“固定汇率”，则相当于放弃了“货币政策独立性”，或者说选择了“对于任何国际收支不平衡进行‘货币适应’”；

（2）如果选择了“资本自由流动”和“货币政策独立性”，则必须放弃“固定汇率”，听任国际收支不平衡对于汇率造成的影响；

（3）如果要同时选择“固定汇率”和“货币政策独立性”，则必须对资本流动施加限制。

✎ 分隔内、外部平衡：国际收支盈余的“封存”与“冲销”

在固定汇率之下，面对国际收支的不平衡中央银行一般要被动地进行货币扩张或者收缩，也就是对国际收支不平衡做出货币适应，以抵消本币的超额供给或者超额需求。

但是，在短期中央银行也可以采取措施避免进行被动的货币适应，暂时保持货币政策的独立性。这样的措施包括“封存”与“冲销”，以下仅以对于国际收支盈余的“封存”与“冲销”为例。

（1）中央银行可以“封存”国际收支盈余，即拒绝向商业银行以本币兑换外币，商业银行和外贸企业只能通过向公众出售外汇。“封存”事实上背离了固定汇率制——中央银行公布了一个名义上的汇率，但拒绝兑现；而商业银行与私人部门之间的货币交易如果按照中央银行公布的名义汇率进行，必定存在对于本币的超额需求，“黑市”交易难以避免。

（2）中央银行也可以对国际收支盈余进行“冲销”——一方面，中央银行以本币兑换外币以维系固定汇率；另一方面，中央银行向公众出售政府债券以收回本币。如果因兑换外币而发出的本币恰好与因出售政府债券而收回的本币数量相等，则实现了对国际收支盈余的“冲销”，本币供给数量保持不变。但是，如果一国欲将其货币的汇率固定在某一根本上偏离了市场均衡水平的位置，那么中央银行无法通过持续的“冲销”来保持本币供给数量，因为中央银行所持有的政府债券（或者其他资产）终有售罄之时。

第七章 经济增长理论初步

第一节 经济增长基本问题

一、经济增长：基本事实

✎ 经济增长：数据与事实

对于经济增长的研究与对于经济波动的研究恰好相对：后者将潜在产出路径视为既定，考虑产出围绕潜在路径波动的原因、影响和应对；前者不考虑真实产出的波动，只关心潜在产出路径的决定（图 7－1）。

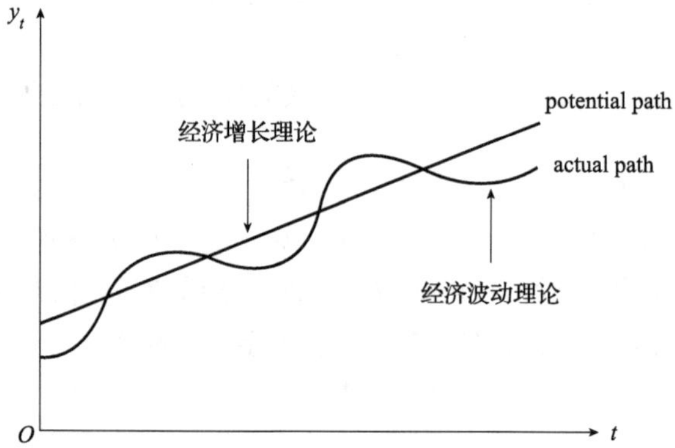

图 7－1　经济增长理论与经济波动理论的关系

经济增长关心经济在长期的表现，特别是真实总产出、人均真实总产出和人均资本存量在长期的表现。

我们所关心的当年价格（名义）GDP 增长率、不变价格（名义）GDP 增长率和人均 GDP 增长率，都是关于经济长期增长的指标。此外还有人口增长率、劳动人口增长率、资本存量增长率等，也都是衡量经济增长的重要指标。

图 7－2 显示了 1980—2010 年中国与美国 GDP 的比较 —— 由于中国经济相对更高的增长率，在过去的 30 年间，中国经济在总量水平上与美国经济的差距大大缩小了。

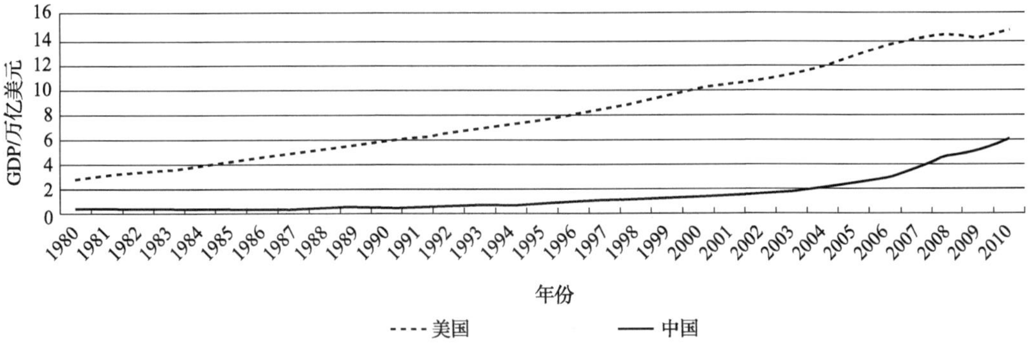

图 7－2 中国与美国的经济水平差距

1980 年，美国 GDP 接近是中国的 10 倍（2.8 万亿美元：0.3 万亿美元），到了 2012 年，这一比例已经下降到 2 倍以下（15.8 万亿美元：8.3 万亿美元）。

经济增长的力量是巨大的，即使以类似美国经济这样相对平稳的增长率（例如人均真实 GDP 每年增长 3%）计算，一个经济的人均真实收入每隔一代人就会翻一番。

✎ 经济增长：基本特征与基本问题

经过长久以来的观察、搜集和整理现实经济发展的事实与数据，人们将经济增长的基本特征概括为以下几点。

（1）在长期，潜在产出增长率 $\dot{Y}(t)$ 和劳动力增长率 $\dot{L}(t)$ 均非常稳定，并且潜在产出增长率大于劳动力增长率：

$$\dot{Y}(t) > \dot{L}(t)$$

这意味着人均产出 $y(t) = Y(t)/L(t)$ 在长期是增长的（在讨论增长问题时，大小写字母常被用来区分总量和人均量）。

（2）在长期，资本存量增长率 $\dot{K}(t)$ 也非常稳定，并且资本存量增长率大于劳动力增长率：

$$\dot{K}(t) > \dot{L}(t)$$

这意味着人均资本存量 $k(t) = K(t)/L(t)$ 在长期是增长的。

（3）在长期，资本存量增长率和潜在产出增长率基本相同，因此资本－产出比 $K(t)/Y(t)$ 在长期基本保持稳定。

（4）在长期，利润率（即资本回报率）$r(t) = \partial Y(K(t), L(t))/\partial K(t)$ 非常稳定，又因为资本—产出比稳定，意味着资本和劳动在产出中所占收入份额（分别用 α_K 和 α_L 表示）是相对稳定的（在美国，这两个比率常年稳定在 25% 和 75% 左右）。

显然，这里需要回答的是一个“关于产出（$Y(t)$）—资本（$K(t)$）—劳动力（$L(t)$）在长期的相互关系”的问题——正如著名发展经济学家刘易斯（William Arthur Lewis，1979 年诺贝尔经济学奖得主）所说，“经济发展的核心事实是快速的资本积累”——积累方式，显然是任何一个增长理论的关键。

具体地，经济增长的时间与地区差异是经济增长理论要解释的两个基本问题：

第一，为什么不同国家和地区之间的人均产出表现出巨大的差异？

第二，是什么决定了一个经济在长期的增长率？

二、经济发展水平的地区差异与经济增长的时间差异

✎ 经济发展水平的地区差异

无论是在历史上还是在当代，不同国家和地区之间的人均产出和生活水平往往表现出巨大的差异。图 7－3 显示了 2011 年世界各国人均 GDP 的巨大差异（这里仅选取了世界人均 GDP 前十名和后十名的国家）。

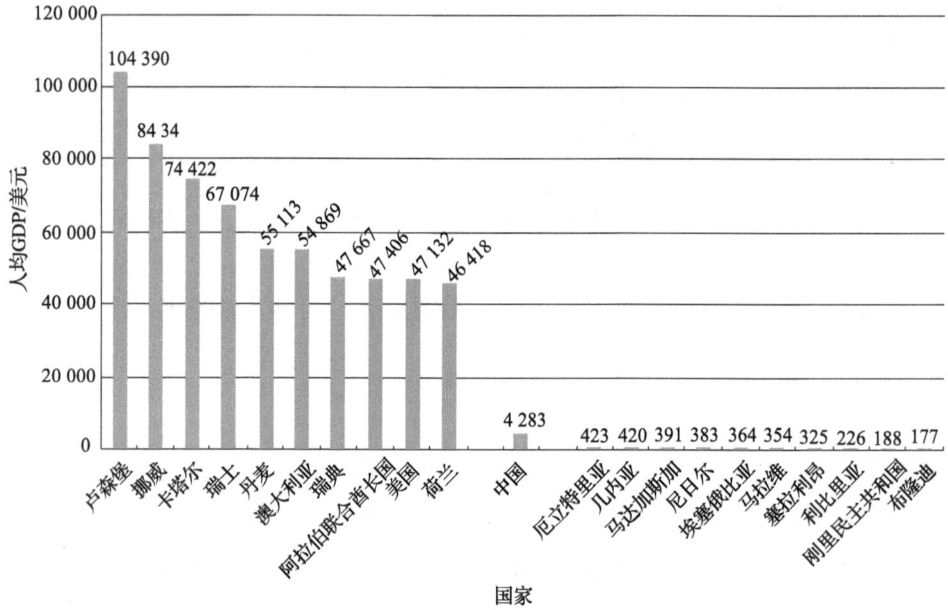

图 7－3 经济发展水平的地区差异

2011 年，卢森堡人均 GDP 大约是布隆迪人均 GDP 的 590 倍。是什么原因造成了这样巨大的差距？—— 各国自然禀赋差异太大？历史原因？战乱？也许是。

那么再看一看我国各省份/市之间的差距，图 7－4 显示了 2012 年我国各省份(含香港、澳门和台湾）/市人均 GDP（美元）分布情况。

以各省份/市情况对比，2012 年上海人均 GDP 大约是贵州人均 GDP 的 5. 5 倍，而克拉玛依人均 GDP 则是上海人均 GDP 的 3 倍以上。

✎ 经济增长的时间差异：千年视角

经济增长曾是古典经济学最为关心的问题，直到 D. Ricardo 之后才逐渐被对于配置效率的

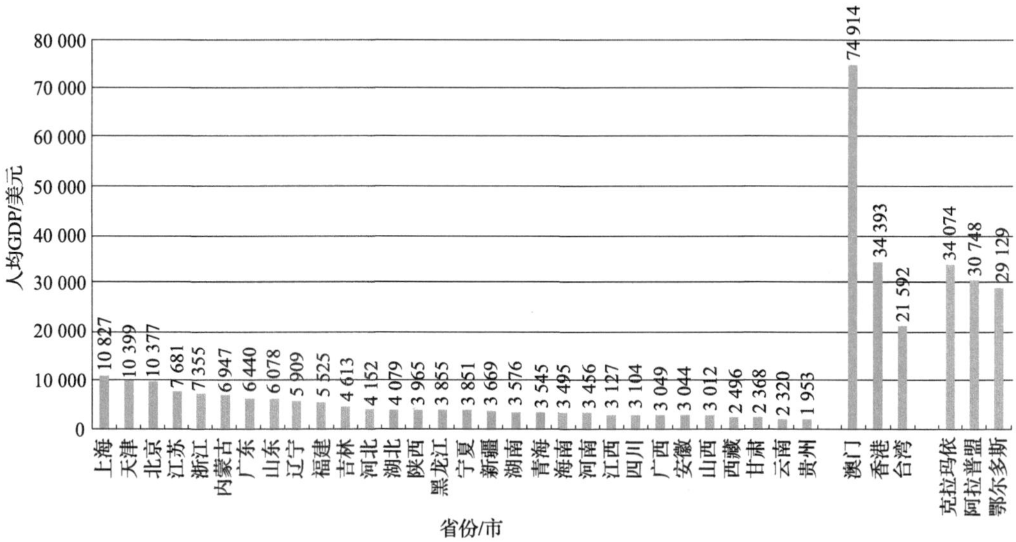

图 7－4　2012 年我国各省份（含香港、澳门和台湾）/市人均 GDP 的分布情况

关注所取代。20 世纪 50—60 年代以后（特别是在 80 年代），经济增长问题重新被主流经济学所关注，这一领域不仅重焕青春，而且取得了许多重要的突破，成为现代经济学关心的核心问题之一。

R. E. Lucas 曾说："一旦一个人开始思考经济增长问题，他将很难再思考其他问题"——也许放眼千年，我们才更能对经济增长和变迁有所体会。图 7－5 是 Maddison 估算的从公元 1 年至 2030 年中国人均 GDP 的变化情况（1990GBP）。

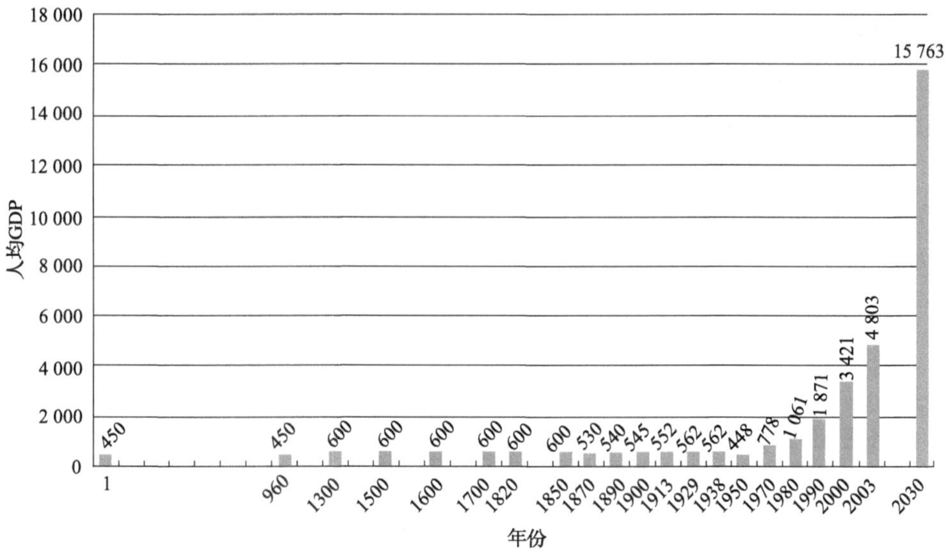

图 7－5　Maddison 估算的从公元 1 年至 2030 年中国人均 GDP 的变化情况（1990GBP）

图 7－6 是 1700—2030 年主要国家（地区）占世界 GDP 比重估测（根据 PPP 计算）。

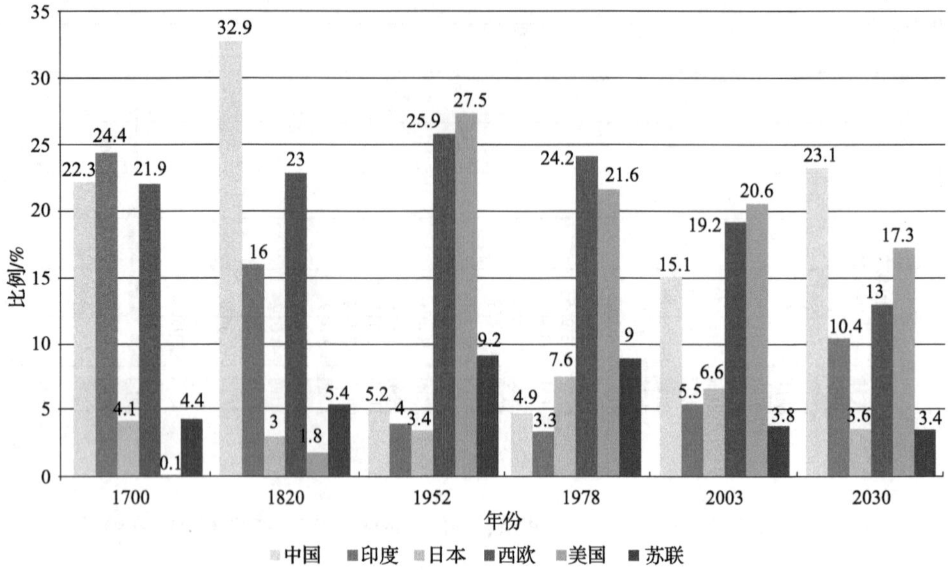

图 7－6 1700—2030 年主要国家（地区）占世界 GDP 比重

根据 Angus Maddison 的计算：

（1）1700 年（康熙年间），中国的 GDP 占世界总量的 1/5 以上，并且这一比例在 1820 年（嘉庆年间）达到几乎 1/3。

（2）从 19 世纪中叶开始，经历了大约 100 年的侵略战争、分裂、国内战争，以及一系列的动荡和社会变革，中国的 GDP 占世界比例下降到了大约 1/20，并且这一状况几乎一直持续到 20 世纪 70 年代末。

（3）从 20 世纪 80 年代末开始，中国经济经历了罕见的、举世瞩目的增长。2012 年，中国的 GDP 占世界比例为 11.5%（2012 年中国 GDP 约为 82 270 亿美元，世界 GDP 约为 717 073 亿美元），若以 Maddison 根据购买力平价进行的估算，这一比例已超过 15%。

（4）根据 Maddison 的估算，到 2030 年，中国的 GDP 占世界比例将再次超过 1/5，届时美国的 GDP 占世界比例将大约是 1/6。

三、经济增长：类型与来源

✎ 经济增长的类型

一种外来的冲击（包括政策）有可能对（人均）产出的潜在增长路径发生影响，其影响可以分为两种不同的基本类型——水平效应和增长效应。

在图 7－7（a）中，潜在增长路径被推高到了更高的水平上，但增长率不变，这样的影响称为“（对经济增长的）水平效应”；在图 7－7（b）中，潜在增长路径的斜率上升，意味着增长率提高，这样的影响称为“（对经济增长的）增长效应”。

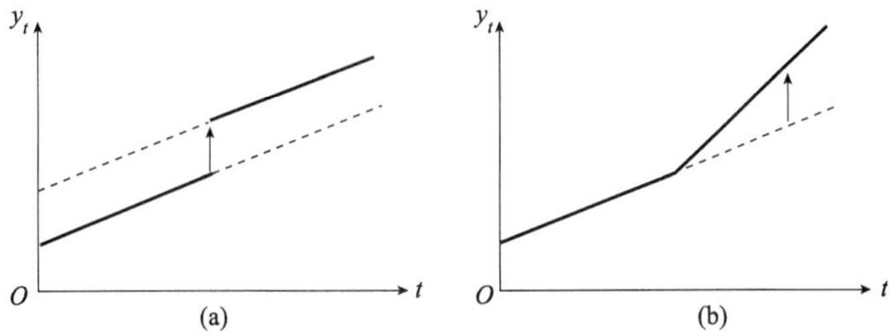

图 7-7　水平效应和增长效应

✎ 经济增长的来源

任何一个经济增长理论所要回答的中心问题就是“经济为何增长”（如上所述，这一问题又可以分解为两个具体的方面），也可以表述为“是什么决定了经济增长的速度”或者“经济增长的来源是什么”。

在深入了解任何一种增长理论之前，我们不妨首先直观地思考“经济为何增长”——换言之，人均产出增长的来源是什么？

显而易见，只可能来自两个方面的原因：要素（除劳动力以外）投入的追加和要素组织方式的改进，也就是技术（包括管理）的进步。

而如果我们将技术（包括管理）也视为一种生产要素——当然，技术作为一种要素有其特殊性——那么上述两个增长的来源实际上没有区别。如果要获得人均产出的增长，就必须要增加包括技术在内的至少一种要素的投入或者积累，这必须要求当代的人们放弃一部分当前消费。

这里我们已经可以知道传统增长理论和新增长理论（也叫“内生增长理论”）的基本区别：后者在其理论模型中明确刻画了私人对于权衡经济增长（相当于未来消费）和当前消费的权衡，在此基础上内生地决定某种影响人均产出增长率的关键要素（人力资本、生产技术、知识等）的积累路径。

✎ 经济增长与经济发展

经济发展（Economic Development），是指一个国家摆脱贫困落后状态，走向经济和社会生活现代化的过程。某种意义上，经济发展等同于“现代化”（Modernization），并且曾一度等同于“工业化”（Industrialization）。一般来说，经济发展包括三层含义：

（1）经济量的增长，即一个国家或地区所生产的产品和劳务的增加，它构成了经济发展的物质基础；

（2）经济结构的改进和优化，即一个国家或地区的技术结构、产业结构、收入分配结构、消费结构以及人口结构等经济结构的变化；

（3）经济质量的改善和提高，即一个国家和地区经济效益的提高、经济稳定程度、卫生健康状况的改善，甚至自然环境和生态平衡以及政治、文化和人的现代化进程。

可见，经济发展是大于经济增长的概念。在经济增长之外，经济发展还包括了经济的结构调整和质量提升。

四、Harrod-Domar 模型：基于 Keynes 主义的增长模型

R. F. Harrod 和 E. D. Domar 是 J. M. Keynes 以后（或者同时代的）最早研究经济增长的经济学家。Harrod（1939，1947）和 Domar（1947）分别给出了一个基本的增长模型——两个模型具有相同的实质，被称为“Harrod-Domar 模型”。该模型一般被视为第一代现代意义上的经济增长模型。

✎ 基本假设

假设（1）

在生产技术方面，Harrod-Domar 模型假设生产过程中只使用劳动（L）和资本（K）两种生产要素，生产技术是“固定技术系数的”：

$$Y(t)=\min\left\{\frac{K(t)}{\alpha},\ \frac{E(t)}{\beta}\right\}=\min\left\{\frac{K(t)}{\alpha},\ \frac{A(t)\cdot L(t)}{\beta}\right\}$$

其中：$A(t)$可以被理解为劳动生产率，因此 $E(t)=A(t)\cdot L(t)$可以被称为“实效劳动”；$\alpha>0$ 和 $\beta>0$ 分别称为“资本的技术系数”（Technical Coefficient of Capital）和“实效劳动的技术系数”（Technical Coefficient of Effective Labor）。这一生产技术意味着两种生产要素不能相互替代，要生产 1 单位的最终产品，必须至少投入 α 单位资本和 β 单位实效劳动。

假设（2）

在积累方面，Harrod-Domar 模型假设在每一期，净储蓄(S)都是产出的一个固定比例：

$$S(t)=s\cdot Y(t)$$

这一表达式可以称为经济的“总储蓄函数”（Aggregate Saving Function）。$s\in(0,\ 1)$是经济“长期的边际储蓄率”——换言之，$1-s\in(0,\ 1)$是经济“长期的边际消费倾向”。在任一期，净储蓄即为净投资（这里不考虑折旧，或者认为折旧已从“净储蓄”之中扣除），将转化为本期的资本存量：

$$K(t)-K(t-1)=I(t)=S(t)=s\cdot Y(t)$$

这一表达式可以称为经济的“资本积累方程”（Capital Accumulation Function）。

假设（3）

Harrod-Domar 模型假设每一期劳动力供给 $L(t)$外生决定，并保持一个固定的增长率 g_L：

$$\dot{L}(t)=\frac{\mathrm{d}L(t)/\mathrm{d}t}{L(t)}=g_L$$

假如在经济的“初始时刻”或者“0 时刻”的劳动力是 L_0，那么由上式可得：

$$L(t)=L_0\mathrm{e}^{g_L\cdot t}$$

假设劳动生产率提升速度等于一个常数 g_A：

$$\dot{A}(t)=\frac{\mathrm{d}A(t)/\mathrm{d}t}{A(t)}=g_A$$

那么第 t 期经济中的“实效劳动力供给”（Effective Labor Supply），$E(t)=A(t)\cdot L(t)$，就可以表示为（不妨设经济在“0 时刻”的劳动生产率等于 1）：

$$A(t)=L_0\mathrm{e}^{(g_L+g_A)\cdot t}$$

在 Harrod-Domar 模型中，实效劳动的外生增长率，$g_N\equiv g_L+g_A$，常被称为经济的“自然增长率”——这一增长率应该被理解为经济的“充分就业增长率”。

假设（4）

Harrod-Domar 模型不考虑政府部门和开放经济。

✎ Harrod-Domar 模型的结论与含义

在 Harrod-Domar 模型中，经济的均衡增长要求劳动的资本存量都得到充分利用，这时：

$$Y(t)=\frac{K(t)}{\alpha}=\frac{A(t)\cdot L(t)}{\beta}$$

⇒

$$\frac{K(t)}{A(t)\cdot L(t)}=\frac{\alpha}{\beta}$$

如果资本－实效劳动比大于 α/β，劳动失业率过高，则意味着需求不足和价格水平下降；如果资本－实效劳动比小于 α/β，资本存量的利用率过低，则意味着利润率的偏低从而意愿投资减少。

假设经济在某一期的“实际增长率”等于：

$$g=\frac{Y(t)-Y(t-1)}{Y(t)}$$

Harrod-Domar 模型强调“有保证的增长率”，也就是能够保证劳动充分就业和资本充分利用的经济增长速度。一般用 g_W 表示“有保证的增长率”，为了得到该增长率的表达式，将 $Y(t)=K(t)/\alpha$ 和 $Y(t-1)=K(t-1)/\alpha$ 代入上式，得：

$$g_W=\frac{K(t)-K(t-1)}{K(t)}$$

再带入资本积累方程，得：

$$g_W=\frac{s}{\alpha}$$

Harrod-Domar 模型的均衡要求经济的“实际增长率”等于“有保证的增长率”等于“自然增长率”，即有：

$$g=g_W=g_N\equiv g_L+g_A$$

如果实际增长率等于有保证的增长率，那么由总储蓄函数，家庭计划储蓄等于意愿投资——在每一期，由收入水平决定的实际储蓄（投资）$S(t)$，恰好等于维持经济增长所需的资本净增长（意愿投资）$K(t)-K(t-1)$。

在某一期，如果经济的实际增长率 g 低于有保证的增长率 g_W，即有：

$$\frac{Y(t)-Y(t-1)}{Y(t)}=g<g_W=\frac{s}{\alpha}$$

计划投资就会小于实际投资：

$$\frac{Y(t)-Y(t-1)}{\alpha}=K(t)-K(t-1)<S(t)=s\cdot Y(t)$$

存货出现计划外增长，于是企业会在下一期减少产出（或者以比较低的速度增加产出），这将使得实际增长率与有保证的增长率之间的差距在下一期进一步拉大。同理，如果在某一期，如果经济的实际增长率 g 高于有保证的增长率 g_W，二者的差距在下一期也会进一步拉大。这一过程称为 Harrod-Domar 模型中的"累积效应"（Accumulation Effects）。

再看有保证的增长率与自然增长率。如果在某一期有保证的增长率低于自然增长率（即实际增长率等于有保证的增长率）：

$$g=g_W<g_N$$

即有：

$$\frac{Y(t)-Y(t-1)}{Y(t)}=\frac{s}{\alpha}<g_L+g_A$$

那么从下一期开始，失业率就会越来越高；而如果在某一期有保证的增长率高于自然增长率（即实际增长率等于有保证的增长率使），即有：

$$\frac{Y(t)-Y(t-1)}{Y(t)}=\frac{s}{\alpha}>g_L+g_A$$

则一旦劳动已经实现了充分就业，这样的增长也是无法持续的。

因此，Harrod-Domar 模型的均衡常被称作"刀刃上的均衡"——依据这一模型，经济增长一旦偏离长期均衡路径，即实际增长率、有保证的增长率和自然增长率不能相等，则很难再回到均衡路径。

✎ Harrod-Domar 模型的贡献与不足

作为现代经济学关于经济增长的最早模型，Harrod-Domar 模型开启了其后数十年经济学家对于经济增长问题的成果丰富的研究。

对 Harrod-Domar 模型的批评集中在以下 4 个方面。

第一，不允许要素替代的假设过于简单。资本存量增长率和产出增长率基本保持一致，从而资本－产出比基本保持稳定，这经济增长理论需要解释的一个长期经济现象，而通过假设固定的技术系数，Harrod-Domar 模型"直接假设出"了这一需要解释的现象。

第二，储蓄函数和投资函数的形式过于简单，忽略了人们依据经济表现进行灵活调整的可能性。

第三，当实际增长率不同于有保证的增长率时，企业应该能够判断这种偏离是暂时的还是永久的，而不是简单机械地做出反应。

第四，正是由于以上3个方面的缺陷，使得Harrod-Domar模型要求的均衡增长条件过于严苛——“实际增长率”等于“有保证的增长率”等于“自然增长率”，要求：

$$\frac{s}{\alpha}=g_L+g_A$$

而这一条件中的4个变量都是外生变量。

实际上，Harrod-Domar模型不足之处或多或少来自其对Keynes主义的坚持，而Harrod-Domar模型的不足，也让人们认识到Keynes主义在分析经济长期增长问题时的局限性。

第二节　新古典增长理论：Solow模型

一、Solow (-Swan) 模型的基本设定

R. M. Solow（1956）和T. W. Swan（1956）是新古典经济增长理论（Neo-classical Growth Theory）的代表人物，二人分别贡献了本质基本相同的经济增长模型，称之为“Solow-Swan模型”，有时也简称“Solow模型”。

✎ 新古典的生产技术

假设（1）

经济使用两种要素，资本(K)和劳动(L)，生产最终产品(Y)。生产函数为：

$$Y(t)=F(K(t),\ A(t)L(t))$$

其中，$A(t)$表示第t期的“技术水平”，假设$\forall K,\ A,\ L>0$：

$$F(0,\ AL)=F(K,\ 0)=0$$

与Harrod-Domar模型一样，在Solow模型中技术通过直接作用于劳动来影响总产出，称这样的技术进步是“劳动增进型的”（labor augmented）。这一性质被称为技术进步的“Harrod中性”（另有“Hicks中性”和“Solow中性”，仅作了解）。

假设（2）

生产函数是“一次齐次的”，即对于$\forall\lambda>0$：

$$F(\lambda K(t),\ \lambda A(t)L(t))=\lambda F(K(t),\ A(t)L(t))$$

这一性质使得我们可以改变上述“总量形式的”生产函数，将其表示成“人均形式”（Per Capital form）或者“集约形式”（Intensive Form）的生产函数：

$$y(t)=\frac{Y(t)}{A(t)L(t)}=\frac{1}{A(t)L(t)}F(K(t),\ A(t)L(t))=F\left(\frac{K(t)}{A(t)L(t)},\ 1\right)=f(k(t))$$

其中，$k(t)$和$y(t)$分别表示“单位有效劳动所拥有的资本存量”和“单位有效劳动所拥有的真实产出”：

$$k(t) \equiv \frac{K(t)}{A(t)L(t)},\ y(t) \equiv \frac{Y(t)}{A(t)L(t)}$$

因此，第t期（或者t时刻）经济的人均资本存量和人均产出分别是$A(t)k(t)$和$A(t)y(t)$。

假设（3）

所有要素市场均为竞争性的，因此，真实利率等于资本的边际产出，真实工资率等于劳动的边际产出：

$$r(t) = \frac{\partial F(K(t),\ A(t)L(t))}{\partial K(t)} = \frac{\mathrm{d}(A(t)L(t)f(k(t)))}{\mathrm{d}(A(t)L(t)k(t))} = \frac{\mathrm{d}f(k(t))}{\mathrm{d}k(t)} = f'(k(t))$$

$$w(t) = \frac{\partial F(K(t),\ A(t)L(t))}{\partial L(t)} = A(t)\frac{\partial F(K(t),\ A(t)L(t))}{\partial\ (A(t)L(t))}$$

生产函数$F(K(t),\ A(t)L(t))$的一次齐次性意味着：

$$\frac{\partial F(K(t),\ A(t)L(t))}{\partial K(t)}K(t) + \frac{\partial F(K(t),\ A(t)L(t))}{\partial\ (A(t)L(t))}A(t)L(t) = F(K(t),\ A(t)L(t))$$

$\Rightarrow$

$$k(t)f'(k(t)) + \frac{\partial F(K(t),\ A(t)L(t))}{\partial\ (A(t)L(t))} = f(k(t))$$

$\Rightarrow$

$$w(t) = A(t)(f(k(t)) - k(t)f'(k(t)))$$

Solow 模型假设单个投入要素的规模报酬递减，即有：

$$f''(k(t)) = \frac{\mathrm{d}f'(k(t))}{\mathrm{d}k(t)} < 0$$

进一步地，假设生产函数$f(k)$满足“稻田条件”（Inada Condition）：

$$\lim_{k\to 0} f'(k) = +\infty,\quad \lim_{k\to +\infty} f'(k) = 0$$

假设（4）

资本折旧率$\delta \in (0,\ 1)$外生给定——在第t期（或者t时刻），资本会因折旧而损失掉$\delta K(t)$，或者人均资本会因折旧而损失掉$\delta k(t)$。

✎ 外生的劳动增长率与技术进步率

假设（5）

劳动力（或者人口）增长率$n>0$外生给定——假设在经济的“初始时刻”或者“0 时刻”的劳动力是L_0，在第t期经济中的劳动力等于：

$$L(t)=L_0 e^{nt}$$

假设（6）

技术进步率 $g>0$ 外生给定——假设在经济的“初始时刻”或者“0 时刻”的技术水平是 A_0，在第 t 期（或者 t 时刻）经济的技术水平等于：

$$A(t)=A_0 e^{gt}$$

于是，第 t 期（或者 t 时刻）经济的有效劳动水平等于：

$$A(t)L(t)=A_0 L_0 e^{(g+n)t}$$

✎ 外生的资本累计(储蓄)过程

假设（7）

储蓄率 s 外生给定，第 t 期（或者 t 时刻）的经济的总储蓄等于：

$$S(t)=sY(t)=sA(t)L(t)f(k(t))$$

二、Solow (-Swan) 模型的均衡资本存量与均衡增长

✎ 资本累计与均衡资本存量

在以上设定下，第 t 期（或者 t 时刻）经济的总资本增长为：

$$\mathrm{d}K(t)/\mathrm{d}t=S(t)-\delta K(t)=A(t)L(t)(sf(k(t))-\delta k(t))$$

而由 $K(t)=A(t)L(t)k(t)$，得：

$$\mathrm{d}K(t)/\mathrm{d}t=L(t)k(t)(\mathrm{d}A(t)/\mathrm{d}t)+A(t)k(t)(\mathrm{d}L(t)/\mathrm{d}t)+A(t)L(t)(\mathrm{d}k(t)/\mathrm{d}t)$$

代入前式并化简，得：

$$\begin{aligned}\mathrm{d}k(t)/\mathrm{d}t&=sf(k(t))-\left(\delta+\frac{\mathrm{d}A(t)/\mathrm{d}t}{A(t)}+\frac{\mathrm{d}L(t)/\mathrm{d}t}{L(t)}\right)k(t)\\&=sf(k(t))-(\delta+g+n)k(t)\end{aligned}$$

其中，$sf(k(t))$ 是第 t 期（或者 t 时刻）单位有效劳动的储蓄和资本增加；$(\delta+g+n)k(t)$ 是第 t 期（或者 t 时刻）“若要保持不变的单位有效劳动资本存量，需要补充的单位有效劳动资本存量”——$\delta k(t)$ 用于补充资本折旧，$(g+n)k(t)$ 用于适应有效劳动 $A(t)L(t)$ 的增长。

如图 7－8 所示，均衡的单位有效劳动资本存量，记为 k^*，决定于以下条件：

$$\mathrm{d}k(t)/\mathrm{d}t=sf(k^*)-(\delta+g+n)k^*=0$$

这一方程也叫 Solow 模型的“Euler 方程”（Euler equation）或者“关键方程”（key equation）（几乎每一个增长模型的资本累计方程都称为其关键方程）。将这一条件决定的均衡（单位有效劳动）资本存量带回到生产函数，得到均衡的单位有效劳动产出，$f(k^*)$。

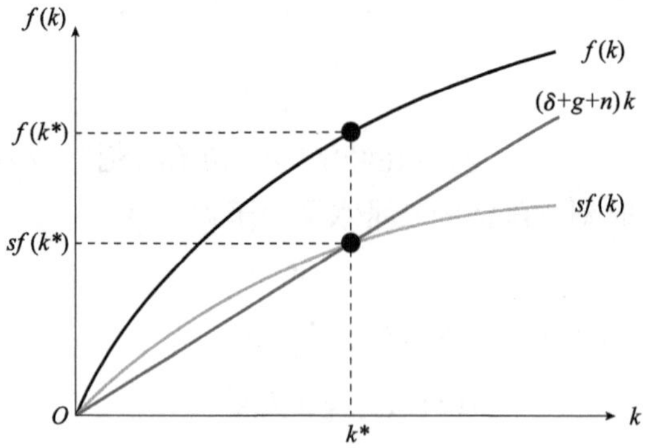

图 7 -8　均衡资本存量与均衡增长

✎ 均衡稳定性及动态调整

以上部分演示了在 Solow 模型中，一旦单位有效劳动资本存量达到 k^*，它将持续稳定在这一水平；相应地，单位有效劳动的产出将稳定在 $f(k^*)$。那么，单位有效劳动资本存量是否能够达到 k^*？

由单位有效劳动资本存量的动态方程（这一方程也叫“资本累计方程”）：

$$dk(t)/dt = sf(k(t)) - (\delta + g + n)k(t)$$

如图 7 -9 所示，由 $f''(k) < 0$ 和稻田条件：

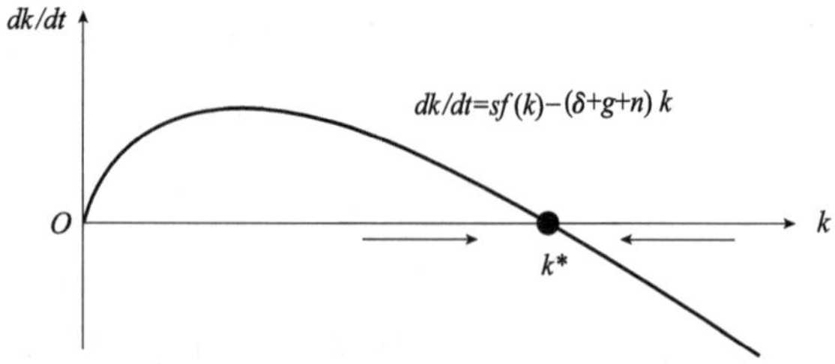

图 7 -9　均衡稳定性及动态调整

当 $k < k^*$ 时，$dk(t)/dt > 0$，单位有效劳动资本存量增长；当 $k > k^*$ 时，$dk(t)/dt < 0$，单位有效劳动资本存量下降。由此可见，无论经济从何种状态出发，单位有效劳动资本存量 $k(t)$ 和平均产出 $y(t)$ 都会分别收敛于 k^* 和 $f(k^*)$，经济达到“稳定状态”（steady state）（图 7 -10）。

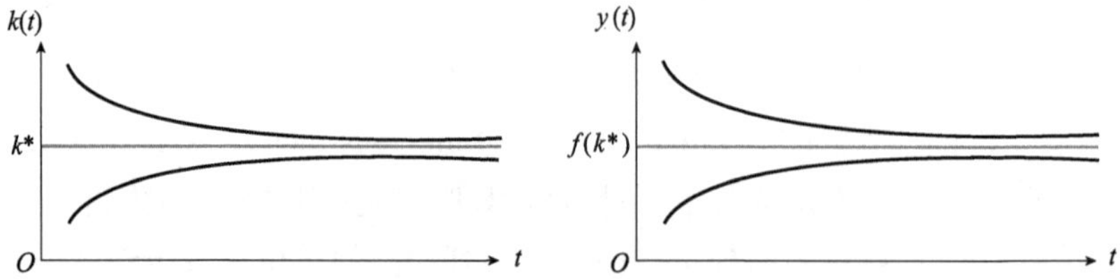

图 7 -10　稳定状态

而人均资本存量 $A(t)k(t)$ 和资本存量 $K(t)$ 将会分别收敛于路径 $A(t)k^*$ 和 $A(t)L(t)k^*$（注意 $A(t)$ 和 $L(t)$ 均为外生路径）（图 7－11）。

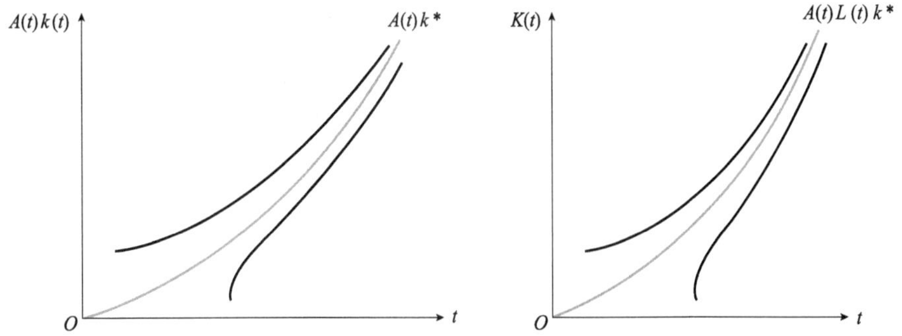

图 7－11　收敛

✎ 均衡增长

于是我们可以得到 Solow 模型中的均衡增长。在经济的均衡增长路径上，单位有效劳动资本存量和平均产出收敛于不变的均衡值：

$$k(t)=k^*,\ y(t)=f(k^*)$$

因此，人均资本存量 $A(t)k(t)$ 和人均产出 $A(t)y(t)$（也包括人均消费和人均投资）的增长速度均为 g：

$$\frac{\mathrm{d}(A(t)k(t))/\mathrm{d}t}{A(t)k(t)}=\frac{\mathrm{d}(A(t)y(t))/\mathrm{d}t}{A(t)y(t)}=\frac{\mathrm{d}A(t)/\mathrm{d}t}{A(t)}=g$$

经济的总资本存量 $K(t)$ 和总产出 $Y(t)$（也包括总消费和总投资）的增长速度均为 $g+n$：

$$\frac{\mathrm{d}K(t)/\mathrm{d}t}{K(t)}=\frac{\mathrm{d}Y(t)/\mathrm{d}t}{Y(t)}=\frac{\mathrm{d}(A(t)L(t))/\mathrm{d}t}{A(t)L(t)}=g+n$$

沿着均衡增长路径的资本—产出比保持不变：

$$\frac{K(t)}{Y(t)}=\frac{k^*}{f(k^*)}=\frac{s}{\delta+g+n}$$

同时长期真实利率保持不变：

$$r(t)=r^*=f'(k^*)$$

因此，资本的收入份额 α_K 保持不变：

$$\alpha_K=\frac{r(t)k(t)}{f(k(t))}=\frac{k^*f'(k^*)}{f(k^*)}=\frac{sf'(k^*)}{\delta+g+n}$$

劳动的收入份额 α_L 保持不变：

$$\alpha_L=\frac{w(t)L(t)}{A(t)L(t)f(k(t))}=\frac{w(t)}{A(t)f(k^*)}=\frac{f(k^*)-k^*f'(k^*)}{f(k^*)}$$

因此，长期真实工资为：

$$w(t)=A(t)(f(k^*)-k^*f'(k^*))$$

可见在 Solow 模型中工资的长期均衡增长速度等于 g：

$$\frac{\mathrm{d}w(t)/\mathrm{d}t}{w(t)}=\frac{\mathrm{d}A(t)/\mathrm{d}t}{A(t)}=g$$

三、Solow 模型的比较静态含义

✎ 储蓄率与经济增长的比较静态

外生的储蓄率 s 在 Solow 模型中具有关键的作用。如图 7－12 所示，储蓄率越高，经济均衡时的单位有效劳动资本存量 k^* 和平均产出水平 $f(k^*)$ 就越高。

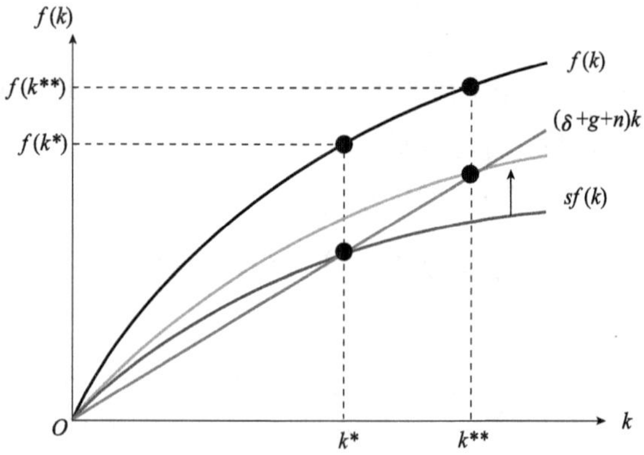

图 7－12　经济增长的比较静态

由 Solow 模型的关键方程：

$$sf(k^*)-(\delta+g+n)k^*=0$$

⇒

$$f(k^*)\mathrm{d}s+sf'(k^*)\mathrm{d}k^*-(\delta+g+n)\mathrm{d}k^*-(\mathrm{d}\delta+\mathrm{d}g+\mathrm{d}n)k^*=0$$

令 $\mathrm{d}\delta=\mathrm{d}g=\mathrm{d}n=0$，可以得到储蓄率对于经济的比较静态影响：

$$\frac{\mathrm{d}k^*}{\mathrm{d}s}=\frac{f(k^*)}{(\delta+g+n)-sf'(k^*)}=\frac{k^*}{s\alpha_L}>0$$

因此：

$$\frac{\mathrm{d}f(k^*)}{\mathrm{d}s}=f'(k^*)\frac{\mathrm{d}k^*}{\mathrm{d}s}=\frac{k^*f'(k^*)}{s\alpha_L}>0$$

在 Solow 模型中，尽管储蓄率 s 的提升能够提高经济均衡时的单位有效劳动资本存量 k^* 和平均产出水平 $f(k^*)$，但不会影响经济的长期均衡增长率（图 7－13）。

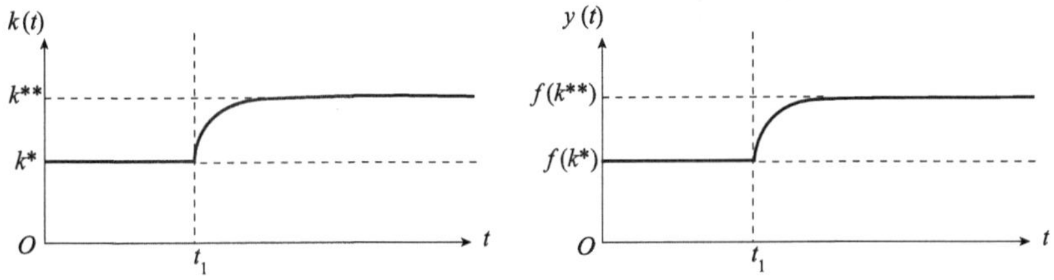

图 7–13 经济的长期均衡增长率

在长期，所有单位有效劳动的平均量均保持不变（增长率为 0），所有人均量均保持不变的增长率 g，所有总量均保持不变的增长率 $g+n$。容易证明：储蓄率的变化对于经济的所有长期均衡变量均只有水平效应，没有增长效应。

技术进步率、人口增长率与经济增长的比较静态

就单位有效劳动资本存量 k^* 和平均产出水平 $f(k^*)$ 的决定而言，技术进步率 g 和人口增长率 n 变化对经济的影响类似（图 7–14）。

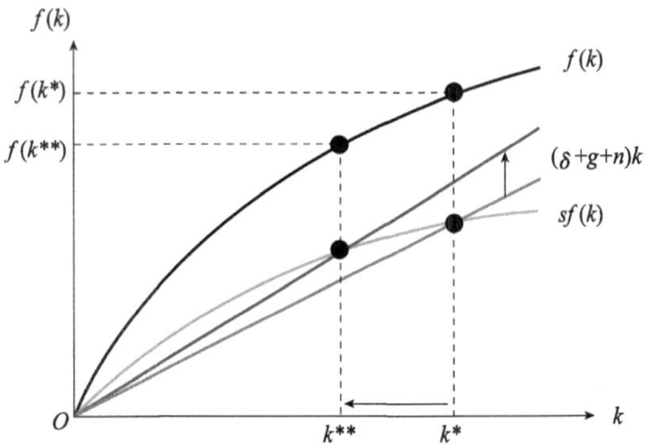

图 7–14 技术进步率、人口增长率与经济增长的比较静态

由 Solow 模型的关键方程（的全微分形式）：

$$f(k^*)\mathrm{d}s+sf'(k^*)\mathrm{d}k^*-(\delta+g+n)\mathrm{d}k^*-(\mathrm{d}\delta+\mathrm{d}g+\mathrm{d}n)k^*=0$$

令 $\mathrm{d}\delta=\mathrm{d}g=\mathrm{d}s=0$，可以得到人口增长率对于经济的比较静态影响：

$$sf'(k^*)\mathrm{d}k^*-(\delta+g+n)\mathrm{d}k^*-k^*\mathrm{d}n=0$$

⇒

$$\frac{\mathrm{d}k^*}{\mathrm{d}n}=\frac{k^*}{sf'(k^*)-(\delta+g+n)}=-\frac{k^*}{s\alpha_L}\frac{k^*}{f(k^*)}<0$$

⇒

$$\frac{\mathrm{d}f(k^*)}{\mathrm{d}n}=f'(k^*)\frac{\mathrm{d}k^*}{\mathrm{d}n}=\frac{k^*f'(k^*)}{sf'(k^*)-(\delta+g+n)}=-\frac{k^*\alpha_K}{s\alpha_L}<0$$

容易证明：人口增长率的增长对于单位有效劳动资本平均量的均衡水平只有水平效应，

而无增长效应；对于人均量的均衡水平只有水平效应，而无增长效应；对于经济总量的均衡水平既有水平效应，又有增长效应。

令 $\mathrm{d}\delta=\mathrm{d}n=\mathrm{d}s=0$，可以得到技术进步率对于经济的比较静态影响：

$$sf'(k^*)\mathrm{d}k^*-(\delta+g+n)\mathrm{d}k^*-k^*\mathrm{d}g=0$$

$\Rightarrow$

$$\frac{\mathrm{d}k^*}{\mathrm{d}g}=\frac{k^*}{sf'(k^*)-(\delta+g+n)}=-\frac{k^*}{s\alpha_L}\frac{k^*}{f(k^*)}<0$$

$\Rightarrow$

$$\frac{\mathrm{d}f(k^*)}{\mathrm{d}g}=f'(k^*)\frac{\mathrm{d}k^*}{\mathrm{d}g}=\frac{k^*f'(k^*)}{sf'(k^*)-(\delta+g+n)}=-\frac{k^*\alpha_K}{s\alpha_L}<0$$

容易证明：技术进步率的增长对于单位有效劳动资本平均量的均衡水平只有水平效应，而无增长效应；对于人均量的均衡水平既有水平效应，又有增长效应；对于经济总量的均衡水平既有水平效应，又有增长效应。

✎ 黄金累积率与最优增长路径

我们已经看到，在 Solow 模型中，长期均衡的人均产出、人均资本存量和人均消费的增长率等于技术进步率 n，而储蓄率的变化能够影响增长路径的水平位置。

一个自然的问题是，如果一个经济能够采用某种方法改变其储蓄率，从而选择一条增长路径（当然，通过改变储蓄率无法改变增长路径的“斜率”），那么，哪一条增长路径是最优的？为了实现这一“最优增长路径”（图 7－15），储蓄率应该被确定在怎样的水平？

首先，“最优”的标准是什么？

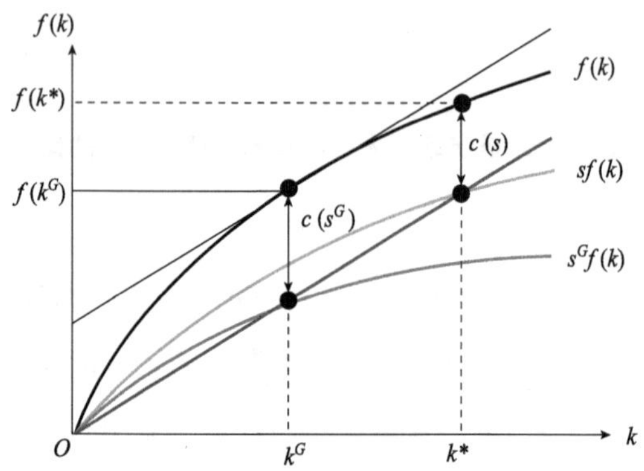

图 7－15 最优增长路径

在 Solow 模型中，将人均消费的最大化就是判断经济增长路径是否“最优”的标准（在一个更加一般的增长理论中，福利评价的标准一般来自代表性消费者的效用函数，但在 Solow 模型中，不存在这样的效用函数，故直接以消费路径代替），并且由于消费沿长期均衡路径的增长率不受储蓄率影响，单位有效劳动平均消费 $c^*=(1-s)f(k^*)$ 的最大化，就直接代表了整条消费路径处于最高的水平。

如图 7 – 15 所示，为使均衡时的单位有效劳动平均消费 $c^* = (1-s)f(k^*)$ 最大，应使单位有效劳动资本存量的均衡值 k^* 位于恰好使曲线 $f(k)$ 与直线 $(\delta+g+n)k$ 之间的竖直距离最大的位置，即这时的 k^* 必定满足：

$$f'(k^*) = \delta + g + n$$

通过 Solow 模型的关键方程我们也可以证明这一点，单位有效劳动平均消费的最大化条件是：

$$\frac{\mathrm{d}c^*}{\mathrm{d}s} = -f(k^*) + (1-s)f'(k^*)\frac{\mathrm{d}k^*}{\mathrm{d}s} = 0$$

将有这一条件决定的储蓄率称为“黄金储蓄率”（Golden Rate of Saving）或者“黄金累计率”（Golden Rate of Accumulation），记为 s^G，满足：

$$s^G = 1 - \frac{f(k^*)}{f'(k^*)(\mathrm{d}k^*/\mathrm{d}s)}$$

带入：

$$\frac{\mathrm{d}k^*}{\mathrm{d}s} = \frac{f(k^*)}{(\delta+g+n) - sf'(k^*)}$$

可知 s^G 必定满足：

$$s^G = 1 - \frac{(\delta+g+n) - s^G f'(k^*)}{f'(k^*)} = 1 - \frac{(\delta+g+n)}{f'(k^*)} + s^G$$

$\Rightarrow$

$$f'(k^*) = \delta + g + n$$

这一条件也被称为“Phelps 黄金累积法则”（Phelps Golden Rule of Accumulation），它表明：在经济长期增长过程中，不仅存在多条（相互平行的）增长路径——每条路径和一个储蓄率相对应——而且在这些路径之中存在唯一一条能够使得人均消费达到最大的路径，这样的增长路径称为“最优增长路径”（Optimal Growth Path），与之相对应的储蓄率就是黄金储蓄率。

应该怎样理解最优增长路径和黄金储蓄率？

如果经济达到长期均衡时的人均资本存量 k^* 过大，意味着经济“过于追求积累和增长”而牺牲了太多的消费，也就是表现出某种“为增长而增长”，这时应该适当降低储蓄率。

如果经济达到长期均衡时的人均资本存量 k^* 过小，意味着经济“积累过少”因而“增长不足”，这时应该适当牺牲当前消费，提升储蓄率，能够实现长期消费路径的提升。

第三节　内生储蓄率与技术进步率：走向新增长模型

一、走向新增长：Solow 模型的不足

与 Harrod-Domar 模型相比，Solow-Swan 模型放松了固定技术系数的假设，代之以可替代

要素，并且在新古典主义的框架下得到了均衡资本—产出比和长期均衡增长路径。

直到20世纪70年代，以Solow模型为代表的新古典增长模型在经济增长理论中占据着主流地位。但是，Solow模型在一些重要方面是不能让人满意的——其中最根本的来自Solow模型外生的储蓄率和外生的技术进步率。

无论储蓄率的外生还是技术进步率的外生，都可以视为累计机制的外生——前者决定了实物资本积累过程的外生，后者实际上给出了外生的知识资本或者人力资本的积累过程。

Solow模型中的固定储蓄率

Solow模型延续了Harrod-Domar模型固定储蓄率的假设，这样的假设当然能够给模型的构造和推演带来方便，但也饱受诘责。经济中的决策者在任何时候都总是将其收入的一个不变比例（即储蓄率）用作储蓄吗？显然不是这样。

在不改变Solow模型基本框架的情况下，只需将储蓄函数的形式加以调整，也可以实现储蓄率的内生化。一种最简单的做法是考虑“古典储蓄函数”，这时的储蓄率 s 是利率 r 的增函数：

$$s=s(r)=s(f'(k)),\ \mathrm{d}s/\mathrm{d}r>0$$

容易证明，这时的储蓄率 s 是单位有效劳动资本存量 k 的减函数（k 越大，利率 r 越低，因而储蓄率 s 越小）：

$$\frac{\mathrm{d}s}{\mathrm{d}k}=\frac{\mathrm{d}s}{\mathrm{d}r}\frac{\mathrm{d}r}{\mathrm{d}k}=\frac{\mathrm{d}s}{\mathrm{d}r}(f''(k))<0$$

这时，单位有效劳动资本存量的动态方程（也叫“资本累计方程”）（图7－16），就是：

$$\mathrm{d}k(t)/\mathrm{d}t=s(f'(k(t)))f(k(t))-(\delta+g+n)k(t)$$

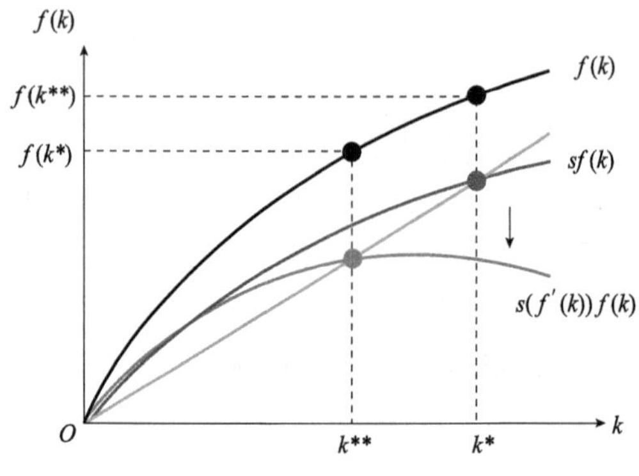

图7－16　单位有效劳动资本存量的动态方程

与储蓄率外生的情况相比，这时的单位有效劳动储蓄率 $s(f'(k(t)))$ 随单位有效劳动资本存量 k 的增加而下降，单位有效劳动储蓄 $s(f'(k(t)))f(k(t))$ 随单位有效劳动资本存量 k 的增加而增长的速度放慢（二阶导数减小）。但是，均衡的存在性、稳定性和经济实现长期均衡时各经济变量的增长速度，均不受影响。

然而，这里将储蓄率“内生化”为：

$$s=s(r)=s(f'(k))$$

并非真正的内生化，因为这时储蓄函数的形式仍然是外生给定的——有什么理由相信，经济中的决策者在任何时候都将遵循这样一个储蓄函数？一个真正内生化的储蓄过程，应该是基于理性决策者的跨期最大化行为而产生的，我们将会在后面给出示例。

✎ 对增长的真正解释：走向新增长

对 Solow 模型的最大也是最根本的批评，是针对 Solow 模型对于技术进步率 g 外生给定的假设。因此，Solow 模型常被指责是在“通过假设增长来解释增长”。

一个真正能够回答“经济为何增长”的理论，不能只是说“有一种称为‘技术’的东西使得经济增长”——这一理论必须回答：“这种使得经济增长的动力，无论它叫做‘技术’或者什么，究竟是什么？并且，这种作为经济增长动力的因素是如何产生和积累的？”

对于仅仅作为概念的“技术进步”的不满，促使经济学家们努力通过各种途径，去揭示“技术进步”的实质。经济学家对于技术进步实质的解释，可归于三个方面：

（1）人力资本积累，这一方法强调人力资本与实物资本的区别，并且前者的累积构成了人均产出和人均资本存量长期增长的源泉；

（2）纵向创新，是指通过创新提升同一种产品的质量或者降低同一种产品的成本，这一方法强调纵向创新产生的新产品替代旧产品的过程，认为这样的创新是经济增长的源泉；

（3）横向创新，是指通过创新创造出新的产品和服务，这一方法强调横向创新产生的新产品丰富了消费者的选择，认为这样的创新是经济增长的源泉。

基于以上三种解释之中的任何一种（或者其中两种解释的结合）构建经济增长模型，都是为了得到内生决定的经济增长率——因此，这类相对于新古典增长模型的“新增长模型”（New Growth Models），也被称作“内生增长模型”（Endogenous Growth Models）。

需要强调的是，尽管一般强调新增长理论根本不同于新古典增长理论的进步，是其技术进步速度的内生决定，但从生产函数的性质上讲，新增长理论一般隐含了递增的规模报酬（IRS），这也不同于新古典生产技术的不变规模报酬（CRS）。

二、基于代表性消费者最大化的无穷期界经济模型

通过考虑经济中“代表性消费者”（Representative Consumer）的“一生效用最大化”问题，得到代表性消费者在各时期的消费和储蓄，是一种在本质上不同于预设储蓄函数（和消费函数）的做法。新增长模型一般在这样的框架下构建，这里我们简单介绍这一框架。

✎ 代表性消费者的“一生效用”

在任何一个时期，代表性消费者的单期效用取决于其在该期的消费：

$$u(t)=u(c(t))$$

一般地，假设：

$$\frac{\mathrm{d}u}{\mathrm{d}c}>0, \quad \frac{\mathrm{d}^2u}{\mathrm{d}c^2}<0$$

尽管可以使用一般的单期效用函数形式，$u=u(c)$，有时为了简化分析，我们也常使用具体的函数形式，其中最常见的形式之一是所谓的“相对风险规避系数不变”（Constant Relative Risk Aversion，CRRA）单期效用函数：

$$u(t)=u(c(t))=\frac{c(t)^{1-\sigma}-1}{1-\sigma}$$

其中，表示代表性消费者的“相对风险规避系数”：

$$\sigma=-\frac{cu''(c)}{u'(c)}$$

作为一个简单的分析起点，假设代表性消费者拥有“无限生命期界”（Infinite Horizon），代表性消费者的“一生效用”，等于其各期效用贴现后的加总：

$$U=\int_{t=0}^{+\infty}u(c(t))\mathrm{e}^{-\rho t}\mathrm{d}t$$

✎ 代表性消费者的“一生约束”

代表性消费者的“一生约束”，实际上也就是整个经济的约束。这一约束条件表现为人均资本存量 $k(t)$ 的累计方程（动态方程）：

$$\frac{\mathrm{d}k(t)}{\mathrm{d}t}=f(k(t))-(n+\delta)k(t)-c(t)$$

上式中的符号含义与 Solow 模型相应符号的含义相同，此处不再说明。这一条件并非经济面临的全部约束——显然，经济在初始状态下拥有的人均资本 $k(0)$，也会影响经济的长期增长路径。一般地，假设 $k(0)=k_0$。

✎ Ramsey 模型：现代宏观经济学的基本模型

结合上述目标函数和约束条件，得到代表性消费者的约束最大化问题，实际上也就是整个经济的约束最大化问题：

$$\max U=\int_{t=0}^{+\infty}u(c(t))\mathrm{e}^{-\rho t}\mathrm{d}t$$

$$\text{s. t.} \quad \frac{\mathrm{d}k(t)}{\mathrm{d}t}=f(k(t))-(n+\delta)k(t)-c(t)$$

$$k(0)=k_0$$

Ramsey（1928）构建的上述模型，使得人们可以在一个完全基于理性决策者最大化的框架内，分析整个宏观经济的长期行为。在这一框架下，人们的消费函数和储蓄函数均不再是外生给定的。

尽管 Ramsey 模型的建立和提出甚至早于 Keynes 的《通论》（虽然有时被定义为数学家

或者逻辑学家，Ramsey 本人在就读于剑桥大学时也可算是 Keynes 的学生），但其被现代宏观经济学真正利用却是 20 世纪 60 年代以后。

如今 Ramsey 模型早已成为现代宏观经济学分析最重要的基本模型之一，由于求解这一模型需要更加高级一些的数学工具，在几乎所有中级及以下层次的宏观经济学教科书中都看不到对该模型的介绍。这里我们给出 Ramsey 模型的一个离散时间形式：

$$\max U = \sum_{t=0}^{+\infty} \rho^t u(c_t)$$

$$\text{s.t.} \quad k_{t+1} - k_t = f(k_t) - (n+\delta)k_t - c_t$$

$$k_0 = k_0$$

以便于在后续讨论中，必要时能够使用 Lagrange 方法对其进行一些分析。

三、从新古典增长理论到新增长(内生增长)理论

✎ 经济增长与经济增长理论

就经济增长问题而言，几乎从未有人否认其重要性。然而，直到 20 世纪 80 年代初，经济增长理论（包括 Solow 模型）在经济学研究领域事实上处于边缘地位。

造成这一状况的原因大体上来自两个方面：一是具有形式化水平的分析技术的落后；二是新古典经济学在完全竞争市场、完全信息和规模报酬递减的假设下的基本分析框架，已经不适于分析类似于经济增长这样复杂动态的问题。

是什么推动了经济学的发展，使之最终突破上述两个方面的限制——特别是后一方面的限制——走向新增长理论？

首先是理论上的困境。20 世纪 70 年代以前，经济学家也在新古典经济学的框架下对经济增长的诸般事实做出了“解释”，只是这些解释显然是难以令人满意的。

其次是现实的要求。战后许多国家和地区，例如苏联和东欧国家、西欧国家和日本、亚洲“四小龙”、拉美国家，呈现出内容和特征各异的、难以单纯用资本积累解释的经济增长——一些发展中国家的经济实现了迅速地增长，缩小了与发达国家的差距，而另一国家的经济发展则相对缓慢（甚至停滞），发展中国家之间在经济水平上的差距开始拉大。这些问题亟须经济学家给出经济学理论予以回答。

✎ 技术变迁与人力资本积累

从 20 世纪 80 年代后期开始，随着分析工具的进步和新古典主义经济学的部分基本设定被突破，经济增长理论也实现了突破，开始走向新增长理论。之前一些经济学家的重要思想——例如 Schumpeter（1912）的“创造性毁灭”（Creative Destruction）和 Arrow（1962）的“干中学”（Learning by Doing）——得以被真正重视和正式纳入主流经济增长理论的分析框架。在这一过程中，P. M. Romer（1986）和 R. E. Lucas（1988）做出了具有开创性意义的贡献。

P. M. Romer（1986）建立了最早的内生经济增长模型，把知识作为经济增长的内生变量

纳入经济和技术体系之内。Romer 提出了四要素增长理论——在新古典经济学中的资本和劳动（非技术劳动）之外，加入了人力资本（以受教育的年限衡量）和新思想（用专利来衡量，强调创新）。

R. E. Lucas（1988）的“专业化人力资本积累增长模型”，也是最早的内生经济增长模型之一。Lucas 模型明确刻画了人力资本的累积过程：人力资本增值越快，则部门经济产出越快；人力资本增值越大，则部门经济产出越大。Lucas 模型的贡献之一是强调人力资本积累不仅具有外部性，而且与人力资本存量成正比，认为人力资本积累是经济得以持续增长的决定性因素和真正源泉。

无论是基于技术变迁、人力资本积累，还是其他理由，新的增长理论需要找到什么才是经济增长的可持续的发动机——归根结底，这需要突破新古典经济学规模报酬递减的桎梏，实现要素回报的递增。

P. M. Romer（1986）和 R. E. Lucas（1988）的开创性工作探讨了纠正新古典经济增长模型局限性的一些可能途径，提出用内生的技术进步来解释经济的增长的基本方向，在内生增长领域做出了杰出贡献，促成了对于经济增长的研究在 20 世纪 80 年代末 90 年代初的全面复兴。1997 年，P. M. Romer 被美国《时代》杂志评选为当年美国最具影响力的 25 人之一。

四、AK 模型：最简单的内生增长模型

✎ AK 模型

Romer（1996）和 McGrattan（1998）给出了最简单的内生技术进步率的增长模型，称为“AK 模型”—— 原因是该模型的生产技术具有如下的形式：

$$Y_t = F(K_t) = AK_t$$

$\Rightarrow$

$$y_t = Y_t/L_t = AK_t/L_t = Ak_t$$

注意：这里的 A 只是一个常数，而 K_t 代表“广义的资本”——既包括实物资本，又包括知识资本。这时经济的最大化问题就是：

$$\max U = \sum_{t=0}^{+\infty} \rho^t \frac{c_t^{1-\sigma} - 1}{1 - \sigma}$$

$$\text{s. t.} \quad k_{t+1} - k_t = Ak_t - (n + \delta) k_t - c_t$$

$$k_0 = k_0$$

在考虑内生增长时，理论上，当经济达到长期均衡路径时，内生决定的增长率也可能并不是一个常数。

仍然从简化的考虑出发，我们有理由考虑一类特殊而简单的内生增长，当经济达到长期均衡时所有经济变量的内生增长率都等于常数。这样的增长称为“平衡增长”（Balanced Growth），对应的增长路径称为“平衡增长路径”（Balanced Growth Path，BGP）。

构造 Lagrange 函数：

$$L(k_{t+1},c_t,\lambda_t) = \sum_{t=0}^{+\infty}\rho^t \frac{c_t^{1-\sigma}-1}{1-\sigma} - \lambda_t(k_{t+1}-k_t-Ak_t+(n+\delta)k_t+c_t)$$

注意：在任一期，当期人均资本存量 k_t 是给定的，经济只能选择当期消费 c_t 和下期人均资本存量 k_{t+1}。一阶条件为 $\forall t\geqslant 0$，均有：

$$\begin{cases}\partial L/\partial c_t = c_t^{-\sigma}\rho^t - \lambda_t = 0 \\ \partial L/\partial k_{t+1} = \lambda_t - (1+A-n-\delta)\lambda_{t+1} = 0 \\ \partial L/\partial \lambda_t = k_{t+1} - k_t - Ak_t + (n+\delta)k_t + c_t = 0\end{cases}$$

由一阶条件第 1 式可得，$\forall t\geqslant 0$，均有：

$$c_t^{-\sigma} = \lambda_t\rho^{-t}$$

（代入一阶条件第 2 式）$\Rightarrow$

$$\left(\frac{c_t}{c_{t+1}}\right)^{-\sigma} = \left(\frac{c_{t+1}}{c_t}\right)^{\sigma} = \frac{\rho\lambda_t}{\lambda_{t+1}} = \rho(1+A-n-\delta)$$

$\Rightarrow$

$$\dot{c}_t \equiv \frac{c_{t+1}-c_t}{c_t} = (\rho\ (1+A-n-\delta))^{1/\sigma} - 1$$

可以证明，上述 AK 模型实现长期均衡时：

$$\dot{c}_t = \dot{k}_t = \dot{y}_t = (\rho\ (1+A-n-\delta))^{1/\sigma} - 1$$

可见这时的经济位于平衡增长路径上。于是，在经济的长期均衡增长路径上，储蓄率和资本—产出比均保持不变：

$$\frac{c_t}{y_t} = \text{constant},\ \frac{k_t}{y_t} = \text{constant}$$

注意：这时的参数条件必须满足：

$$A-n-\delta-\rho>0$$

只有这样才能保证经济的增长；否则，经济将归于消灭。

✎ 模型含义

AK 模型没有对技术进步的来源做出任何解释，其中也没有明确的技术进步——甚至没有明确的技术，所有的因素都被隐含在了一个“广义的资本”K 之中。

虽然 AK 模型极端简单，但其体现了几乎所有类型的内生增长模型的本质特征：无论基于对于技术进步的怎样解释，反映一个内生增长模型的最终生产技术中，可以被理解为“广义的资本”的单个要素的边际生产率，也就是$f'(k_t)$，是不变或者递增的。而在新古典生产技术条件下，资本的单个要素的边际生产率是递减的。

尽管是最简单的内生增长模型，但 AK 模型的提出并不是在所有内生增长模型之中最早，而几乎是最晚——也就是，AK 模型并非作为一个对于新增长模型尝试，而是作为一个对于新增长模型总结出现的——在了解这一点之后，我们可以继续讨论三类最重要的内生增长模型。

第四节 新增长理论（内生增长）初步：创新与人力资本积累

一、基于人力资本积累的经济增长

✎ 人力资本与经济增长

所谓人力资本（Human Capital），是指凝结在劳动者身上的劳动技能、知识和健康状况的总和。人力资本可以通过教育、培训、保健、劳动力迁移、就业信息等获得和积累。

人力资本不仅是个人与社会中的他人发生关系和赖以获得生活来源的基础，也是具有社会生产力意义的社会资本。

与实物资本相比，人力资本至少有以下不同：

（1）经济性质和使用成本不用，实物资本具有竞争性，人力资本在许多时候是非竞争的（为 1 个人积累人力资本和为 10 000 个人积累人力资本，所需花费的成本差别有时并不大）；

（2）人力资本常常具有正的外部性（即溢出效应，Spillover Effect）和“自我生长”能力；

（3）从社会生产的角度，人力资本的折旧方式显著与实物资本不同。

关于人力资本与经济增长的关系，有两条认识线索。第一个来自 Becker（1964），认为经济增长来自人力资本的累积，这一线索提供了 Lucas（1988）模型中人力资本的来源；第二个来自 Nelson 和 Phelps（1966），认为经济增长来自人力资本的存量。也就是，前一方法将人力资本直接能同于技术，因此人力资本积累等同于技术进步；后一方法视人力资本为技术进步的原因，认为人力资本存量的不同是各国技术进步速度不同的关键。

就介绍新增长理论而言，这两者并无本质区别，我们仅介绍 Lucas（1988）的方法。

✎ 人力资本的累积

在 Lucas（1988）的“专业化人力资本积累增长模型”中，人力资本被以一种类似于实物资本的方式视为一个有其独立积累和折旧过程的部门——经济需要投入资源用于人力资本的积累。具体地，整个经济在第 t 期和第 $t+1$ 期的人力资本存量，分别用 H_t 和 H_{t+1} 表示，具有以下关系：

$$H_{t+1}=H_t+I_t^h-\delta^h H_t$$

其中，δ^h 表示“人力资本的折旧率”；I_t^h 表示“在第 t 期经济中所有资源中用于增加人力资本的投资”。这一“人力资本累积方程”也可以表示为人均形式：

$$h_{t+1}=h_t+i_t^h-\delta^h h_t$$

整个经济面临的预算约束意味着：

$$y_t = c_t + i_t^k + i_t^h$$

其中，y_t、c_t 和 i_t^k 分别表示第 t 期经济的人均产出、人均消费和用于增加实物资本的人均投资。

基于人力资本积累的经济增长

假设代表性消费者的一生效用（现值）函数是：

$$U = \sum_{t=0}^{+\infty} \rho^t \frac{c_t^{1-\sigma} - 1}{1 - \sigma}$$

在任意的第 t 期，经济的总生产函数是：

$$Y_t = AK_t^{\beta} H_t^{1-\beta}$$

其中，K_t 表示第 t 期经济中的实物资本存量，$\beta \in (0, 1)$。这一总量生产函数很容易表示为人均形式：

$$y_t = Ak_t^{\beta} h_t^{1-\beta}$$

其中，k_t 表示第 t 期经济中的人均实物资本存量，其累计方程为：

$$k_{t+1} = k_t + i_t^k - \delta^k k_t$$

结合前述人力资本的积累过程和经济在每一期的预算约束，这是经济的最大化问题为：

$$\max U = \sum_{t=0}^{+\infty} \rho^t \frac{c_t^{1-\sigma} - 1}{1 - \sigma}$$

$$\text{s. t.} \quad k_{t+1} - k_t + h_{t+1} - h_t = Ak_t^{\beta} h_t^{1-\beta} - (n + \delta^k) k_t - (n + \delta^h) h_t - c_t$$

$$k_0 = k_0$$

$$h_0 = h_0$$

其中，n 依旧表示（外生的）人口增长率。构造 Lagrange 函数：

$$L(k_{t+1}, h_{t+1}, c_t, \lambda_t) = \sum_{t=0}^{+\infty} \rho^t \frac{c_t^{1-\sigma} - 1}{1 - \sigma} + \lambda_t (Ak_t^{\beta} h_t^{1-\beta} - k_{t+1} - h_{t+1} + (1 - n - \delta^k) k_t + (1 - n - \delta^h) h_t - c_t)$$

注意：在任一期，当期人均实物资本存量 k_t 和人力资本存量 h_t 都是给定的，经济只能选择当期消费 c_t、下期的人均资本存量 k_{t+1} 和人力资本存量 h_{t+1}。

这一最大化问题的一阶条件为 $\forall t \geqslant 0$，均有：

$$\begin{cases} \partial L / \partial c_t = c_t^{-\sigma} \rho^t - \lambda_t = 0 \\ \partial L / \partial k_{t+1} = -\lambda_t + (A\beta k_{t+1}^{\beta-1} h_{t+1}^{1-\beta} + (1 - n - \delta^k)) \lambda_{t+1} = 0 \\ \partial L / \partial h_{t+1} = -\lambda_t + (A(1-\beta) k_{t+1}^{\beta} h_{t+1}^{-\beta} + (1 - n - \delta^h)) \lambda_{t+1} = 0 \\ \partial L / \partial \lambda_t = Ak_t^{\beta} h_t^{1-\beta} - k_{t+1} - h_{t+1} + (1 - n - \delta^k) k_t + (1 - n - \delta^h) h_t - c_t = 0 \end{cases}$$

由一阶条件第2、3式可得$\forall t \geqslant 0$，均有：

$$\frac{\lambda_t}{\lambda_{t+1}} = A\beta k_{t+1}^{\beta-1} h_{t+1}^{1-\beta} + (1-n-\delta^k) = A(1-\beta) k_{t+1}^{\beta} h_{t+1}^{-\beta} + (1-n-\delta^h)$$

由这一条件可以得到在均衡增长路径（也就是最优增长路径）上，任意一期的人均实物资本和人均人力资本所要满足的条件：

$$A\beta k_t^{\beta-1} h_t^{1-\beta} - \delta^k = A(1-\beta) k_t^{\beta} h_t^{-\beta} - \delta^h$$

这一条件不易进一步简化。但是，如果我们假设：

$$\delta^k = \delta^h = \delta$$

那么上述条件可以简化为：

$$\frac{h_t}{k_t} = \frac{1-\beta}{\beta}$$

以下我们假设这一条件（$\delta^k = \delta^h = \delta$）成立。注意：均衡增长路径上任意一期的人均实物资本和人均人力资本之比等于常数，意味着人均实物资本和人均人力资本在均衡增长路径上的增长率相同：

$$\dot{h}_t = \dot{k}_t$$

也即是经济最终实现平衡增长（Balanced Growth）。

又由一阶条件第1式可得$\forall t \geqslant 0$，均有：

$$c_t^{-\sigma} = \lambda_t \rho^{-t}$$

$\Rightarrow$

$$\left(\frac{c_t}{c_{t+1}}\right)^{-\sigma} = \left(\frac{c_{t+1}}{c_t}\right)^{\sigma} = \frac{\rho\lambda_t}{\lambda_{t+1}}$$

又因为在均衡增长路径上（假设$\delta^k = \delta^h = \delta$），$\forall t \geqslant 0$，均有：

$$\frac{\lambda_t}{\lambda_{t+1}} = A\beta^{\beta}\ (1-\beta)^{1-\beta} + \ (1-n-\delta)$$

$\Rightarrow$

$$\dot{c}_t \equiv \frac{c_{t+1} - c_t}{c_t} = \rho^{1/\sigma}(A\beta^{\beta}\ (1-\beta)^{1-\beta} + \ (1-n-\delta))^{1/\sigma} - 1$$

可以证明，Lucas模型实现长期均衡时：

$$\dot{c}_t = \dot{k}_t = \dot{h}_t = \dot{y}_t = \rho^{1/\sigma}(A\beta^{\beta}\ (1-\beta)^{1-\beta} + \ (1-n-\delta))^{1/\sigma} - 1$$

可见这时的经济位于平衡增长路径上。于是，在经济的长期均衡增长路径上，储蓄率、实物资本—产出比、人力资本—实物资本比均保持不变。

最后，如果我们将均衡增长路径上的人力资本—实物资本比，$h_t/k_t = (1-\beta)/\beta$，代入生产函数：

$$y_t = Ak_t^{\beta} h_t^{1-\beta}$$

得到：

$$y_t = A\left((1-\beta)/\beta\right)^{1-\beta} k_t$$

可见，这时的生产函数满足“AK 形式”。

二、基于创新的经济增长 I：知识溢出与横向产品创新

基于横向产品创新和知识溢出的经济增长：Romer (1986,1990)的贡献

P. M. Romer 在芝加哥大学就读本科期间，专业为数学和物理学，在其因考虑在研究生阶段学习法律而在大学四年级选修第一门经济学课程（由 Peltzman 讲授）的过程中，Romer 的兴趣开始被经济学所吸引，后来进入麻省理工学院和芝加哥大学学习经济学（Romer 攻读博士阶段的大部分时间在麻省理工学院，但其最终的学位在芝加哥大学获得）。

尽管 Romer 是有可能获得诺贝尔经济学奖级别的经济学家，但与许多经济学家相比，他并不算是一个高产的研究者，甚至其真正意义上的学术生命也较短。为 Romer 奠定其在经济学研究领域基本地位的工作，主要体现在其最终发表于 1986 年和 1990 年的两篇论文，基本上是其在攻读博士阶段的研究成果。

在 Romer（1986）提出新增长理论要点的论文中，也同时提出了一个基本的新增长模型，这一模型的基本思想来自 Young（1928）提出的一个“古老思想”——支撑经济增长的，是由不断增加的各种活动引起的劳动专业化分工的深化。

Romer 对这一思想进行了形式化：他用一个内生决定的、代表“中间产品种类（也可以理解为技术手段）”的变量 A，来刻画经济中的技术水平。具体地，Romer 采用一个 Dixit-Stiglitz（1977）式的最终产品生产函数（注意：这里给出的实际上是一个单期生产函数，简单起见我们省去了时间下标）：

$$Y = L^{\alpha}\int_0^A x_{\omega}^{1-\alpha}\mathrm{d}\omega,\ \alpha \in (0,1)$$

其中，Y 代表最终产品；L 代表劳动力；x_{ω} 代表第 ω 种中间产品；A 代表中间产品种类。

这一生产函数中并未直接显示资本存量 K，这是因为 K 被隐含在了中间产品的生产技术之中。具体地，生产第 ω 种中间产品所需投入的资本是：

$$K_{\omega} = f + x_{\omega}$$

其中，f 代表生产中间产品所需的固定要素投入，资本存量的约束意味着：

$$K = \int_0^A K_{\omega}\mathrm{d}\omega = Af + \int_0^A x_{\omega}\mathrm{d}\omega$$

给定中间产品种类 A，每一个垄断竞争的中间产品生产者都依据其边际利润最大化来决定其生产的中间产品的数量 x_{ω}，在一个“对称均衡”中：

$$x_{\omega} = \bar{x},\ \forall\,\omega \in [0,\ A]$$

将这时任意一个垄断竞争的中间产品生产者获得最大利润记为：

$$\overline{\pi}=\pi(A)$$

显然，竞争者愈多，任意一个垄断竞争的中间产品生产者获得最大利润越低：

$$\frac{\mathrm{d}\pi}{\mathrm{d}A}<0$$

由于产业是自由进入的，如果 $\overline{\pi}=\pi(A)>0$，自然会引起投资者通过创造新的中间产品（生产技术）进入，中间产品由是增加，直至 $\overline{\pi}=0$。

这一“零均衡利润条件”或者“自由进入条件”决定了中间产品种类（也可以理解为技术水平）A 的均衡值，Romer 证明：

$$A=\frac{2-\alpha}{2f}K$$

可见，在 Romer（1986）模型中，“技术水平” A 的增长来自资本存量 K 的增长。将均衡结果代回生产函数，得到：

$$Y=\phi L^{\alpha}A^{1-\alpha}K^{\alpha}=\phi^{*}L^{\alpha}K$$

其中，$\phi>0$ 和 $\phi^{*}>0$ 均为外生的系数。

Romer（1986）模型中的技术进步实际上是一种“横向产品创新”（Horizontal Innovation），是指创造出性质上不同于原有产品，因而不会对原有产品形成完全替代的新产品。横向创新能够为消费者带来更多的选择，因此能够改善经济福利。该模型中的中间产品生产过程，可以被理解为一个“研究与开发（R&D）”的过程，因此，该模型中的中间产品生产部门也可以被理解为一个“研发部门”。

Romer（1986）模型尽管简单，但在两个关键的方面突破了新古典主义模型：

（1）突破了新古典主义完全竞争市场的假设，代之以垄断竞争市场——潜在的中间产品生产者创造出新的中间产品的动机（也可以解释为研发者从事研发的动机），正是出于对于垄断利润的追求；

（2）突破了新古典主义规模报酬递减的假设，均衡条件下，经济的生产函数表现出规模报酬递增—— Romer（1986）模型的均衡生产函数也是广义的 AK 形式。

Romer（1990）进一步扩展了上述 Romer（1986）模型，将知识的溢出效应（Spillover Effect）作为一个新的增长源泉引入模型。具体地，Romer（1990）假设生产最终产品和研发中间产品都需要投入劳动，记生产最终产品的劳动数量为 L_1，研发新中间产品的劳动数量为 L_2，满足：

$$L=L_1+L_2$$

最终产品生产函数仍然是：

$$Y=L_1^{\alpha}\int_0^A x_{\omega}^{1-\alpha}\mathrm{d}\omega,\ \alpha\in(0,1)$$

这时，创造新的中间产品的过程和生产中间产品的过程被区分开来，前者被概括为一个设计出新的中间产品“蓝图”并以价格 P_A 销售给中间产品生产者的部门。生产出新的设计既需要依靠投入此部门的劳动数量 L_2，又取决于已有的知识存量 A：

$$\frac{\mathrm{d}A}{\mathrm{d}t}=\delta L_2 A$$

这一条件构成了 Romer（1990）模型中技术溢出效应的来源：所有研究者都可以使用全部现有知识。注意：这一条件也决定着对于技术创新的激励。后续的模型求解过程只是常规化的，在此不做详细介绍。Romer（1990）的技术溢出模型有两个基本的“推动力”（Driving Forces），都可以解释为某种规模报酬递增：

（1）来自于专业化（产品多样化）的规模报酬递增（同 Romer（1986））；

（2）来自于技术溢出效应的规模报酬递增。

基于这两个基本的推动力，Romer（1990）的技术溢出模型的基本结论是：

（1）研究部门生产力的增加，表现为 δ 增加，将导致均衡经济增长速度的提升；

（2）随着以劳动力总量 L 度量的经济规模的增大，均衡经济增长速度加快；

（3）由于劳动分工（即新的中间产品的创造）具有正的外部性，均衡增长率总是低于社会最优水平，换言之，在均衡增长路径上创新仍然没有得到充分的激励。

✎ 开放经济、产品横向创新与经济增长：Grossman 和 Helpman（1991）的贡献

Grossman 和 Helpman（1991）将 Romer（1986，1990）模型扩展到两国开放经济，考查开放经济对于经济增长的含义。

假设有两个经济体——本国和外国。由于需要分析的是开放经济对于技术进步和经济增长的含义，所有与贸易相关国家差异化的设定都被“屏蔽”了——两国在一切禀赋和生产条件方面均相同，分别具有和 Romer（1990）模型完全相同的最终产品生产技术、中间产品生产技术、研发技术和劳动力禀赋。

如果两国经济封闭，那么将各自实现同 Romer（1990）模型完全相同的封闭经济均衡（Autarky Equilibrium）。开放经济的好处是显而易见的——如果允许中间产品（技术）的自由流动，两国在封闭经济均衡条件下分别创造出的中间产品不同，开放经济直接使得每个国家的最终产品生产者面临更多（2 倍）的中间产品（生产技术）选择。这时：

（1）可以利用的中间产品种类的增加将提升每一国家最终产品生产部门的边际生产率，增加在最终产品生产部门就业的劳动力的工资；

（2）中间产品市场的扩大将增加研发部门的回报，表现为“设计蓝图”的价格 P_{A} 的上升，从而增加在研发部门就业的劳动力的工资；

（3）在 Grossman 和 Helpman（1991）模型的具体设定下，上述两个部门的真实工资上升比率相同，最终各国劳动力就业的分布与封闭经济条件下无差别；

（4）这样的开放经济提升了各国最终产品的产出水平和福利水平，具有“水平效应”，但不具备增长效应——由于仅开放中间产品的国际贸易，开放经济对于从事研发活动的激励没有影响，因而对经济增长率没有影响。

与此不同的是，如果允许知识的自由流动，则相当于技术的溢出效应加倍——任何一个

国家的技术创新都能够外溢到两国的全部市场：

$$\frac{\mathrm{d}A}{\mathrm{d}t}=\delta L_2(A+A^*),\ \frac{\mathrm{d}A^*}{\mathrm{d}t}=\delta^* L_2^*(A+A^*)$$

其中，上标“∗”表示外国。这时：

一方面，给定一国投入研发部门的就业数量，技术进步率更高，从而使得经济增长率更高；

另一方面，由于对于从事技术创新的激励相对于生产最终产品的激励增强，在每一国家都会有更多的劳动力进入研发部门就业，从而推动经济增长率进一步提升。

三、基于创新的经济增长 II：创造性毁灭与纵向产品创新

J. A. Schumpeter 和他的“创造性毁灭”

长期经济增长一直是经济学关注的中心——亚当·斯密和大多数古典经济学家将资本主义视为获得迅速增长的最佳途径。然而到了 19 世纪末，以及之后经济学真正走上具有现代科学形式化水平的发展道路以后，经济学家们开始更多地关注经济效率的问题，而对增长问题“失去了兴趣”。

1912 年，Schumpeter 的著作《经济发展理论》(*Theory of Economic Development*) 出版。在书中，Schumpeter 提出：企业家是“经济发展的带头人”和能够“实现生产要素的重新组合”的创新者。而作为创新主体的企业家，其作用在于“创造性地破坏市场的均衡”——Schumpeter 称之为“创造性破坏”(Creative Destruction，也作创造性毁灭)。

Schumpeter 提出的创造性毁灭，是与经济的动态失衡和企业家的创新分不开的。

首先，Schumpeter 认为，动态失衡（而非古典经济学家所主张的均衡和资源的最佳配置）是健康经济的“常态”，而企业家正是这一创新过程的组织者和始作俑者——通过创造性地打破市场均衡，才会出现企业家获取超额利润的机会。

在此基础上，Schumpeter 突出企业家的创新性，并且强调创新是判断企业家的唯一标准。他认为：一个人由于“实现新的组合”而成为企业家，“而当他一旦建立起企业，并像其他人一样开始经营这个企业时，这一特征就马上消失”——因此，企业家只能被理解为“一种稍纵即逝的状态”。按照 Schumpeter 的定义，一个人在他几十年的活动生涯中不可能总是企业家，除非他不断“实现新的组合”，即不断创新。

Schumpeter 提出的创造性毁灭，是其企业家理论和经济周期理论的基础。但这一理论不只局限于资本主义生产方式的内部，也针对资本主义生产方式本身。

在 Schumpeter（1934）看来，创造性毁灭是资本主义的本质性事实，重要的问题是研究资本主义如何创造并进而破坏经济结构——这种结构的创造和破坏主要不是通过价格竞争而是依靠创新的竞争实现的——创新就是不断地从内部革新经济结构。Schumpeter（1934）指出，资本主义的创造性与毁灭性因此是同源的，他相信：资本主义经济最终将因为无法承受其快速膨胀带来的能量而崩溃于其自身的规模。

尽管在“创造性毁灭”这一概念提出之时人们为之震惊，但历经百年，资本主义经济

所破坏和创造的巨大价值似乎完美印证了 Schumpeter 的论断。今天，不仅作为一个经济学概念的“创造性毁灭”业已成为主流经济论述中重要的核心概念之一，现实世界之中创造性毁灭的力量似乎也在不断增强。

Schumpeter 的贡献，也许还远未为人们所充分认识。不过在今天看来，Schumpeter 对于经济学研究方向的一个主要贡献，是把经济学家的注意力在一定程度上重新吸引到长期经济增长的问题上来，或者说，使得后来想要研究经济增长问题的经济学家们能够找到一个距离相对较近的理论渊源，而不必上溯到 18 世纪以前。

✎ 产品质量阶梯与纵向创新：Aghion 和 Howitt(1992)模型

纵向产品创新（Vertical Innovation）可以被理解为是“提供完美替代品的创新”，即创造出性质上完全与原有产品相同，因而只要质量相同而价格不同，或者是价格相同而质量不同，消费者没有任何理由选择高价格或是低质量的产品。纵向创新能够为消费者带来同等支付条件下更高质量的消费，或者以更低的支付消费同等的产品，因而能够改进福利（从节约社会资源与促进社会生产的角度，可以换为另外一种说法）。

P. Aghion 和 P. Howitt（1992）给出了一个基于产品纵向创新的经济增长模型，该模型可以被视为对于 Schumpeter 的“创造性毁灭”思想在现代经济增长理论框架中一个体现。

考虑一个由 L 个代表性消费者组成的经济，每个代表性消费者的一生效用函数为：

$$U = \int_0^{+\infty} c_\tau \mathrm{e}^{-r\tau} \mathrm{d}\tau$$

这里的 r 既表示效用的贴现率，又表示利率（资本的贴现率）。最基本的 Aghion 和 Howitt（1992）模型可以不考虑资本，仅此假设经济中只用劳动一种要素，而每个代表性消费者固定地供给 1 单位劳动，因此整个经济的劳动供给为 L。经济中最终消费品（y_t）的产出须经过中间产品（x_t）的创造，从中间产品到最终产品的生产函数为：

$$U = \int_0^{+\infty} c_\tau \mathrm{e}^{-r\tau} \mathrm{d}\tau$$

注意：在 Aghion 和 Howitt（1992）模型中，只有唯一一种中间产品（这种中间产品可以被理解为一种节约成本或者提高质量的技术）——每一次创新都意味着一种新的中间产品被创造出来，并且取代旧的中间产品。因此，这一模型中的符号下标 t 表示的并非时间，而是“技术发展的阶段”。

在 Aghion 和 Howitt（1992）模型中，每一代新的中间产品之所以必然能够取代上一代中间产品，是因为它都会对应着比之前更高的“生产最终产品的技术”，A——具体地，$\forall t$，均有：

$$\frac{A_{t+1}}{A_t} = \gamma > 1$$

注意：这里的“潜在技术阶梯”或者“产品质量阶梯”是外生给定的。经济中的劳动 L 有且仅有两个可就业的部门：中间产品生产部门和研发部门，分别用 l 和 n 表示两部门中的劳动就业，充分就业意味着在任何一期（这里我们暂时略去技术发展阶段下标）：

$$L = l + n$$

在生产部门，劳动以1:1的不变规模报酬技术生产中间产品，因此在任何一期：

$$l = x$$

能够成功创新的企业将在一个阶段——下一个成功的创新出现以前——成为市场上的垄断者，从而获得垄断利润。这一垄断利润的期望值是促使企业进行研发投入的唯一原因。这一模型揭示了研发活动的3种重要的外部效应（或者溢出效应）：

（1）攫取效应——研发成功者所能够获得的垄断利润，总是小于他所创造的全部消费者剩余；

（2）跨阶段溢出效应——研发成功者对于其后来者具有正向技术溢出，因为后来者可以在更高的基础上进行下一代技术的研发（站在巨人的肩膀上）；

（3）研发成功者对于其前一代技术的拥有者具有“抢夺市场效应”——实际上也就是Schumpeter的“创造性毁灭”——预期到这一点（自己的创新终有一天会被后来者毁灭），会削弱企业的研发动机。

对于整个社会福利而言，上述前两种为正的外部效应，后一种是负的外部效应。注意：与社会最优的研发水平相比，任何一种正的外部效应都意味着研发的不足，任何一种负的外部效应都意味着研发的过度。

✎ 研发、专利竞赛与创新到达率

一般地，一个经济在研发部门投入的要素（劳动力）数量越多，研发成功的概率越高。

在上述模型中，Aghion和Howitt（1992）采用了一个可以高度简化分析的设定，假设成功研发的到达率服从Poisson分布——如果在研发部门就业的劳动力数量为n，则新的技术将会以Poisson到达率λn出现，其中λ为表示研发技术生产力的参数。这意味着创新在未来1个单位时间内到达的概率是：

$$\text{Prob}\{\tau \leqslant 1\} = 1 - e^{-\lambda n}$$

其中，τ表示创新到达的时间。这一假设的含义是：基于任何一个已经实现的技术层级t，单个研发者发现下一层级的技术的概率是由一个到达率等于λ的Poisson分布所刻画的——由于每个个体研发者的研发过程和成功与否相互独立，根据Poisson分布的性质，当n个研发者同时从事研发时，至少一个发现下一层级的技术的概率由一个到达率等于λn的Poisson分布所刻画。

这实际上一场有n个研发者参与的“专利竞赛”—— 一旦一个研发者研发成功，他将成为唯一拥有第$t+1$层级技术的垄断经营者，直到经济中的某人研发出第$t+2$层级技术，当然，一个研发成功者也可以以等于垄断利润现值的价格出售其专利。无论如何，所有其他$n-1$个之前从事第$t+1$层级技术的研发者所做的一切研发投入，在第一个研发成功者研发成功的时刻，即全部沉没。

用 V_{t+1}表示"拥有第 $t+1$ 层级技术的垄断经营者能够获得的垄断利润的现值"（注意：这是一个"给定研发成功"条件下的利润现值）。在专利竞赛的开始时刻，单个研发者最先获得研发成功并成为专利拥有者的概率是 λ，假设劳动市场是完全竞争的，那么对于每单位进入研发部门就业的劳动所要支付的工资就等于：

$$w_t = \lambda V_{t+1}$$

由于劳动可以自由选择进入制造业生产部门（生产 x）或者研发部门（研发 A_{t+1}），因此上述条件也是经济中任何 1 单位劳动所要求的工资率。

✎ 专利的价值与创造性毁灭

V_{t+1}既可以被理解为"拥有第 $t+1$ 层级技术的垄断经营者能够获得的垄断利润的现值"，也可以被理解为"代表第 $t+1$ 层级技术的专利价值"，这一价值满足：

$$rV_{t+1} = \pi_{t+1} - \lambda n_{t+1} V_{t+1}$$

这一条件的含义是：在 1 单位时间内由"代表第 $t+1$ 层级技术的专利"所产生的预期收益价值 rV_{t+1}，等于"如果拥有第 $t+1$ 层级技术的垄断者能够维持其垄断地位 1 单位时间所能够获得垄断利润" π_{t+1}，减去"由于拥有第 $t+1$ 层级技术的垄断者在 1 单位时间内可能丧失垄断地位而损失的专利价值"或者"考虑'过时因素'造成的专利价值预期损失" $\lambda n_{t+1} V_{t+1}$。由这一关系可以得到：

$$V_{t+1} = \frac{\pi_{t+1}}{r + \lambda n_{t+1}}$$

其中，$r + \lambda n_{t+1}$ 也称为"经过'过时因素'调整的利率"，代表了创造性毁灭的效应——如果在技术水平处于第 $t+1$ 层级的阶段有更多的研发 λn_{t+1}出现，拥有第 $t+1$ 层级技术的垄断者能够获得垄断利润的期望时间就越短，其所拥有的专利的价值也就越小。

✎ 一般均衡

首先，假设最终产品市场的完全竞争的，令拥有第 t 层级技术的垄断者向最终产品部门出售中间投入品 x_t 的价格为 $P_t(x_t)$，则：

$$P_t(x_t) = A_t \alpha x_t^{\alpha - 1}$$

这实际上也就是拥有第 t 层级技术的垄断者面临的（反）需求函数。于是，拥有第 t 层级技术的垄断者的最大化问题就是：

$$\max_{x_t} \pi_t(x_t) = (P_t(x_t) - w_t)\ x_t = (A_t \alpha x_t^{\alpha - 1} - w_t) x_t$$

$\Rightarrow$

$$x_t^* = \alpha^{2/(1-\alpha)} (w_t / A_t)^{-1/(1-\alpha)}$$

代回利润函数，得到第 t 层级技术的垄断者这时能够获得最大的（单位时间）垄断利润：

$$\pi_t^* = (A_t \alpha (x_t^*)^{\alpha-1} - w_t) x_t^* = \alpha^{-1} A_t (w_t / A_t)^{-\alpha/(1-\alpha)}$$

注意：这时我们已经把技术水平处于第 t 层级时的中间产品均衡产量，也就是制造业部门的均衡就业量 x_t^*，和这一阶段的中间产品垄断生产者的（单位时间）垄断利润 π_t^*，都表示为“经过生产力调整的工资率” $\omega_t = w_t / A_t$ 的函数：

$$x_t^* = \tilde{x}(\omega_t),\ \pi_t^* = A_t \tilde{\pi}(\omega_t)$$

显然，和 $\tilde{\pi}(\omega_t)$ 都是 ω_t 的减函数。结合之前条件：

$$w_t = \lambda V_{t+1},\ V_{t+1} = \frac{\pi_{t+1}}{r + \lambda n_{t+1}},\ A_{t+1} = \gamma A_t$$

可以得到：

$$w_t = \lambda \frac{\gamma A_t \tilde{\pi}\ (\omega_{t+1})}{r + \lambda n_{t+1}} \quad \Rightarrow \quad \omega_t = \lambda \frac{\gamma \tilde{\pi}\ (\omega_{t+1})}{r + \lambda n_{t+1}}$$

$$L = n_t + \tilde{x}(\omega_t)$$

分别称为“套利方程”和“劳动市场出清条件”。值得注意的前一条件——本阶段工资率与下阶段工资率之间存在负向相关关系，这是因为下阶段更高的工资率代表了下阶段更高的研发需求，从而意味着下一阶段新技术（依概率）更快到来，从而意味着本阶段的专利价值和劳动价值更低。

✎ 稳态研发水平

在 Aghion 和 Howitt（1992）模型中，一个稳态增长可以被简单地定义为：劳动在制造部门和研发部门的就业结构不变，同时“经过生产力调整的工资率” ω 保持不变的均衡经济增长。在稳态增长路径上：

$$n_t = n,\ \frac{w_t}{A_t} = \omega,\ \forall t$$

n 和 ω 保持不变意味着经济保持“稳态研发水平”——在创新不断出现的经济增长路径上，真实工资、利润和最终产品产出均保持 γ 的增长速度——也就是，伴随每一代技术更新增加为原来的 γ 倍。

现在需要确定稳态增长路径上的就业分布 n 和“经过生产力调整的工资率” ω。在稳态增长路径上，上面的“套利方程”和“劳动市场出清条件”表现为：

$$\omega = \lambda \frac{\gamma \tilde{\pi}(\omega)}{r + \lambda n}$$

$$L = n + \tilde{x}(\omega)$$

注意：这两个条件给出了 n 和 ω 的两个不同的关系——并且由“套利方程”确定的 n 和 ω 的关系是负向的，由“劳动市场出清条件”确定的 n 和 ω 的关系是正向的——两者能够确定 n 和 ω 的唯一均衡，$(n^*,\ \omega^*)$（图 7－17）。

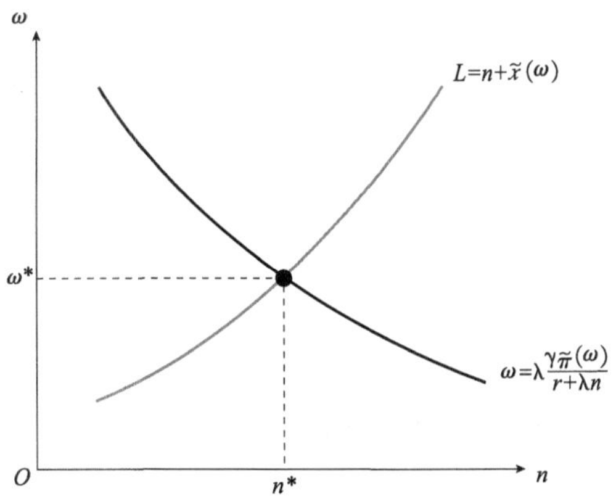

图 7－17 n 和 ω 的唯一均衡

这里的 n^* 代表了“均衡研发水平”，Aghion 和 Howitt（1992）模型所要揭示的一类关键问题就是均衡研发水平 n^* 如何受到各种因素的影响。容易证明以下的比较静态结果：

（1）利率 r 的下降将提高垄断利润的现值，从而增加研发的边际收益，从而提高均衡研发水平；

（2）每一阶段创新规模 γ 的增加，意味着相对于本阶段生产力的更高的下一阶段的垄断利润，因而也意味着更高的研发边际收益，从而提高均衡研发水平；

（3）劳动力禀赋 L 的增加将使得工资下降，这将同时提高研发的边际收益和降低研发的边际成本，从而提高均衡研发水平；

（4）创新抵达率 λ 的增加一方面会导致任何就业水平上的研发更加有效，另一方面会加速创造性毁灭的过程——二者对于任何一个阶段的研发的激励都是反方向的，但容易证明，在 Aghion 和 Howitt（1992）模型中前者是主要的。

✎ 稳态经济增长率

在 Aghion 和 Howitt（1992）模型中，不存在实物资本的积累问题，在每一个技术阶段消费者将会消费全部的最终产品，也就是：

$$c_t = y_t = A\ (x^*)^{\alpha} = A\ (L-n^*)^{\alpha}$$

而对于任何两个相邻的技术阶段，均有：

$$y_{t+1} = \gamma y_t$$

⇒

$$\ln y_{t+1} = \ln\gamma + \ln y_t$$

要得到经济的稳态增长率，我们要问：如果不以技术阶段 t 衡量，而以时间 τ 衡量（也就是将下标由 t 换成 τ），最终产品的产出（消费）变化率是怎样的？

在 Aghion 和 Howitt（1992）模型中，连续两次创新之间的时间间隔是随机的，这一时间间隔服从参数为 λn^* 的 Poisson 分布——任意给定一个单位时间间隔，例如从 τ 到 $\tau+1$，有：

$$\ln y_{\tau+1} = \theta_{\tau}\ln\gamma + \ln y_{\tau}$$

其中，θ_τ 表示从 τ 到 $\tau+1$ 发生的创新数目；θ_τ 也是一个服从参数为 λn^* 的 Poisson 分布的随机变量，其期望值为：

$$E\theta_\tau = \lambda n^*$$

因此，经济的稳态增长率（在 Aghion 和 Howitt（1992）模型中也叫“平滑增长率”）等于：

$$g \equiv \ln\gamma_{\tau+1} - \ln\gamma_\tau = \lambda n^* \ln\gamma$$

结合上面关于均衡研发水平 n^* 如何受到各种因素影响的比较静态结果，这里很容易得到稳态增长率的各种比较静态结果（此处略）。

四、创新与经济增长：政策含义与未知数

✎ 增长的源泉及其政策含义

可以将内生增长模型的基本点概括为：

（1）技术进步是经济增长的源泉，技术进步包括许多不同的形式；

（2）无论哪种形式的技术进步，一般是源自开发者对于市场激励的有意识的反应；

（3）与实物资本相比，知识资本的特点之一是非竞争性，只有在创造知识时发生成本。

在新古典增长模型中，经济增长来自一个未被解释的“技术进步”，因而无法对如何改变经济的增长率提供任何建议。然而，依照内生增长理论，可以通过财政政策解决人力资本积累外部性、技术外部性和知识外部性等问题，从而影响经济增长率：

（1）增加人力资本投资；

（2）增加基础设施投资；

（3）增加研究与开发投资。

✎ 关于增长的新认识：制度结构问题

如果是技术进步和人力资本累积决定了经济的长期增长率，而决定技术进步和人力资本累积过程的方式又是如此简明，那么世界各国还有什么理由在这类政策上存在结构性的差别？真的存在统一的最优技术累积路径和人力资本累积路径吗？是什么决定了一个国家（经济）实现技术进步和累积人力资本的能力？换言之，如果创新是经济增长的源泉，那么创新的源泉是什么？

对这一问题的思考，实际上是经济学家不断追求将更多因素内生化的过程——与新古典增长模型相比，新增长模型实现了技术与技术进步的内生化；进一步地，经济学家会问，新增长模型中的外生变量，这些变量决定了新增长模型中技术进步的条件，究竟代表什么？是由什么决定的？

显然，政府要推进技术进步和人力资本积累，就必须要扶持那些不具备自生产能力和自盈利能力的部门，这既要求政府具备一定的资源动员能力，也要求经济能够在相对较长的时间里容忍低效率（浪费）。然而，决定政府动员资源（并投入相关领域）能力和意愿的原因

都是复杂的，经济、政治、社会、人口、宗教、民族、地理等方面的因素都会起作用。

那么，不妨问一个相对简单的问题——落后国家是否有可能采取某些策略，加速其技术进步和人力资本积累，实现对于领先国家的“赶超”？至少从历史与现实看，成功与失败的案例均不在少数。

在这一问题上，林毅夫（2001）提出的看法是，落后国家能否实行“赶超战略”，主要受到以下3个方面因素的影响：

（1）人均资源丰裕程度——优势例子：俄罗斯（苏联）；劣势例子：日本；

（2）人口规模——优势例子：中国、印度；劣势例子：许多国家；

（3）初始状态下的资金密度——优势例子：“二战”后西欧国家；劣势例子：许多国家。

林毅夫（2001）的理论较好地解释了苏联、中国和许多拉美国家的经济增长和赶超，但是，按照这一理论，资源稀少和人口匮乏的国家就几乎不可能实现赶超——然而，在当今世界上这样的国家比比皆是。

实际上，对于上述问题的各种观点，成为20世纪90年代以后（这时关于内生增长的最基本的理论模型已经贡献完毕）经济增长理论最活跃的研究领域之一。其中，相对“主流”的观点包括：

（1）法律的宗教传统的影响：Shleifer（1998）；

（2）地理环境与贸易：Sachs（2001）；

（3）地理环境与殖民主义：Acmoglu（2000）；

（4）国际环境与邻国竞争：Rodrick（2002）；

（5）政治的竞争程度：Acmoglu（2002）。

第八章 宏观经济学的微观基础

20 世纪七八十年代以后，随着现代经济分析方法的不断发展，以及以新货币主义、理性预期学派和新 Keynes 主义为代表的新的经济学思想和观点的不断挑战与冲击，“二战”后由 Keynes 的《通论》开启的宏观经济学与微观经济学相对割裂的状态在很大程度上得到改变，这种改变是以微观经济学的发展和对宏观经济学的改造为特征的，后者有时也被称作宏观经济学向微观经济学的回归。

就各自关心的问题而言，今天的宏观经济学与微观经济学仍然泾渭分明，而上述改造与回归主要表现在两个方面：第一，宏观经济学不再满足于所谓“潜在的”理性，而要求明确地基于理性人最大化行为的模型设定；第二，对于宏观经济学所关心的各种宏观经济现象——例如经济波动与失业——现代宏观经济学一般要求更加明确地引入各种与理性人最大化行为相一致的作用机制。

在 Keynes 的《通论》及其之后若干年，经济学被分为微观经济学和宏观经济学，前者基本上相当于经济学之中的“传统理论”，而后者类似于“挑战者”。过去 20 年，宏观经济学和微观经济学之间的界限已经变得有些模糊，两者在研究范式和研究方法上也无根本性不同。今天，尽管“宏观经济学”和“微观经济学”的区分仍然存在，但如前所述，其内涵已经发生了变化。

本章将要介绍的各种基本理论，大都诞生于 20 年代 50—70 年代，可以被一般地理解为微观经济学解释宏观经济学的过程中的具体步骤。在当时，这些理论大都只是作为对于 Keyne 主义宏观经济学的单独补充出现的，如今，这些理论已经共同构成了宏观经济学新的基础，体现在各类模型之中。

第一节 消费理论

一、消费与消费函数

✎ Keynes 的绝对消费函数理论

Keynes 的关于居民消费的理论，可以完全体现在其先验给定的消费函数上：

$$c=c(y-t(y)),\ c'\in(0,\ 1)$$

由这一消费函数所代表的消费理论被称为“Keynes 绝对消费函数理论”（图 8－1），其要点在于以下 4 个方面（其中最根本的是前 3 个方面）：

（1）消费 c 是可支配收入 $y-t(y)$ 的函数；

（2）边际消费倾向 MPC $=c'$ 大于 0 小于 1；

（3）随着可支配收入的增加，平均消费倾向 APC $=c/y$ 递减，因此，平均消费倾向总是大于边际消费倾向；

（4）随着可支配收入的增加，边际消费倾向下降，这实际上意味着 Keynes 消费函数是非线性的（这一点在很多时候不被强调）。

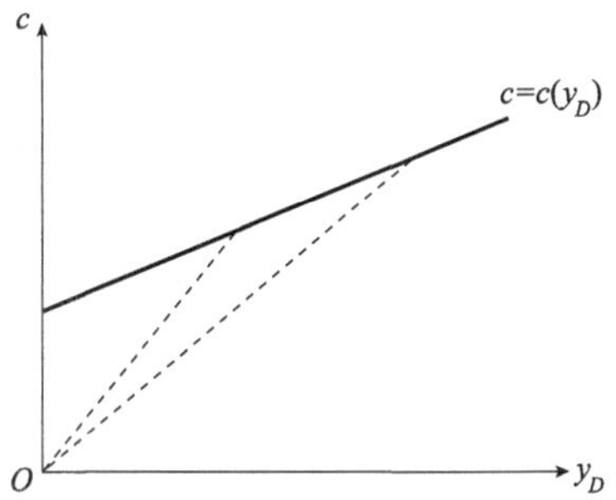

图 8－1　Keynes 的绝对消费函数理论

Keynes 关于居民消费理论的核心是：在经济的短期波动过程中，伴随着收入的增加或者减少，消费的增加和减少的幅度小于收入增加和减少的幅度。Keynes 消费理论和消费函数在 Keynes 短期国民收入决定理论中具有关键意义，特别是边际消费倾向（MPC）和基于边际消费倾向的乘数效应，是产品市场均衡的核心元素。

Keynes 绝对消费函数先验地给出了消费与收入之间的“绝对关系”。而正是因为有了这一“绝对关系”，下一步的国民收入决定理论和需求管理政策分析才有了出发点。早期对于消费与收入之间关系的基于横截面数据（Cross-sectional Data）的经验研究支持 Keynes 的消费理论：通过将消费对收入进行回归，人们得到一条斜率在 0.6～0.8 之间的、具有正截距的消费函数曲线。

✎ 新的经验证据

早期基于横截面数据的经验研究有两个基本的缺陷。

第一，由于基于横截面数据的经验研究只反映了不同收入组别之间平均消费和平均收入关系上的差异，这样的研究没有考虑每个收入组别内部不同家庭的消费函数可能有着巨大的差异，而这种差异可能是由可支配收入以外的原因造成的。后来的研究往往强调财富效应，即居民所拥有的资产净值对于消费的作用。

第二，基于横截面数据的经验研究没有回答当所有家庭的可支配收入（随着时间的推移）增加时，消费将发生何种变化。要回答这一问题，需要使用时间序列数据（Time-series Data）。

“二战”期间及之后，美国的国民收入核算及统计工作得到了迅速发展，经济学家也因此获得了利用时间序列数据检验相关理论的条件。

经济学家使用时间跨度为10年左右的时间序列数据，检验了随时间变化的消费与收入的关系，得到的消费函数与基于横截面数据得到的结果基本相同——消费函数表现为一条斜率在0~1之间并且具有正截距的曲线——Keynes的绝对消费函数理论仍然成立。

S. Kuznets 和 R. Goldsmith 基于更加长期的时间序列数据的研究发现，当使用不同时期的短期时间序列数据时，得到的短期跨期消费函数的截距是不同的——随着时间的推移和潜在产出的增加，基于不同时期的短期时间序列数据得到的消费函数具有基本相同的斜率，但其截距逐步增加。

如果利用时间跨度为50年左右的时间序列数据，人们发现会得到一条截距为0的消费函数曲线：

$$c = c \cdot y_D$$

这一消费函数一般称之为长期消费函数，表明在长期平均消费倾向和边际消费倾向是相同的（图8-2）。而基于10年左右的时间序列数据得到的消费函数被称为短期消费函数。

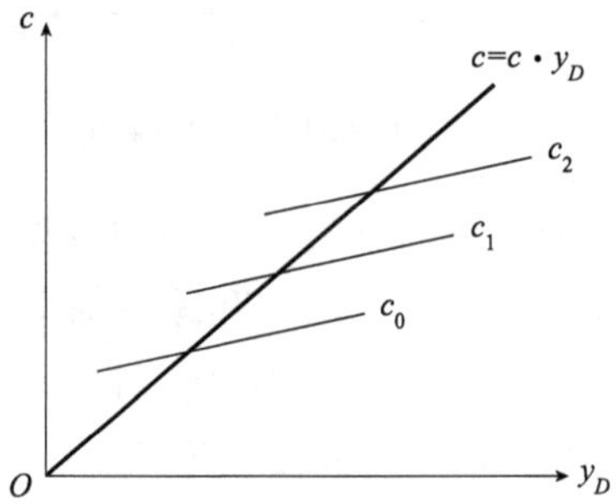

图8-2 长期消费函数

通过研究1869—1929年美国居民消费支出和收入之间的长期关系，Kuznets（1946）总结出以下基本特点：

（1）长期消费函数是一条通过原点的直线，在长期随着收入的增长，边际消费倾向等于平均消费倾向，并无下降趋势；

（2）在经济繁荣时期（实际产出高于潜在产出），消费支出在收入之中所占比例（即APC）低于平均水平，在经济萧条时期（实际产出低于潜在产出），消费支出在收入之中所占比例高于平均水平，也就是，随着经济的短期周期性波动，消费支出在收入中所占比重与总产出呈反方向变动；

（3）因此，Keynes的绝对消费函数理论只概括了短期消费函数。

Kuznets（1946）的研究意味着一个完整的消费理论需要回答以下3个问题（也就是，消费函数为何具有以下3个方面的性质）：

（1）在基于横截面数据得到的结果中，为什么 MPC < APC？

（2）在短期，随着经济的周期性波动，为什么 MPC < APC？

(3) 在长期，随着潜在产出的增长，为什么 MPC = APC？

✎ 最优消费理论

与 Keynes 的绝对消费函数理论相比，最后消费理论具有两个方面的改进：①由考虑单期问题发展为考虑跨期问题；②由先验地设定消费函数发展为得到消费函数。

假设一个生活在 $t=0$ 期的消费者预期能够生活到 $t=T$ 期，其目标是最大化定义在其一生消费流上的一生效用：

$$U=U(c_0,\ c_1,\ \cdots,\ c_T)$$

简单起见，假设一生效用是可分可加的（这时各期消费的边际效用独立于其他任意一期的消费）：

$$U(c_0,c_1,\cdots,c_T)=\sum_{t=0}^{T}(1+\rho)^{-t}u(c_t)=\sum_{t=0}^{T}(1+\rho)^{-t}\ln c_t$$

其中，$\rho>0$ 表示消费者的时间偏好率。假设任意相邻两期之间的贴现率为 r，消费者一生的收入流为：

$$Y=\{y_t\}|_{t=0}^{T}$$

于是，消费者的最大化问题为：

$$\max_{\{c_t\}|_{t=0}^{T}}U=\sum_{t=0}^{T}(1+\rho)^{-t}\ln c_t$$

$$\text{s.t.}\quad \sum_{t=0}^{T}(1+r)^{-t}c_t=\sum_{t=0}^{T}(1+r)^{-t}y_t$$

构造 Lagrange 函数：

$$L(c_0,c_1,\cdots,c_T;\lambda)=\sum_{t=0}^{T}(1+\rho)^{-t}\ln c_t+\lambda\left(\sum_{t=0}^{T}(1+r)^{-t}y_t-\sum_{t=0}^{T}(1+r)^{-t}c_t\right)$$

一阶条件（F. O. C.）为，$\forall t\in\{0,\ 1,\ \cdots,\ T\}$：

$$\begin{cases}\partial L/\partial c_t=(1+\rho)_t^{-1}-(1+r)^{-1}\lambda=0\\ \partial L/\partial\lambda=\sum_{t=0}^{T}(1+r)^{-t}y_t-\sum_{t=0}^{T}(1+r)^{-t}c_t=0\end{cases}$$

$\Rightarrow$

$$\frac{u'(c_{t+1})}{u'(c_t)}=\frac{c_t}{c_{t+1}}=\frac{1+\rho}{1+r}$$

即任意相邻两期消费的边际效用之比等于消费者时间偏好率（主观贴现率）与市场利率（客观贴现率）之比。

最优消费理论具有以下 3 个方面的基本含义：

(1) 每一个单期的消费上升还是下降，受到消费者时间偏好率 ρ 和市场利率 r 的影响。其中，市场利率代表了消费者减少 1 单位当期消费能够获得的收益；时间偏好率代表了消费者减少 1 单位当期消费所付出的成本。ρ 和 r 的大小关系决定了消费者的一生消费路径是上升的还是下降的（图 8 –3）。

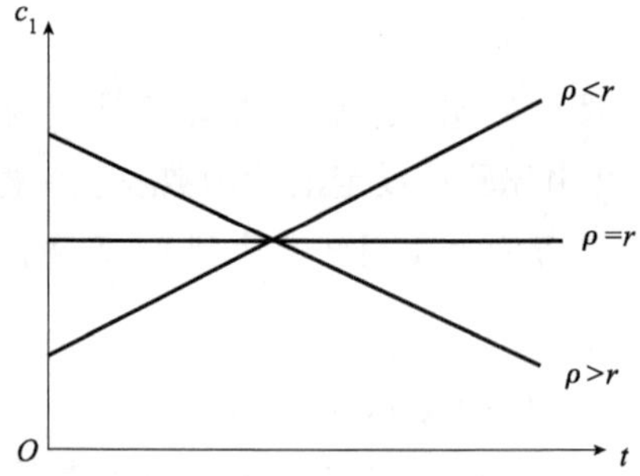

图 8 –3　消费者时间偏好率 ρ 和市场利率 r

(2) 这一模型意味着只要消费者是处于其最优消费路径上的，则 c_t 即已包含了关于消费的所有信息，因此在预测 c_{t+1}（以及之后任何一期的消费）时不需要其他任何信息。

(3) 容易得到：

$$\frac{c_t}{c_0}=\left(\frac{1+r}{1+\rho}\right)^t$$

结合一生预算约束：

$$\sum_{t=0}^{T}(1+r)^{-t}c_t=\sum_{t=0}^{T}(1+r)^{-t}y_t=PV_0$$

可得：

$$c_0=\frac{PV_0}{1+\sum_{t=0}^{T}(1+\rho)^{-t}}$$

可以证明：在消费者时间偏好率 ρ 给定的情况下（注意：这里的表达式与市场利率无关），消费者在任何一个单期的消费 c_t 都与该期未来收入的现值 PV_t 成正比——如果消费者预期到未来收入的增加，那么整个消费路径都将上移。

二、生命周期假说

生命周期的收入与支出

A. Ando 和 F. Modigliani 提出了关于消费函数的“生命周期假说”（Life-cycle Hypothesis），这一理论即来自于上述“在一生预算约束下最大化一生效用”的最优消费理论。

生命周期假说认为：一般情况下一个人希望平滑其一生消费，而只在其青年到中年阶段获得收入，因此个人会在其少年和老年时期成为净借入者，在其中年阶段成为净储蓄者（图 8 –4）。

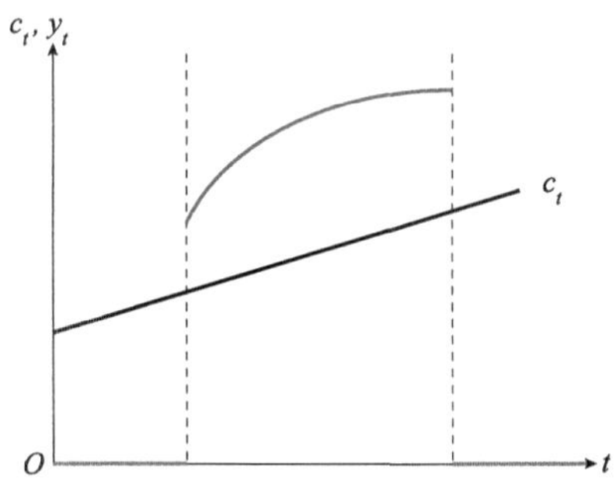

图 8－4　生命周期假说

考虑一个极端简化的情形。假设消费者 i 不希望在其一生中的任何一期消费不同于其他任何一期消费，因此：

$$c_t^i = k^i \cdot PV_t^i, \ k^i \in (0, 1)$$

k^i 的大小取决于消费者 i 效用函数的形状、时间偏好率和市场利率等因素。因此，对于消费者 i：

$$\Delta c_t^i = k^i \cdot \Delta PV_t^i$$

也就是，如果消费者当前的收入增加，或者预期未来的收入增加，从而使得消费者一生收入的现值增加 ΔPV_t^i，则消费者每期消费的增量是其一生收入现值增量 ΔPV_t^i 与 k^i 之积。

如果人口的分布状况是相对稳定的，那么可以通过加总不同人群（少年、中青年、老年）的消费函数得到整个经济（在第 0 期）的消费函数：

$$c_0 = k \cdot PV_0, \ k \in (0, 1)$$

其中：

$$PV_0 = \sum_{t=0}^{T} (1 + r)^{-t} y_t^L + \sum_{t=0}^{T} (1 + r)^{-t} y_t^P$$

其中，y_t^L 表示第 t 期经济中所有消费者获得的劳动收入，y_t^P 表示第 t 期经济中所有消费者获得的财产收入。一方面，只要资产市场是有效的，财产收入的现值即等于财产的市场价值：

$$\sum_{t=0}^{T} (1 + r)^{-t} y_t^P = a_0$$

另一方面，假设在第 0 期，给定当期劳动收入 y_0^L，经济预期在其后（也就是从第 1 期开始）每一期的“平均劳动收入”等于 $y_0^e = \beta y_0^L$：

$$y_0^e = \beta y_0^L = \frac{1}{T} \sum_{t=1}^{T} (1 + r)^{-t} y_t^L$$

$\Rightarrow$

$$\sum_{t=0}^{T} (1 + r)^{-t} y_t^L = y_0^L + T \cdot y_0^e = (1 + \beta T) y_0^L$$

因此，整个经济预期收入的现值为：

$$PV_0 = (1+\beta T) y_0^L + a_0$$

于是：

$$c_0 = k \cdot PV_0 = k \cdot (1+\beta T) y_0^L + k \cdot a_0$$

这一消费函数也被称为“Ando-Modigliani 消费函数”。

生命周期假说的贡献与不足

由生命周期假说得到的 Ando-Modigliani 消费函数给出了对于上节给出的消费理论 3 个基本问题的回答。

（1）如果随机地选择一个时间点的人口样本进行基于横截面数据的分析，那么高收入组中包含的中年人比例必定较高，因此该组的平均消费倾向必定较低。于是，基于横截面数据的分析得到的消费函数满足 MPC < APC。

（2）在短期，随着经济的周期性波动，尽管人们的当期劳动收入 y_0^L 增加，但其财富存量（和财产收入）是给定的，也就是短期消费函数有一个给定的截距项 $k \cdot a_0$。这一截距项（实际上也就是消费的决定因素中不受短期收入影响的部分）的存在使得消费的变化率小于短期收入的变化率，因此在短期，消费函数满足 MPC < APC。

（3）在长期，随着经济潜在产出的增长，经济中的财富存量也保持同比增长，因此长期消费正比于长期收入，长期消费函数是一条通过原点的直线，满足 MPC = APC。

生命周期假说存在两个不足：

（1）为了得到一个更加简约的消费函数形式，生命周期假说将预期的未来劳动收入简化为当期劳动收入的一个固定比例 β，意味着假设消费者认为当期的劳动收入变化是持久性的。

（2）生命周期假说认为老年人一般是负储蓄者，而事实也许恰好相反。

三、持久收入假说

持久收入

M. Friedman 提出的“持久收入假说”（Permanent Income Hypothesis），同样认为消费者一生中各时期的收入是不稳定的，但其会努力保持相对稳定的收入。因此，消费者 i 在其一生中的任何一期的消费是其一生收入现值的函数：

$$c^i = f^i(PV^i), \; f' \in (0, 1)$$

所不同的是，Friedman 提出了“持久收入”的概念，并以此为基础得到消费函数，回答了消费理论的 3 个基本问题。

Friedman 将收入区分为“持久收入”（Permanent Income）和“暂时收入”（Transient Income）两个部分：

$$y^i = y_P^i + y_T^i$$

其中的持久收入 y_P^i，被定义为“在消费者 i 预期其财富价值保持不变情况下获得的收入”，也就是要在各期收入中扣除财富预期价值变化造成的影响，因此其在任何一期的持久收入等于其财富价值的一个比例：

$$y_P^i = r \cdot PV^i,\ r \in (0,\ 1)$$

这里的财富既包括非人力财富也包括人力财富——也就是说，如果一个人预期其人力财富正在或者将要发生之前未能预料到的减少（例如由于受到意外伤害或者疾病），他将视之为其持久收入的一种减少。暂时性收入被定义为“在各期随机发生，并且其一生净现值等于 0 的收入”，因此既是暂时的，又是意料之外的。Friedman 认为，这样的暂时收入和持久收入之间不相关：

$$\text{cov}(y_P^i,\ y_T^i) = 0$$

Friedman 进一步将消费也区分为“持久消费”（Permanent Consumption）和“暂时消费”（Transient Consumption）两个部分：

$$c^i = c_P^i + c_T^i$$

其中，持久消费 c_P^i 是消费者计划中的消费或者预料到了的消费，也包括可预见的各种预防性开支（例如保险）；暂时消费 c_T^i 是消费者意料之外的消费支出，对于任何消费者 i，c_T^i 满足：

$$Ec_T^i = 0$$

Friedman 假设暂时消费和持久消费之间不相关：

$$\text{cov}(c_P^i,\ c_T^i) = 0$$

同时暂时消费和暂时收入之间不相关：

$$\text{cov}(y_T^i,\ c_T^i) = 0$$

最后，Friedman 认为消费者的持久消费和持久收入之间存在确定的关系：

$$c_P^i = k \cdot y_P^i$$

✎ 持久收入假说对于消费函数的解释

（1）首先考虑基于横截面数据的消费函数。

在同一时期，给定任何一个收入组别，平均暂时消费均等于 0：

$$\bar{c}_T = 0$$

这是因为组别划分依据是当期实际收入 y，由于 $\text{cov}(y_T^i,\ c_T^i) = 0$，没有理由认为高收入组与低收入组相比，在暂时消费的分布上有任何系统性差异。于是对于任何一个收入组别，都有：

$$\bar{c} = \bar{c}_P = k \cdot \bar{y}_P$$

但是，在任何一个时期，高收入组中包含的暂时收入为正的个体较多，因此 $\bar{y}_T > 0$，于是：

$$\bar{c} = k \cdot \bar{y}_P < k \cdot \bar{y}$$

低收入组中包含的暂时收入为负的个体较多，因此 $\bar{y}_T<0$，于是：

$$\bar{c}=k\cdot\bar{y}_P>k\cdot\bar{y}$$

因此，基于横截面数据进行考查，高收入组的平均消费倾向较低，低收入组的平均消费倾向较高。

（2）考虑随经济周期性波动的消费—收入关系。

根据持久收入假说，随经济周期性波动的收入变化属于暂时收入的变化。在经济的“正常年份”，也就是总产出等于潜在产出的年份，经济中所有消费者的暂时收入的平均值等于0：

$$\bar{y}_T=0$$

同时平均暂时消费也等于0，于是：

$$\bar{c}=\bar{c}_P=k\cdot\bar{y}_P=k\cdot\bar{y}$$

平均消费倾向等于长期趋势水平。而在繁荣和萧条的年份，经济中所有消费者的暂时收入的平均值分别大于0和小于0，但平均暂时消费均等于0，因此在繁荣年份：

$$\bar{c}=\bar{c}_P=k\cdot\bar{y}_P<k\cdot\bar{y}$$

在萧条年份：

$$\bar{c}=\bar{c}_P=k\cdot\bar{y}_P>k\cdot\bar{y}$$

（3）考虑随经济长期增长的消费—收入关系。

根据持久收入假说，随着经济长期潜在产出增长的收入变化属于持久收入的变化，因此会对持久消费产生影响，两者保持线性关系：

$$\bar{c}=\bar{c}_P=k\cdot\bar{y}_P=k\cdot\bar{y}$$

✎ 生命周期假说与持久收入假说

生命周期假说与持久收入假说在本质上是相同的——其理论基础都是消费者根据其一生约束进行一生的消费决策——以至于人们有时不对二者进行严格区分，有时会将其统称为“前向预期的消费理论”。

两者在形式上的差别在于前者认为各期消费取决于消费者一生全部财富的现值，后者认为各期消费取决于消费者一生全部财富现值的一个比例。与生命周期假说相比，持久收入假说的一个不足是没有明显的财富效应，而只是将其隐含在了持久收入的概念之中。

四、对于消费函数的其他解释

✎ 相对消费与棘轮效应

Duesenberry（1949）提出了“相对收入假说”（Relative-income Hypothesis），这一假说基于两个基本的假定：

（1）Duesenberry 假设人们关心的不是自己的绝对消费水平，而是自己与其他人相比的相对消费水平，因此消费者 i 的效用函数应该表示成：

$$U^i = U^i\left(\frac{c_0^i}{\bar{c}_0}, \frac{c_1^i}{\bar{c}_1}, \cdots, \frac{c_T^i}{\bar{c}_T}\right)$$

其中，$\bar{c}_t$ 表示第 t 期除消费者 i 外经济中所有其他消费者的平均消费。这一“相对消费函数”意味着只有当个人消费相对于平均消费上升时，个人的效用水平才会上升。因此，一个消费者的消费在其收入中所占的比例取决于他在人群中的收入相对位置。这就自然地解释了消费函数第一个和第三个方面的性质：

首先，基于横截面数据得到的消费函数具有 MPC < APC 的性质，是因为低收入群体要用相对较低的收入维持一定的平均消费标准。

在长期，当收入沿潜在产出路径增长时，如果收入分配状况保持相对稳定，那么所有收入阶层的人们均保持一个不变的消费比率，因此整个经济的消费—收入比保持不变，MPC = APC。

（2）Duesenberry 认为消费者在任一期的消费不仅受到当期绝对收入和相对收入的影响，还受到之前曾经达到的最高消费水平的影响——也就是所谓的“消费不可逆”观点。这一思想可以表现为如下的储蓄函数：

$$\frac{s}{y} = \alpha + \beta\frac{y}{\hat{y}}, \ \alpha > 0, \ \beta > 0$$

其中，$\hat{y}$ 表示“之前曾经达到的最高收入水平”，这一储蓄函数对应着以下的消费函数：

$$\frac{c}{y} = 1 - \alpha - \beta\frac{y}{\hat{y}}, \ \alpha > 0, \ \beta > 0$$

这就解释了消费函数第二个方面的性质：当现期收入相对于前期高峰收入上升时，储蓄在收入中所占比例上升，消费在收入中所占比例下降；当现期收入相对于前期高峰收入下降时，储蓄在收入中所占比例下降，消费在收入中所占比例上升。

而在长期，当收入沿潜在产出路径增长时，之前的高峰收入总是上一期的收入，因此当期收入与之前高峰收入之比 $y/\hat{y}$，也就是经济的长期增长率 g，于是消费在收入之中所占的比例也就等于一个常数：

$$\text{MPC} = \text{APC} = 1 - \alpha - \beta g$$

将 Duesenberry 对于消费的短期分析和长期分析结合起来，可以得到关于消费函数的“棘轮效应”（Ratchet Effects）理论（图 8－5）。

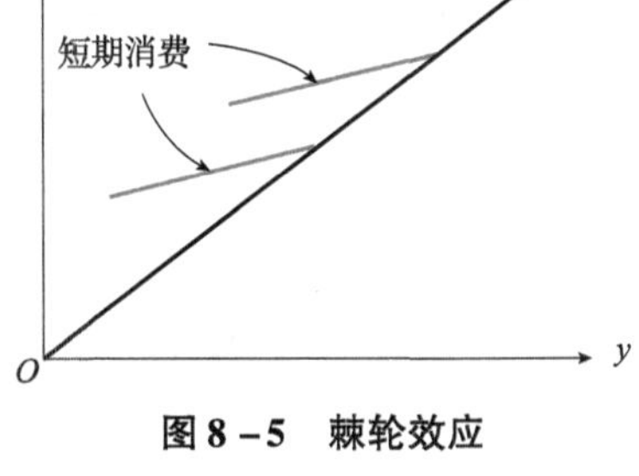

图 8－5 棘轮效应

如果经济原本位于潜在增长路径之上，当经济衰退时，由于人们在之前已经经历了较高的收入与消费水平，这是消费的减少不是沿着（斜率较大的）长期消费曲线，而是沿着（斜率较小的）短期消费曲线。

✎ 理性预期与随机漫步假说

前向预期消费函数理论——生命周期假说和持久收入假说——都认为消费依赖于人们未来预期收入的现值，也都假定人们是通过适应性预期的方式——预期的长期收入流，没有反映人们可以用来估计未来收入的全部信息——来形成对于未来收入流的预期。

20 年代 70 年代以后，随着理性预期革命的兴起，人们开始尝试使用理性预期的方法来估计长期收入流，并以此来对消费函数做进一步的解释。R. Hall 将理性预期引入 Friedman 的持久收入假说，认为消费函数的形式应该是“随机漫步式”的：

$$c_t = \lambda + c_{t-1}$$

其中，λ 是一个与过去消费水平无关的随机变量，满足：

$$E\lambda = 0$$

这里的关键在于当期的消费与过去的经验无关，这是因为如果人们通过理性预期的方式形成对于未来收入的预期，人们将会：

（1）利用所有已知的宏观经济模型；

（2）结合所有过去的经验；

（3）利用所有当前可得信息。

这意味着当出现重大变故时，人们会调整对于自己持久收入的估计。如果人们预期政府将会减少税收，那么就会预期未来持久收入的增加，从而更多地消费。

✎ 流动性约束下的消费函数

生命周期假说和持久收入假说都认为消费者面临的一生预算约束条件是：

$$\sum_{t=0}^{T}(1+r)^{-t}c_t = \sum_{t=0}^{T}(1+r)^{-t}y_t$$

这一条件意味着人们可以以相同的利率在现在与未来的任何时点之间进行储蓄与借贷。然而，这在大多数情况下不符合事实，人们在其一生之中的不同阶段，面临各种流动性约束。

大体上，人们将现在的收入借给未来（储蓄）并不困难，而将未来的收入借给现在却往往存在限制（或者至少面临较高成本），在这样的流动性约束下，各期的消费 c_t、收入 y_t 和资产 a_t 之间存在以下关系：

$$c_t \leqslant y_t + a_t$$

消费函数可以一般地表示为：

$$c_t = \alpha y_t + \beta a_t,\ \alpha,\ \beta \in (0,\ 1)$$

注意：这是资产（财富）价值直接进入了消费函数，但其进入在这里体现的是流动性约束。

应用于持久收入假说，流动性约束意味着人们在青少年时期的借贷往往受到限制，因此只能维持较低的消费水平（不仅受到一生收入现值的影响，也受到当期收入的影响）；而在中年阶段的储蓄不受限制，因此从这一阶段开始的消费能够保持平滑趋势（图 8－6）。

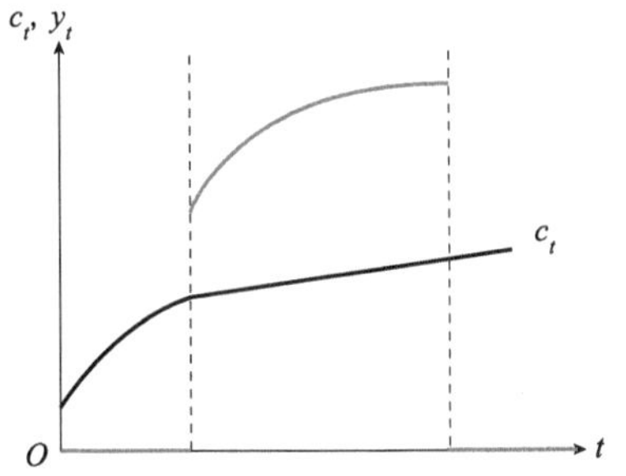

图 8－6 流动性约束

不少经验研究都支持消费者面临流动性约束。例如，M. Flavin 的研究结果表明：消费对于持久收入的敏感程度比随机漫步假说认为的还要大，这是因为由流动性约束，因此暂时收入的边际消费倾向是一个正数（而不是 0）。

影响消费的其他因素

以上各种假说实际上基本将消费的决定因素归于收入与财富两类，区别仅仅在于财富进入消费函数的理由和方式不同。还有许多其他因素会对消费产生影响，包括：

（1）利率；

（2）消费信贷；

（3）耐用消费品存量；

（4）货币幻觉与价格预期；

（5）收入分配。

五、Haberler-Pigou 效应、财富效应与消费函数

Haberler-Pigou 效应

Haberler-Pigou 效应——其狭义形式有时也叫“消费的真实货币余额效应”（Real Balance Effect of Consumption）——最早由古典经济学家提出，被阐释为一种经济自发恢复平衡的力量。

Haberler 和 Pigou 认为，当一国物价水平下降时，人们手中所持有的货币及其他金融资产的实际价值增加，将导致财富增加，人们更加富裕，就会增加消费支出，因而将进一步增加消费品的生产和就业，促使经济体系重新恢复平衡。

更加一般的 Haberler-Pigou 效应描述了消费、金融资产和物价水平之间相互关系：物价水平下降造成金融资产实际价值的增加，从而产生的消费刺激效应。

✎ 财富效应与消费函数

在（收入之外）许多影响消费的因素之中，财富（或者资产）具有特别重要的作用，财富效应是现代消费理论十分重视的一个方面。上面提到的 Haberler-Pigou 效应，实际上是财富效应的一种（最初的）形式。

经济中的私人部门所拥有的财富，也就是私人部门净资产 $a = A/P$，一般认为由私人部门真实资本存量 $k = K/P$、中央银行持有的储备价值 R/P 和公众持有的政府债券 $b = B/P$ 三个部分构成：

$$a = \frac{K + R + B}{P} = k + \frac{R}{P} + \frac{B}{P}$$

其中的私人真实资本价值 k 包括股票持有者权益总价值、住宅存量总价值、土地总价值和内用消费品总价值之和。假设：

（1）在短期，可以认为机器设备、建筑物、土地和耐用消费品的平均价格与整体价格水平保持同步变化，因此 k 的价值保持不变。

（2）政府债券保持不变的名义年收益 b，并且其期限极长（类似于历史上英国政府曾发行的“金边债权”），以至于可以不考虑本金的影响，于是：

$$B = \frac{b}{r}$$

其中，r 表示贴现率。

因此，私人部门所拥有的真实财富可以表示为：

$$a = \bar{k} + \frac{R}{P} + \frac{b}{rP}$$

其中，R/P 对于消费的影响实际上就是 Haberler-Pigou 效应。政府债券的增加是否应该被视为私人部门财富的增加（进而引起消费的增加），则一直存在争议——也就与是 Barro-Ricardo 等价相关的问题。

✎ 财富效应对于 IS－LM 模型的含义

（1）财富效应与 IS 曲线斜率。

在不考虑财富效应的情况下，利率变化只影响投资需求；在考虑财富效应的情况下，利率变化还会影响消费需求。给定其他条件不变，利率越高，私人部门手中的财富价值越低，消费越少。

由于在考虑财富效应的情况下，当利率下降时投资需求和消费需求都会增加，与不考虑财富效应的情况相比，IS 曲线变得更加平缓。

（2）财富效应与需求管理政策的效力。

由于财富效应的存在使得 IS 曲线变得更加平缓，对于一定程度的货币扩张，与不考虑财富效应的情况相比，总需求增加更多。因此，财富效应的存在增强了货币政策的效力。

而对于一定程度的财政扩张，与不考虑财富效应的情况相比，在考虑财富效应的情况下总需求增加得较少，这是因为伴随着 IS 曲线向右上方移动，利率上升，而利率的上升具有对投资需求和消费需求的“双重挤出”作用。因此，财富效应的存在减弱了财政政策的效力。

(3) 财富效应与总需求。

在考虑财富效应的情况下，价格水平的上升不仅会引起 LM 曲线向左移动，也会引起 IS 曲线向左移动，因此与不考虑财富效应的情况相比，这时总需求曲线更加平缓。

第二节　投资需求理论

一、投资决策法则的理论基础

✎ 企业长期利润的最大化

一般地，投资可以视为跨期经营活动之中的一个环节，因此，我们对于投资决策法则的一般性了解，从考虑一个跨期经营的企业的最大化决策开始。

如果一个人不是仅仅作为一个消费者，而是作为一个企业所有者——当然，他同时也是一个消费者——他的最大化问题是什么？他当然要最大化其整个期间的效用，也要受到总支出（现值）不超过总收入（现值）的约束。不同的是，作为企业所有者，其收入流不是给定的，而是经营的结果，也就是：

$$\max U(c_0, c_1, \cdots, c_T)$$

$$\text{s.t.} \quad \sum_{t=0}^{T} (1+r)^{-t} c_t = \sum_{t=0}^{T} (1+r)^{-t} y_t$$

$$a_0 = \varphi(y_0, y_1, \cdots, y_T)$$

上述第二个约束条件可以称为“企业所有者的跨期收入可能性边界”，其含义是：给定生产技术（隐含在了 φ 中）和初始资产 a_0，企业所有者能够依据这一条件选择其收入流 $\{y_t\}|_{t=0}^{T}$在不同期间的分配——实际上，这一过程正是通过调整各期的投资完成的。

我们当然可以直接求解这一最大化问题，但是通过观察可以发现，这一最大化问题可以分解为一个两阶段最大化问题（容易证明其等价性）。首先，企业所有者求解其收入流现值最大化问题：

$$\max \sum_{t=0}^{T} (1+r)^{-t} y_t$$

$$\text{s.t.} \quad a_0 = \varphi(y_0, y_1, \cdots, y_T)$$

得到“给定生产技术和初始条件情况下现值最大化的收入流” $\{y_t\}|_{t=0}^{T}$，然后，给定这一现值最大化的收入流，企业所有者问题成为一个纯粹的消费者最大化问题：

$$\max U(c_0, c_1, \cdots, c_T)$$

$$\text{s.t.} \quad \sum_{t=0}^{T}(1+r)^{-t}c_t = \sum_{t=0}^{T}(1+r)^{-t}y_t$$

考虑一个只有两期（$t=0$ 期和 $t=1$ 期）的情况，可以用图 8－7 表示。

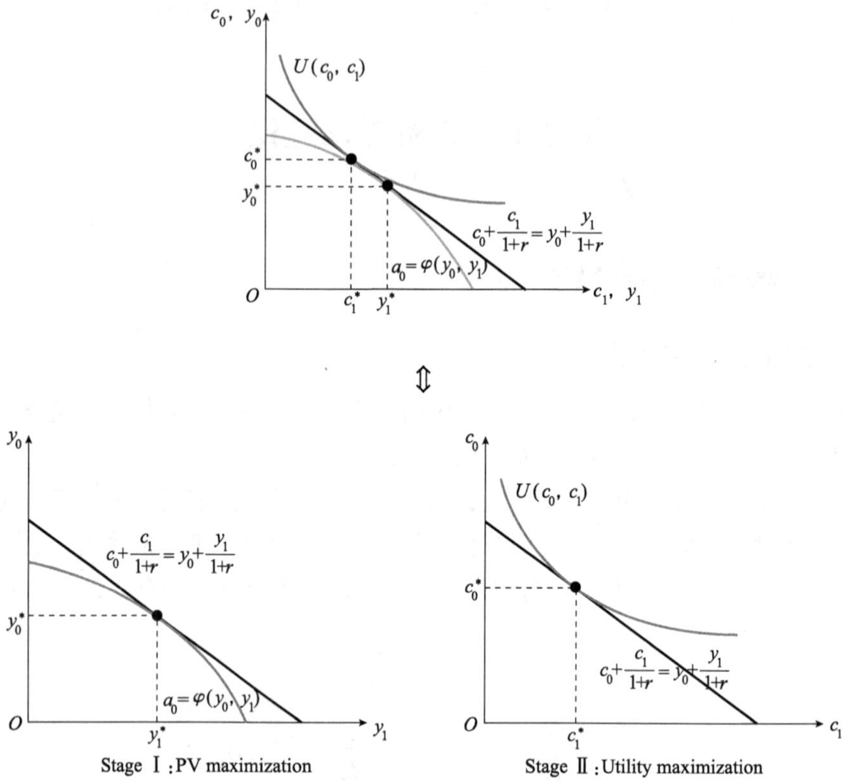

图 8－7　投资决策法则

这时的最优性条件是：

$$\frac{\partial\varphi/\partial y_0}{\partial\varphi/\partial y_1} = \frac{\partial U/\partial c_0}{\partial U/\partial c_1} = \frac{1}{1+r}$$

这里的一个基本结论是：在企业所有者追求其长期效用最大化的过程中，最大化长期收入（的现值）和最大化长期效用的过程是彼此独立的。故有：

（1）企业所有者没有必要亲自管理企业（实现企业的长期收入最大化），而只需将企业委托给最能实现其长期收入（现值）最大化目标的经理人管理；

（2）企业经理人无需了解其委托人（也就是企业所有者）的偏好（跨期效用函数的形式），只需最大化企业的长期收入（现值）。

✎ 投资决策的现值法则与边际效率法则

假设在第 t 期，投资者面临一个投资项目，从该期开始，这一投资项目对应的各期投资和收入流如表 8－1 所示。

表 8－1　各期投资和收入流

项目	t	$t+1$	…	$t+n$
投资	i_t	i_{t+1}	…	i_{t+s}
收入	R_t	R_{t+1}	…	R_{t+s}

根据上面得到的见解，在任何一个时期，企业应该在收入可能性曲线给定的情况下，最大化其长期收入的现值：

$$PV_t = \sum_{s=0}^{n}(1+r)^{-s}(R_{t+s} - i_{t+s})$$

其中，r 表示贴现率。依据项目现值决定是否投资的法则称为“投资决策的现值法则”。这一法则的含义是：

(1) 在任意两个投资项目之间做出权衡，企业应该选择现值更大的一个；

(2) 将所有潜在投资项目按照现值由大到小的顺序排列，企业应将投资一直推进到现值为零的“边际投资项目”，这决定了企业的最优投资规模。

另一方法是首先计算每一个投资项目的“边际效率”，用 m 表示，其定义式是：

$$0 = \sum_{s=0}^{n}(1+m)^{-s}(R_{t+s} - i_{t+s})$$

可见，一个项目的边际效率 m 表示的是“使得该项目的净现值等于 0 的贴现率”。依据项目边际效率决定是否投资的法则称为“投资决策的边际效率法则”。这一法则的含义是：

(1) 在任意两个投资项目之间做出权衡，企业应该选择边际效率更高的一个；

(2) 将所有潜在投资项目按照边际效率由大到小的顺序排列，企业应将投资一直推进到边际效率等于利率的“边际投资项目”，这决定了企业的最优投资规模。

✎ 投资决策的现值法则与边际效率法则的比较

要在任意两个投资项目之间做出权衡，依照投资决策的现值法则与边际效率法则是否总是得到一致的结果？

直观上，两者存在明显的不同：以现值作为评价和比较投资项目的指标，利率将具有关键的意义；而以边际效率作为评价和比较投资项目的指标，则与利率无关。举一个简单的例子，假设投资者在 $t=1$ 期面对 A、B 两个可供选择的投资项目，每个项目所需的投资成本，以及在一直到 $t=3$ 期的各期所产生的收入流分别如表 8－2 和表 8－3 所示。

表 8-2　项目 A 投资成本和各期所产生的收入流

项目	$t=1$	$t=2$	$t=3$
投资成本	1	0	0
收入	0	0	4

表 8-3　项目 B 投资成本和各期所产生的收入流

项目	$t=1$	$t=2$	$t=3$
投资成本	1	0	0
收入	0	2	1

$$m_A=1,\ m_B=\sqrt{2}$$

也就是，依边际效率法则，项目 B 优于项目 A。注意只要给定成本和收入流，任何一个项目的边际效率均可以直接得到。

若要得到任何一个项目的现值，除了成本和收入流，还需要给定利率。假设如下：

（1）利率为 $r=0$，那么项目 A 和项目 B 的现值分别为：

$$PV_A=4-1=3,\ PV_B=1+2-1=2$$

可见这时项目 A 优于项目 B。

（2）利率为 $r=1$，那么项目 A 和项目 B 的现值分别为：

$$PV_A=4\times2^{-2}-1=0,\ PV_B=1\times2^{-2}+2\times2^{-1}-1=0.25$$

可见这时项目 B 优于项目 A。

（3）容易证明，当利率为 $r=0.5$ 时，项目 A 与项目 B 无差异。

可见，投资决策的现值法则与边际效率法则的关键区别在于：前者（通过利率）体现了远期收益和近期收益的权衡——当市场利率升高时，意味着远期收益相对于近期收益变得不那么重要了——这一点在边际效率法则中没有得到体现。

这也意味着现值法则与边际效率法则相比是更加有效的投资决策法则——给定项目 B 的边际效率高于项目 A，而项目 A 的现值高于项目 B，哪一个是更好的投资项目？毫无疑问是项目 A——因为项目 A 这时一定可以“复制”出项目 B，反之则未必。

最后需要注意的是，在确定企业的最优投资规模时，依据现值法则与边际效率法则得到的结论是相同的，也就是，无论是依据现值法则还是边际效率法则，得到的“边际投资项目”是相同的。

二、企业固定资产投资理论

✎ 新古典投资理论

新古典投资理论的基础是新古典资本累积理论。也就是，竞争性的厂商需要同时考虑资本和其他生产要素（一般被认为是劳动）的边际成本与边际收益，以此决定最优的（也就是利润现值最大化的）劳动使用量和资本累积量。在这一过程中，厂商在每一阶段的最优投资水平自然就会被决定。

下面我们从企业（厂商）利润现值最大化出发，来看企业的最优资本累积和最优投资。

假设经济中有且仅有两种生产要素，劳动（用 N 表示）和资本（用 K 表示），以及唯一的最终产品（用 Y 表示）。在任何一个时期 t，生产函数是企业面临的第一个约束：

$$Y_t = F(N_t,\ K_t),\ \frac{\partial F}{\partial N} > 0,\ \frac{\partial F}{\partial K} > 0$$

其中，Y_t 表示在第 t 期的产出；N_t 表示在第 t 期的投入的人工小时数；K_t 表示在第 t 期的厂房设备等资本存量。假设资本存量在每一期的折旧率为 $\delta \in (0,\ 1)$，因此第 $t+1$ 期的资本存量为：

$$K_{t+1} = (1-\delta)K_t + I_t$$

其中，I_t 表示在第 t 期的总投资。

用 P_t 表示最终产品在第 t 期的价格，P_t^I 表示（厂房设备等）资本品在第 t 期的价格，W_t 表示第 t 期的货币工资。于是在第 0 期，企业的利润流现值为：

$$PV_0(K_0) = \sum_{t=0}^{\infty} (1+r)^{-t}[P_t F(N_t, K_t) - W_t N_t - P_t^I I_t]$$

所以，企业的最大化问题是：

$$\max \sum_{t=0}^{\infty} (1+r)^{-t}[P_t F(N_t, K_t) - W_t N_t - P_t^I I_t]$$

$$\text{s. t.} \quad K_{t+1} = (1-\delta)K_t + I_t,\ \forall t \in \{0,\ 1,\ \cdots\}$$

构造 Lagrange 函数：

$$\begin{aligned} & L(N_t, K_{t+1}, I_t, \lambda_t) \\ = & \sum_{t=0}^{\infty} (1+r)^{-t}[P_t F(N_t, K_t) - W_t N_t - P_t^I I_t] \\ & + \sum_{t=0}^{\infty} \lambda_t[(1-\delta)K_t + I_t - K_{t+1}] \end{aligned}$$

得到一阶最优性条件，$\forall t \in \{0,\ 1,\ \cdots\}$，均有：

$$\begin{cases} \partial L/\partial N_t = (1+r)^{-t}[P_t F_N(N_t,\ K_t) - W_t] = 0 \\ \partial L/\partial K_{t+1} = (1+r)^{-(t+1)} P_t F_K(N_t,\ K_t) + (1-\delta)\lambda_{t+1} - \lambda_t = 0 \\ \partial L/\partial I_t = -(1+r)^{-t} P_t^I + \lambda_t = 0 \\ \partial L/\partial \lambda_t = (1-\delta)K_t + I_t - K_{t+1} = 0 \end{cases}$$

由一阶条件第 1 式可以得到：

$$F_N(N_t,\ K_t) = W_t/P_t$$

即真实工资等于劳动的边际产出，也可以理解为劳动力需求函数。由一阶条件第 3 式可以得到：

$$\lambda_t=(1+r)^{-t}P_t^I,\ \lambda_{t+1}=(1+r)^{-(t+1)}P_{t+1}^I$$

代入一阶条件第2式并整理，得到：

$$P_tF_K(N_t,\ K_t)+(1-\delta)P_{t+1}^I-(1+r)P_t^I=0$$

⇒

$$P_tF_K(N_t,\ K_t)=rP_t^I+\delta P_{t+1}^I-(P_{t+1}^I-P_t^I)$$

$$\Updownarrow$$

$$F_K(N_t,\ K_t)=\frac{rP_t^I+\delta P_{t+1}^I-(P_{t+1}^I-P_t^I)}{P_t}$$

这一表达式的含义是：在第 t 期，资本的边际产出价值（Value of Marginal Product of Capital），用 VMP_t^K 表示，等于资本的使用成本（User's Cost of Capital），用 C_t^K 表示。第 t 期资本的使用成本的表达式是：

$$C_t^K=rP_t^I+\delta P_{t+1}^I-(P_{t+1}^I-P_t^I)$$

这一使用成本由3个部分构成：

（1）资本的机会成本，也就是持有资本的利息损失，rP_t^I；

（2）折旧成本，δP_{t+1}^I；

（3）因资本价格下降产生的损失，$-(P_{t+1}^I-P_t^I)$。

资本的边际产出价值 VMP_t^K 等于资本的使用成本 C_t^K，决定了第 t 期经济的均衡资本存量，也叫合意资本存量（用 K_t^* 表示）（图8－8）。

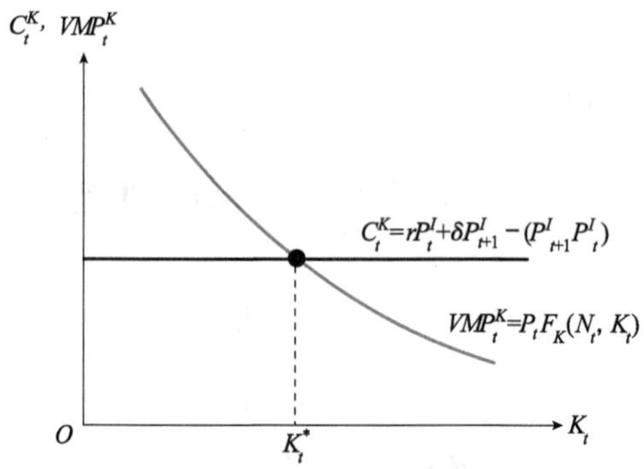

图8－8 合意资本存量

因此，根据新古典投资理论，第 t 期均衡资本存量 K_t^* 是第 t 期产出水平 Y_t、资本使用成本 C_t^K 和产品价格水平 P_t 的函数：

$$K_t^*=K(Y_t,\ C_t^K,\ P_t)$$

✎ 投资的加速数原理（Accelerator Theory of Investment）

新古典投资理论的含义是，在任何一个时期，企业要生产一定数量的最终产品，就会将其资本存量调整至某一“合意水平”。因此，合意资本存量会对产出做出反应，于是投资会对产出做出反应——加速数原理是描述投资与产出变动之间关系的理论，加速数（accelerator）是指资本—产出比，也就是为使产出增加 1 单位，资本存量所要增加的数量。

一个简单的例子。假设：

（1）一个行业每生产 1 单位产品需要 2 单位资本——也就是加速数等于 2；

（2）资本已得到充分利用；

（3）该行业的资本设备折旧期限为 10 年，并且每年恰好折旧 1/10；

（4）对于该行业产品的需求是外生决定的。

表 8－4 描绘了该行业的需求变动和投资变动。

表 8－4　需求变动和投资变动

t	需求（变化率）	合意资本存量	实际资本存量	净投资	重置投资	总投资（变化率）
1	50（－）	100	100	0	10	10（－）
2	70（40%）	140	140	40	10	50（400%）
3	80（14%）	160	160	20	14	34（－32%）
4	80（0%）	160	160	0	16	16（－53%）
5	60（－25%）	120	144	0	0	0（－100%）
6	90（50%）	180	180	36	14.2	50.2（－）

可见，在加速数的作用下：

（1）投资的波动大于需求的波动；

（2）投资变化（由增长到下降）的转折点比需求变化的转折点发生得早——即使需求还在增长，只要增长率开始下降，投资即开始下降——这正是加速数原理名称的由来。

✎ 固定加速数模型与变动加速数模型

固定加速数模型（Fixed Accelerator Model）假设资本—产出比（即加速数）是一个常数，即 $\forall t$，均有：

$$x = K_t / Y_t \Leftrightarrow K_t = x \cdot Y_t$$

一般地，$x > 1$。由于这一关系在任一时期均成立，故有：

$$K_{t+1} = x \cdot Y_{t+1}$$

与前世相减，得到：

$$K_{t+1} - K_t = x \cdot (Y_{t+1} - Y_t)$$

定义 $D_t = \delta K_{t-1}$ 为第 t 期的重置投资，I_t 为第 t 期的总投资，ΔY_t 为第 t 期的产出增长，则有：

$$I_t - D_t = x \cdot \Delta Y_t$$

固定加速数模型蕴含了投资的加速数理论的基本含义——投资需求变化常常大于产出变

化，但该理论至少存在以下不足：

(1) 固定加速数模型假设资本—产出比（即加速数）固定不变，没有考虑资本与其他要素（劳动）之间的替代性。

(2) 在固定加速数模型中，加速数原理发挥作用的一个前提假设，是所有要素均已实现充分就业，也没有闲置资本可供直接使用，也不能通过增加工人劳动时间来增加产出，这在许多时候（特别是经济萧条时期）是不符合实际的。

(3) 固定加速数模型实际上隐含了这样的结论：在任何时刻，如果合意资本存量和实际资本存量之间存在差距，这种差距将立刻被投资所弥补。然而，现实中资本存量的调整往往需要时间，特别是如果结合所有要素都已实现充分就业的假设，这一点更加难以实现。

(4) 即使企业没有剩余生产能力，当总产出增加时也未必立即增加投资，它会预期总产出的增加是暂时的还是永久的。

为了克服固定加速数模型的上述弱点，特别是针对合意资本存量和实际资本存量之间的差距在一期之内被弥补的设定，经济学家提出“变动加速数模型”（Flexible Accelerator Model）。

变动加速数模型的理论基础仍然是企业的利润现值最大化行为——只要企业的意愿资本存量和实际资本存量不相等，企业就没有实现利润现值的最大化，因而蒙受某种损失。但是，如果考虑资本的“调整成本”（Adjustment Costs），那么企业需要在（因资本存量的非合意性造成的）利润损失和资本调整成本之间做出权衡。我们直接给出一个刻画这一权衡的目标函数：

$$\min TC(K_t) = a \cdot (k_t - k_t^*)^2 + b \cdot (K_t - K_{t-1})^2$$

其中，K_t 和 K_{t-1} 分别表示第 t 期和第 $t-1$ 期的实际资本存量；k_t^* 表示第 t 期的意愿资本存量。因此，$a \cdot (k_t - k_t^*)^2$ 代表了“由于资本存量的非合意性造成的利润损失”，$b \cdot (K_t - K_{t-1})^2$ 则代表了资本调整成本。容易得到这一问题的最优性条件：

$$\frac{\mathrm{d}TC}{\mathrm{d}K_t} = 2a \cdot (K_t - K_t^*) + 2b \cdot (K_t - K_{t-1}) = 0$$

$\Rightarrow$

$$K_t = \frac{a}{a+b}K_t^* + \frac{b}{a+b}K_{t-1} = K_{t-1} + \frac{a}{a+b}(K_t^* - K_{t-1})$$

$$\Updownarrow$$

$$K_t - K_{t-1} = \frac{a}{a+b}(K_t^* - K_{t-1})$$

也就是，第 t 期的实际净投资 $K_t - K_{t-1}$，等于该期“意愿净投资”$K_t^* - K_{t-1}$ 的一个比例。当 $b=0$ 即资本调整成本不存在时，实际资本存量将在当期达到意愿资本存量，即回到固定加速数模型的结果。为了进一步澄清总投资的行为，用 $D_t = \delta K_{t-1}$ 表示第 t 期的重置投资，I_t 表示第 t 期的总投资，将上式表示为：

$$I_t - D_t = I_t - \delta K_{t-1} = \frac{a}{a+b}(K_t^* - K_{t-1})$$

⇒

$$I_t = \delta K_{t-1} + \frac{a}{a+b}(K_t^* - K_{t-1})$$

也就是，企业在第 t 期的总投资 I_t，是其在第 $t-1$ 期的实际资本存量 K_{t-1} 和第 t 期的意愿资本存量 K_t^* 的函数。

✎ 加速数原理与稳定化政策

加速数原理和加速数模型旨在说明企业的投资需求变化对于经济波动的加剧和提前作用，这将增加政府稳定化政策达到预期效果的难度。

假设从 0 时刻一直到 t_1 时刻，经济的产出水平始终维持在 Y^*，资本存量始终维持在 K^*。从 t_1 时刻开始，政府实行财政扩张（例如增加政府购买），以期在 t_2 时刻将总产出提升至 Y^{**}，资本存量（相应地）提升至 K^{**}（图 8－9）。

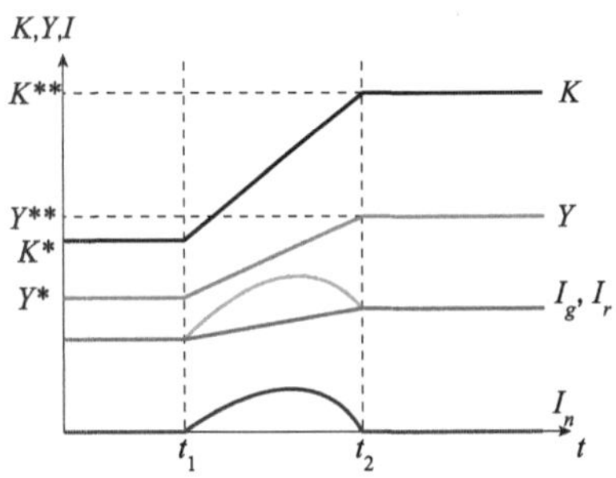

图 8－9　加速数原理与稳定化政策

由图 8－9 可知：

(1) 在 t_1 之前及 t_2 之后，总投资（用 I_g 表示）之中只含有重置投资（用 I_r 表示），净投资（用 I_n 表示）均为 0；在从 t_1 到 t_2 的“过渡阶段”，净投资为正，总投资大于重置投资。

(2) 在净投资增加的阶段，总投资的增长快于总产出的增长，这意味着如果政府试图通过扩张性政策将经济从失业率较高的位置引导到充分就业水平，会有一个时期的总需求增长速度快于政府“理想的”增长速度。

(3) 由于加速数作用主要是在充分就业的条件下发生作用，当经济处于萧条时期时，政府的扩张性政策将首先引起闲置资本的利用和失业者的就业，不会立即引起投资需求的快速增长。

✎ Jorgenson 对于固定资产投资理论的总结

在变动加速数模型的基础上，D. W. Jorgenson 等（1968）总结对比了之前的若干固定资产投资理论（既包括以上介绍的基本理论，也包括其他一些理论，诸如“内部资金理论”和“预期利润理论”），在此基础上将总投资函数的形式概括为：

$$I_t = \delta K_{t-1} + \sum_{s=1}^{t} \theta_s (K_t^* - K_{t-s}^*) - (I_{t-s} - \delta K_{t-s-1})$$

其中，θ_s 被称为企业资本存量的“部分调整系数”。Jorgenson 认为，之前若干固定资产投资理论之间的主要区别在于它们对于意愿资本存量的定义不同。在新古典投资理论中，意愿资本存量实际被定义为：

$$K_t^* = \frac{\alpha_K P_t \cdot Y_t}{C_t^K}$$

其中，α_K 是资本的产出弹性。在加速数模型中，意愿资本存量被定义为：

$$K_t^* = \alpha Y_t$$

其中，α 是意愿资本—产出比。

✎ Tobin 的“*Q*”

J. Tobin（1977 年）指出，企业的投资支出应该与企业资本的市场价值密切相关，这一思想实际上已经反映在了新古典投资理论中。由此前介绍新古典投资理论时得到的最优性条件：

$$P_t F_K(N_t, K_t) = rP_t^I + \delta P_{t+1}^I - (P_{t+1}^I - P_t^I)$$

$\Rightarrow$

$$\frac{(1+r)^{-1}[P_t F_K(N_t, K_t) + (1-\delta)P_{t+1}^I]}{P_t^I} = 1$$

这一等式等号左端的表达式即为“用边际方法表示的 Tobin 的‘Q’值”，或者“Tobin 的边际‘Q’值”：

$$Q = \frac{(1+r)^{-1}[P_t F_K(N_t, K_t) + (1-\delta)P_{t+1}^I]}{P_t^I}$$

其分母 P_t^I 是在第 t 期增加 1 单位资本存量的成本，分子则是“将由在第 t 期增加 1 单位资本存量引起的企业增加的价值贴现到第 t 期的价值”，其中 $P_t F_K(N_t, K_t)$ 表示销售收入的增加，$(1-\delta)P_{t+1}^I$ 表示资本存量价值的增加。

如果市场是有效的，那么 Tobin 的边际“Q”值应该等于 1，因为如果“Q”值大于 1，意味着企业投资的边际收益大于边际成本，那么企业应该增加资本存量；反之，如果“Q”值小于 1，企业应该减少资本存量（不对折旧进行补充或者变卖固定资产）。

如果生产的规模报酬不变，那么要素投入的平均产出等于边际产出，因此企业的总价值和它的资本总成本之比也等于 Q，这就是“用平均方法表示的 Tobin 的‘Q’值”，或者“Tobin 的平均‘Q’值”：

$$Q = \frac{PV_t}{P_t^I K_t}$$

在 Tobin 的平均“Q”值中，分母是企业全部资本的重置成本，分子 PV_t 是企业的现值，一个好的衡量指标是企业在股票市场的市值。

同样，如果市场是有效的，那么 Tobin 的平均“Q”值应该等于 1，因为：如果“Q”值大于 1，意味着企业现值大于重置成本，那么企业应该出售一部分股票增加实际资本存量；反之，如果“Q”值小于 1，企业应该减少资本存量（不对折旧进行补充或者变卖固定资产）并购回一部分股权。

以上理论被称为“投资的‘Q’理论”（Q theory of investment）。对于投资的“Q”理论有两点需要注意：

（1）投资的“Q”理论与资本市场均衡有关——如果资本市场始终处于均衡状态，那么“Q”值就始终等于 1——资本的市场价值等于其重置成本，也就不会有投资发生。

（2）边际的“Q”值是不可观察的，因此只有平均的“Q”值才具有实际的指导意义，但是，平均的“Q”值的导出又是以生产的规模报酬不变为条件的。

三、住宅投资与存货投资

和企业固定资产投资不同，居民住宅投资与企业存货投资的决定模式并非从某种意愿资本存量出发。

✎ 住宅投资的决定

一般认为，对于住房存量的需求取决于 5 个方面的因素。

（1）住房价格与价格预期。

（2）拥有住宅的真实净收益，等于拥有住宅的总收益减去拥有住宅的成本。拥有住宅的总收益包括租金收入（如果将住宅出租）或者隐含租金收入（如果用于自住），以及拥有住宅的资本收益（premium）；拥有住宅的成本包括折旧、财产税以及隐含利息。

（3）居民的财富存量。

（4）其他资产的价值。

（5）人口数量。

面对一定的住房需求，住房供给（即住房投资）在短期一般不能迅速做出调整，但在长期会有变化。

✎ 厂商存货投资

在实物形态上，存货包括原材料、中间产品和最终产品。第二次世界大战以后，存货投资已成为美国经济中波动最剧烈的部分。对厂商存货投资需求的分析有助于加深对于经济波动的理解。

依据动机的不同，一般将厂商存货投资分为 3 种类型。

（1）为满足日常生产的存货需求。为了满足这一需求，厂商在决定存货投资时要在“仓储成本”和“进货成本”之间做出权衡。将厂商的最优存货规模问题简化为：假设厂商每次补充的存货数量都为 Q，直到其消耗完在进行下一次补充。因此，厂商的存货平均保有水平是 $Q/2$，假定仓储成本只包括因保有存货而占用的资金利息成本，于是厂商存货投资的仓储成本就是：

$$rQ/2$$

其中，r 表示市场利率。如果厂商在一定时期内所需要的存货总量是 A（视为外生给定的），那么厂商每次补充的存货数量为 Q 意味着厂商在这段时间的进货次数为：

$$A/Q$$

假设每次进货需要支付一个固定的"进货成本" b，那么厂商保有日常存货的总成本函数就是：

$$TC(Q)=rQ/2+bA/Q$$

容易得到厂商的"最优进货规模"：

$$Q^{*}=\sqrt{2bA/r}$$

（2）存货的投机性需求。厂商的投机性存货需求可能缘于其预期某种存货在未来可能出现短缺，也可能缘于其预期某种存货的价格在未来可能上涨。

（3）缓冲存货。由于厂商对于未来经营与销售的预期可能发生偏差，为了避免存货的意料外减少甚至短缺造成损失，厂商往往需要保有一定数量的缓冲存货。

四、投资、利率与收入：对投资需求函数理论的总结

✎ 总投资需求函数

借助 Jorgenson 等人（1968 年）的总结，在此可以导出投资需求函数的完整形式，也就是总投资需求函数。

首先是企业固定资产投资：

$$I_g=I_n+I_r=\Delta K^{*}(Y_t,\ C_t^K,\ P_t)+\delta K_t$$

一般情况下我们忽略产品价格总体价格水平 P_t 对于投资的影响，于是从上式中可以看出，企业固定资产投资主要取决于两个因素：资本的实际使用成本 C_t^K 和对于企业产品的需求 Y_t。其中：

$$\begin{aligned}C_t^K&=rP_t^I+\delta P_{t+1}^I-(P_{t+1}^I-P_t^I)\\&=rP_t^I+\delta P_t^I-(1-\delta)(P_{t+1}^I-P_t^I)\\&=P_t^I\left[r+\delta-(1-\delta)\frac{\Delta P_t^I}{P_t^I}\right]\end{aligned}$$

其中：

$$\Delta P_t^I=P_{t+1}^I-P_t^I$$

资本使用成本 C_t^K 的 3 个构成部分分别是资本的（隐含）利息成本、折旧成本和拥有该资本的资本收益的相反数。如果认为企业购买机器设备不是为了在未来出售以获取资本收益，上述第 3 项可以被忽略，于是资本使用成本 C_t^K 可以被简化地表示为：

$$C_t^K = P_t^I \cdot (r+\delta)$$

这实际上就是 Jorgenson（1968）得到的资本使用成本函数，在当时（20 世纪 60 年代），通货膨胀并不是一个严重的问题，其对于资本使用成本和投资需求的影响也并不显著。将这一资本使用成本的表达式代入固定资产投资函数，得到：

$$I_g = \Delta K^*(Y_t,\ P_t^I \cdot (r+\delta),\ P_t) + \delta K_t$$

如前所述，一般情况下我们忽略产品价格总体价格水平 P_t 对于投资的影响，如果我们进一步地假设资本品价格 P_t^I 折旧率 δ 给定，则企业固定资产投资函数可以进一步地简化为（以下我们略去时间下标）：

$$I = I(Y,\ r),\ \frac{\partial I}{\partial Y} > 0,\ \frac{\partial I}{\partial r} < 0$$

这就是企业固定资产投资函数的一般形式。

实际上，这一般形式的投资函数，$I = I(Y,\ r)$，对于企业存货投资和居民住宅投资也是适用的，因此我们也可以直接将其理解为总投资需求函数。

✎ 投资需求的滞后

投资的滞后性是一个非常具有现实性的问题，考查一般形式的投资需求函数：

$$I = I(Y,\ r)$$

投资 I 受到来自收入 Y 和利率 r 的影响，无论来自哪一个方面的影响都具有滞后性，并且来自两个方面影响的滞后性常常是不一致的。

如图 8－10 所示：

（1）如果总收入（或者对于企业产品的需求）Y 增加，并且企业认为这种变化是持久的，同时没有闲置资本，于是企业需要在较短时间内将资本存量调高到一个较高的水平，这要求企业在较短时间内提升其净投资 I_n 和总投资 I_g，重置投资 I_r 也将伴随这一过程提升至较高水平。

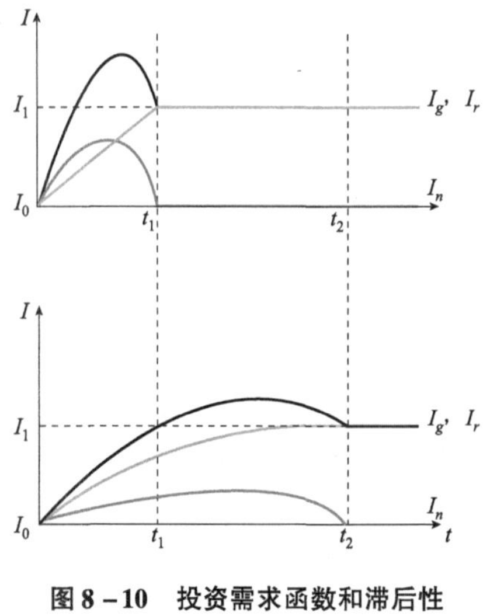

图 8－10　投资需求函数和滞后性

（2）如果利率 r 降低，导致资本的实际使用成本 C^K 降低，注意到 r 的降低意味着资本在生产中的相对重要性增加，这一变化应该被理解为由资本本身的进步和升级引起。这时企业一般会逐步用新兴的资本品替代旧的资本存量，同时提高生产过程中的资本密集程度，与这一过程相对应的投资需求上升的滞后期会相对较长。

✎ 投资需求函数与 IS 曲线

如果只是将投资需求单纯地看作利率的函数，即 $I=I(r)$，相当于考虑了利率上升对于投资需求，进而对于总需求的抑制作用——这也是 IS 曲线具有负斜率的原因。如果将投资需求同时看作利率和产出的函数时，$I=I(Y,\ r)$，则当利率 r 上升引起投资需求和总需求 Y 下降时，而总需求 Y 的下降又成为引起投资需求 I 进一步下降的原因。

因此，与将投资需求单纯地看作利率的函数相比，当将投资需求同时看作利率和产出的函数时，IS 曲线变得更加平缓（图 8－11）。

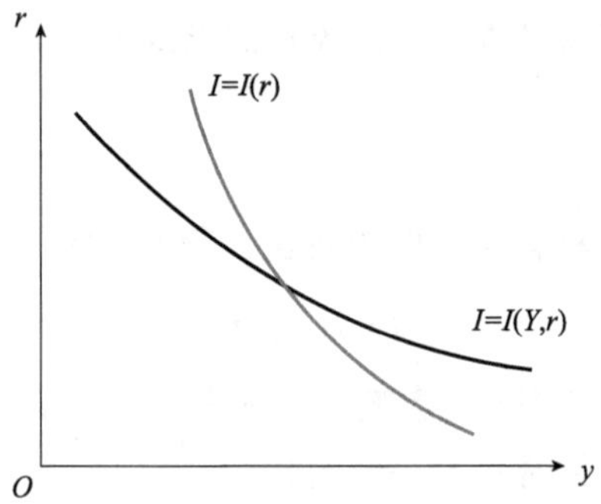

图 8－11　IS 曲线受利率和产出的影响变化

✎ 投资需求函数与财政扩张

考虑收入对于投资需求的影响，需求管理政策的含义将会有所不同。

首先，如果 $I=I(Y,\ r)$，那么财政扩张未必会挤出私人部门投资。为了说明这一点，可以在空间内加入一条“等投资曲线”（Iso-investment Curve）：

$$I(Y,\ r)=\bar{I}$$

容易证明等投资曲线的斜率为正：

$$\left.\frac{dr}{dY}\right|_{I(Y,r)=\bar{I}}=-\frac{\partial I/Y}{\partial I/r}>0$$

这时，财政扩张将会引起私人部门投资需求的减少还是增加，取决于等投资曲线斜率与 LM 曲线斜率的相对大小。

如图 8－12 所示，如果在原均衡处等投资曲线斜率小于 LM 曲线斜率，那么财政扩张将会引起私人部门投资需求的增加。

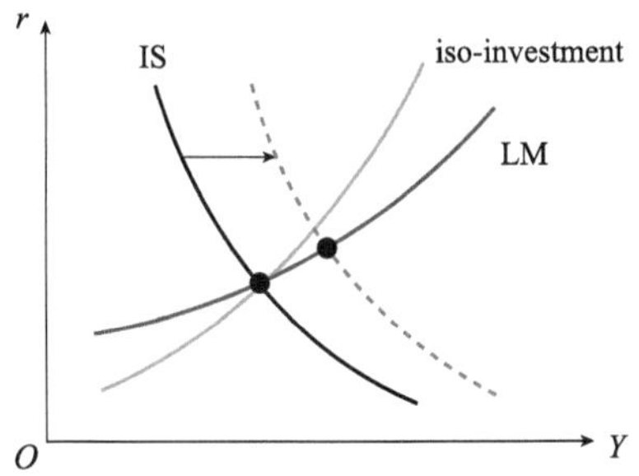

图 8－12 财政扩张与均衡变化

其他政策含义

不同的投资函数理论侧重点不同，因此蕴含不同的政策含义。

投资的加速数理论强调总产出水平对于意愿资本存量和投资需求的影响，依据这一理论，财政扩张（增加购买支出或者减少收入税）和货币扩张政策（至少在短期）能够增加总产出，从而增加私人部门投资。

投资的“Q”理论认为厂商的投资动机和投资需求取决于资本的市场价值与重置成本之间的关系，因此股票市值的上升能够刺激投资需求的增加——这就建立了有价证券市场和实物资本市场之间的一种联系。

在新古典投资理论中，影响意愿资本存量和投资需求的核心因素之一是资本使用成本：

$$C_t^K = rP_t^I + \delta P_{t+1}^I - (P_{t+1}^I - P_t^I)$$

在利率 r（以及任何影响利率的政策）和资本品价格 P^I 之外，至少还有两个方面的因素（和政策）会对资本使用成本 C_t^K 产生影响：

(1) 折旧计提标准。税法允许企业在缴纳所得税之前计提固定资产折旧——也就是，在计算企业应税所得额时，应以“折旧”的形式考虑固定资产投资成本——因此计提固定资产折旧具有增强企业投资需求的作用。早先（“二战”前）的固定资产折旧计提方法多为“直线法”，后来允许企业采用“加速折旧法”，也就是在资产使用寿命的早期多提折旧，这相当于减少了早期的应税所得额从而增加了早期的税后所得，增加了后期的应税所得额从而减少了后期的税后所得，考虑到贴现因素，这对于企业一般而言是有利的。

(2) 投资的税收减免。投资的税收减免是指政府为了鼓励企业（私人部门）进行投资（资本累积），在企业购买资本品时以资本品价格的一定比例给与企业“折扣”，这种折扣以税收减免（税收储蓄）的形式完成支付。这一政策将会实际地改变资本品价格 P^I，从而影响企业的投资需求。

作　业

作业 1　国民收入的构成与分配：衡量与核算

1. 已知：(1) 若以当年价格计算，2011 年我国 GDP 为 472 115 亿元，2012 年我国 GDP 为 519 322 亿元；(2) 我国 2012 年真实 GDP 相对于 2011 年真实 GDP 增长 7.8%，2011 年真实 GDP 相对于 2010 年真实 GDP 增长 9.2%；(3) 若以当年价格计算，2010 年我国 GDP 为 399 759.5 亿元；若以 2005 年价格计算，我国 2010 年 GDP 为 314 602.5 亿元。求：

(1) 我国 2012 年相对于 2011 年的 GDP 平减指数（GDP deflator）。

(2) 我国 2012 年相对于 2005 年的 GDP 平减指数（GDP deflator）。

2. 假设一个经济中只有 A、B、C 三家企业以及消费者，某一年内该经济中所有企业和消费者的销售和购买总额如下：(1) A 企业总产值 5 000 万元，销售给 B 企业（200 万元）、C 企业（2 000 万元）和消费者（2 800 万元）；(2) B 企业总产值 500 万元，全部直接销售给消费者；(3) C 企业总产值 6 000 万元，其中 3 000 万元销售给 A 企业，3 000 万元直接销售给消费者。该经济在这一年之中创造的 GDP 是多少？

作业 2　总需求分析：凯恩斯的贡献

1. 假设

① 消费函数和投资函数分别为：

$$c = 50 + 0.8y,\ i = 100 - 5r$$

②消费函数和投资函数分别为：

$$c = 50 + 0.8y,\ i = 100 - 10r$$

③ 消费函数和投资函数分别为：

$$c = 50 + 0.75y,\ i = 100 - 10r$$

其中，y 和 r 分别为总产出和利率。

(1) 分别求①、②和③对应的 IS 曲线方程。

(2) 对比①和②，当投资需求对于利率更加敏感时，IS 曲线斜率将发生什么变化？为什么？

(3) 对比②和③，当边际消费倾向变动时，IS 曲线斜率将发生什么变化？为什么？

2. 假设名义货币供给为 M，总价格水平为 $P = 1$，真实货币需求函数为：

$$L(y,\ r) = k \cdot y - h \cdot r$$

(1) 求 LM 曲线方程。

(2) 当 k 减小时，LM 曲线斜率如何变化？为什么？当 h 增大时，LM 曲线斜率如何变化？为什么？

(3) 当 $k=0.2$，$h=0$ 时，LM 曲线斜率如何变化？这对应着什么情形？

3. 假设某经济的总支出 y 由消费 c、投资 i、政府购买 g 和净出口 nx 四个部分构成：

$$y=c+i+g+nx$$

其中，消费、投资和净出口函数分别是：

$$c=100+0.9(1-\tau)y$$

$$i=200-500r$$

$$nx=100-0.12y-500r$$

假设货币需求函数为：

$$L(y, r)=0.8y-2\,000r$$

政府购买为 $g=\bar{g}=200$，税率为 $\tau=0.2$；名义货币供给为 $M=800$，价格水平为 $P=1$。

(1) 求 IS 曲线和 LM 曲线方程。

(2) 求产品市场和货币市场同时均衡情况下的总产出 y^* 和利率 r^*。

(3) 求均衡时的消费需求、投资需求和净出口。

作业 3　加入总供给

1. 假设某经济的消费需求函数、投资需求函数和货币需求函数分别是：

$$c(y^d)=90+0.8y^d,\ i(r)=150-6r$$

$$L(y, r)=0.2y-4r$$

其中，y^d 表示可支配收入。政府净税收、购买支出和名义货币供给分别为：

$$t=100,\ g=100$$

$$M=160$$

总体价格水平的初始值为 $P=1$。劳动力供给函数为：

$$N^S=70+\frac{5W}{P}=70+5w$$

其中，W 和 w 分别表示名义工资和真实工资。总生产函数为：

$$y=F(N)=14N-\frac{N^2}{25}$$

(1) 导出这一经济的总需求曲线。

(2) 假设劳动力需求由劳动的边际总产出等于真实工资决定，导出这一经济的总供给曲线。

(3) 在初始价格水平 ($P=1$) 下，产出、利率、就业和名义工资水平的均衡值分别是多少？

(4) 如果价格水平 ($P=1$) 保持不变，即暂不考虑经济的供给方面，当净税收由 $t=100$ 增加到 $t=120$ 时，产品市场和货币市场均衡将发生怎样的变化（这里既需要说明 IS 曲线和 LM 曲线可能的移动，又要说明均衡产出和均衡利率的变化，并且应该是定量的）？

(5) 如果考虑价格水平的变化，即考虑经济的供给方面，当净税收由 $t=100$ 增加到 $t=120$ 时，产品市场和货币市场均衡又将发生怎样的变化（这里既需要说明 IS 曲线和 LM 曲线可能的移动，又要说明均衡产出和均衡利率的变化，并且应该是定量的）？

2. 考虑基于价格粘性的（短期）总供给曲线：

$$y=\bar{y}+\frac{1-\gamma}{\alpha\gamma}(P-EP)-\frac{1-\gamma}{\gamma}E(y-\bar{y})$$

说明经济的总供给方面因素导致总产出随总体价格水平的上升而上升的机制（结合本书正文对上式之中各部分含义的说明）。

作业 4　财政政策与货币政策

1. 假设一个经济的总支出由消费需求 c、投资需求 i 和政府购买 g 三部分构成：

$$y=c+i+g$$

其中消费需求函数和投资需求函数分别为：

$$c(y)=800+0.63y,\ i(r)=7\,500-20\,000r$$

货币需求函数为：

$$L(y,\ r)=\frac{13y}{80}-10\,000r$$

名义货币供给为 $M=6\,000$，总体价格水平为 $P=1$。

（1）当政府购买支出由 $g=7\,500$ 增加到 $g=8\,500$ 时，总需求发生怎样的变化？利率发生怎样的变化？私人部门投资需求被挤出多少？

（2）当政府购买支出由 $g=7\,500$ 下降到 $g=7\,400$ 时，总需求发生怎样的变化？利率发生怎样的变化？私人部门投资需求增加多少？

（3）当政府购买支出为 $g=7\,500$，名义货币供给增加 200 时（由 $M=6\,000$ 增加到 $M=6\,200$），总需求发生怎样的变化？利率发生怎样的变化？

2. 假设法定准备金率为 12%，没有超额准备金，经济对于现金的需求是 1 000 亿元。

（1）如果商业银行总准备金等于 400 亿元，基础货币、货币乘数和货币供给分别是多少？

（2）如果中央银行将法定准备金率提高到 20%，商业银行总准备金仍然是 400 亿元，基础货币、货币乘数和货币供给分别是多少？

（3）如果中央银行在公开市场上买入价值 10 亿元的政府债券，法定准备金仍然是 12%，货币供给是多少？

作业 5　通货膨胀与失业

1. 假设在任何一期，经济的消费需求函数是：

$$c_t=1\,000+0.7(1-\tau)y_t$$

其中，c_t 表示第 t 期的真实总产出，$\tau=0.3$ 表示政府净税收率。投资需求函数是：

$$i_t=1\,000-500r_t$$

其中，r_t 表示第 t 期的真实利率，其与名义利率 $\tilde{r}_t$ 之间的关系由 Fisher 方程给出：

$$r_t=\tilde{r}_t-E_t\pi_{t+1}$$

其中，$E_t\pi_{t+1}$ 表示人们在第 t 期形成的对于第 $t+1$ 期通货膨胀率的预期。用 g_t 表示第 t 期的政府购买，

$\bar{y}_t=5\,000$ 和 $\bar{g}_t=1\,000$ 分别表示第 t 期的潜在产出水平和政府购买的“稳定水平”（简单起见，我们同时假设 $\bar{y}_t$ 和 $\bar{g}_t$ 不随时间改变），$\bar{\pi}_t$ 表示中央银行的第 t 期通货膨胀目标水平。假设经济的“自然利率”为$\rho=2\%$。

（1）求用潜在产出和名义利率表示的动态 IS 曲线方程。

（2）动态 LM 曲线方程为：

$$\tilde{r}_t=E_t\pi_{t+1}+\rho+0.5(\pi_t-\bar{\pi}_t)+0.5\times10^{-5}(y_t-\bar{y}_t)$$

说明其含义。

（3）假设 $\bar{\pi}_t=4\%$，求解动态总需求（DAD）曲线方程，并且说明：① 为什么 DAD 曲线的斜率为负？② 当中央银行调高其目标通货膨胀率时，DAD 曲线将向什么方向移动？为什么？

2.

（1）写出基于通货膨胀预期、潜在产出和供给冲击的动态总供给（DAS）曲线方程，并说明这一方程的含义。

（2）给定其他条件不变，在任何一期，如果人们对于该期通货膨胀率的预期更高，则该期的 DAS 曲线将向何方向移动？为什么？

（3）假设通货膨胀预期的形成方式是：

$$E_t\pi_{t+1}=\pi_t$$

并且在任何一期，给定通货膨胀率预期，产出每高出潜在水平 100，通货膨胀率增加 0.5 个百分点。写出这时基于之前通货膨胀率、潜在产出和供给冲击的 DAS 曲线方程。

3.

（1）联立第 1、2 题中得到的 DAD 曲线和 DAS 曲线方程，得出第 t 期通货膨胀率和产出水平的表达式，并根据得到的结果说明第 t 期通货膨胀率和产出水平分别受到哪些因素的影响。

（2）假设经济在第 t 期（及以前）处于长期均衡水平，并且不考虑来自需求方面和供给方面的随机冲击。中央银行决定降低经济的长期通货膨胀率——具体地，中央银行将从第 $t+1$ 期开始将目标通胀率下调至2%。到第 $t+3$ 期，通货膨胀率 π_{t+3}等于多少？在 3 期内（即从第 $t+1$ 期到第 $t+3$ 期），与潜在产出水平相比，经济总共损失了多少总产出？

作业 6　开放宏观经济学

1. 以下是 2013 年 6 月 15 日的人民币外汇牌价：

	买入价	卖出价
美元	611.630 0	614.090 0
英镑	958.560 0	966.250 0
欧元	814.710 0	821.260 0
日元	6.489 0	6.534 6
加元	600.180 0	605.000 0

意指指定交易机构向个人或企业买入和卖出 100 单位某种货币，应依照上表中对应价格支付人民币。

（1）这种标价方法被称为什么标价法？与之相对的标价法是什么？将上表给出的人民币外汇牌价转换

为这种标价法标价，以及美元标价法标价。

(2) 假设你可以自由地选择投资本国（中国）资产或者美国资产，同时你预期与现在相比，1 年后（到 2014 年 6 月 14 日）人民币将对美元升值 5%，请问：

①你预期 2014 年 6 月 14 日的人民币兑美元的汇率是多少？

② 假设如果你选择投资美国资产，只能选择年名义利率为 $r^* = 8\%$ 的美国国债；如果你选择投资中国资产，只能选择年名义利率为 r 的中国国债。那么当且仅当中国国债的年名义利率满足怎样的条件时，你将投资中国国债（否则，你将投资美国国债）？为什么（要求写出明确的套利过程）？

2. 假设某一开放经济的总支出 y 由消费支出 c、投资支出 i、政府购买 g 和外国净需求（即净出口）nx 四个部分构成：

$$y = c + i + g + nx$$

其中，消费需求函数为：

$$c = 0.5y^d = 0.5(1-\tau)y$$

其中，$y^d = 0.5(1-\tau)y$ 表示可支配收入，$\tau = 0.1$ 表示政府净税收税率。投资需求、政府购买和出口（用 x 表示）均外生给定：

$$i = 30,\ g = 60,\ x = 60$$

进口函数为：

$$m = 0.2y$$

求这一开放经济的均衡产出水平，以及均衡时的消费需求、储蓄、投资需求、政府收支盈余（或者赤字）和国际贸易收支盈余（或者赤字）。

3. 某国经济的经常账户收支盈余（用净出口 nx 近似）与该经济的真实产出 y 和真实汇率 ε 之间存在以下函数关系：

$$nx = 150 - 0.2y - 0.8\varepsilon$$

其中：

$$\varepsilon = \frac{\mathrm{e} \cdot P}{P^*}$$

其中，e 为该国货币兑外国货币（这里的“外国”，可以理解为一个整体，表示整个世界上除了该国以外的所有国家，因此“外国国币”应被理解为除了该国以外的所有国家货币的某种加权平均）的名义汇率（间接标价法），P 表示该国的国内总体价格水平，P^* 表示外国的总体价格水平。

不考虑政府部门，因此总支出 y 由消费 c、投资 i 和净出口 nx 三个部分构成：

$$y = c + i + nx$$

其中消费函数为：

$$c = 100 + 0.7y$$

投资需求外生给定：

$$i = 350$$

(1) 如果经济要实现 $y = \bar{y} = 1500$ 的潜在产出水平，$P/P^* = 2$，求这时的名义汇率和经常账户收支盈余。

(2) 如果经济要实现 $y = \bar{y} = 1500$ 的潜在产出水平，$P/P^* = 1$，求这时的名义汇率和经常账户收支盈余。

作业 7 经济增长理论初步

1.（Solow 增长模型）假设一个经济使用两种要素，资本（K）和劳动（L），生产最终产品（Y）。总生产函数是：

$$Y(t)=K(t)^{1/4}(A(t)L(t))^{3/4}$$

其中，$A(t)$表示第 t 期的“技术水平”。假设：

（1）劳动力（或者人口）增长率 $n>0$ 外生给定——设在经济的“初始时刻”或“0 时刻”的劳动力是 $L_0=1$，在第 t 期经济中的劳动力等于：

$$L(t)=e^{nt}$$

（2）技术进步率 $g>0$ 外生给定——设在经济的“初始时刻”或“0 时刻”的技术水平是 $A_0=1$，在第 t 期（或者 t 时刻）经济的技术水平等于：

$$A(t)=e^{gt}$$

于是，第 t 期（或者 t 时刻）经济的有效劳动水平等于：

$$A(t)L(t)=e^{(g+n)t}$$

（1）用 $k(t)$ 和 $y(t)$ 分别表示“单位有效劳动所拥有的资本存量”和“单位有效劳动所拥有的真实产出”：

$$k(t)\equiv\frac{K(t)}{A(t)L(t)},\ y(t)\equiv\frac{Y(t)}{A(t)L(t)}$$

将生产函数表示成“单位有效劳动形式”（Per Capital form）或者“集约形式”（Intensive form）。

（2）假设所有要素市场均为竞争性的，求真实利率 $r(t)$ 和真实工资率 $w(t)$。

（3）假设：①资本折旧率 $\delta\in(0,1)$ 外生给定——在第 t 期（或者 t 时刻），资本会因折旧而损失掉 $\delta K(t)$，或者人均资本会因折旧而损失掉 $\delta k(t)$；②储蓄率 $s\in(0,1)$ 外生给定，第 t 期（或者 t 时刻）的经济的总储蓄等于：

$$S(t)=sY(t)$$

写出第 t 期（或者 t 时刻）经济的总资本累积方程（$\mathrm{d}K(t)/\mathrm{d}t$）和单位有效劳动资本累积方程（$\mathrm{d}k(t)/\mathrm{d}t$）。

（4）假设每期的资本折旧率为 $\delta=0.1$，储蓄率为 $s=0.3$，人口增长率为 $n=0.1$，技术进步率为 $g=0.1$。这时单位有效劳动资本存量的长期均衡水平 k^*，这一均衡水平是稳定的吗？为什么？

（5）如果以“能够实现长期均衡消费最大的增长”为“最优增长”，上问得到的单位有效劳动资本存量的长期均衡水平是与最优增长相对应的吗？为什么？如果经济可以调整其储蓄率，应将储蓄率调整到何种水平上，才可以实现最优增长？

作业 8 外部性与公共产品

1. 假设一家化工厂生产化工产品，其成本函数为：

$$c(q)=\frac{1}{16}q^2$$

其中，q 表示该工厂生产化工产品的产量；c 表示生产 q 单位的产量所需支付的总成本。假设该工厂生产者是该种化工产品的唯一生产者，其面临的市场需求曲线是：

$$q(p)=10-p$$

其中，p 表示产品价格；q 表示产品需求量。

该工厂的生产会产生污染，影响附近的一家农场。假设该工厂每生产 1 单位化工产品，就会产生 1 单位污染物排放（因此，对农场产生负面影响的污染数量也用 q 表示），污染给农场带来的损失（Damage）为：

$$\mathrm{d}(q)=\frac{1}{16}q^2$$

（1）假设化工厂不考虑其生产对农场产生的影响，并且由于产权不明，也不存在其他补偿机制。这时化工厂最优产量 q^* 是多少？（厂商决策的目标是利润 π 的最大化，$\pi=R-c$，其中 R 为销售收入。）其利润 π^* 是多少？农场蒙受的损失 d^* 是多少？总福利 $W^*=\pi^*-d^*$ 是多少？

（2）假设产权明确：除非得到额外补偿，化工厂可以不考虑其生产对农场产生的影响（化工厂拥有污染农场的权利）。也就是说，如果要让化工厂产出低于其只考虑自身利润最大化时的水平，农场必须要向化工厂支付"治污费"。这时经过双方谈判，化工厂最优的产出水平 q^* 应为多少？为此农场应向化工厂支付多少"治污费"？（提示：这时有一个区间都是合理的，请给出该区间的上下限）这时的总福利 $W^*=\pi^*-d^*$ 是多少？

（3）假设产权明确：除非得到额外补偿，农场享有完全不受任何污染的权利。也就是说，如果化工厂要生产任何正的产出，必须要向农场支付"排污费"。这时经过双方谈判，化工厂最优的产出水平 q^* 应为多少？为此化工厂应向农场支付多少"排污费"？（提示：这时有一个区间都是合理的，请给出该区间的上下限）这时的总福利 $W^*=\pi^*-d^*$ 是多少？

（4）运用所学的外部性和科斯定理的有关原理解释以上三问结果。

2. 假设有两个具有相同偏好的人（1 和 2）共居一室，他们的偏好定义在看电视的时间（x）和各自吃零食的数量（y_1 和 y_2）之上（这里，我们假设两人只能共同收看电视，并且不考虑对于电视节目的不同偏好），并且可以由以下的效用函数刻画：

$$u_i(x,\ y_i)=x^{1/3}y_i^{2/3}$$

其中，$i\in\{1,\ 2\}$。假设每单位时间电视节目的价格是 $p_x=10$ 元，每单位零食的价格是 $p_2=2$ 元，每人有 $I_1=I_2=300$ 元可与用于以上两件事的支付。

请问，两人应该如何安排支出，才符合 Samuelson 规则（或者说，才是 Pareto 有效的）？